Die Stadt, in der es mich nicht gibt

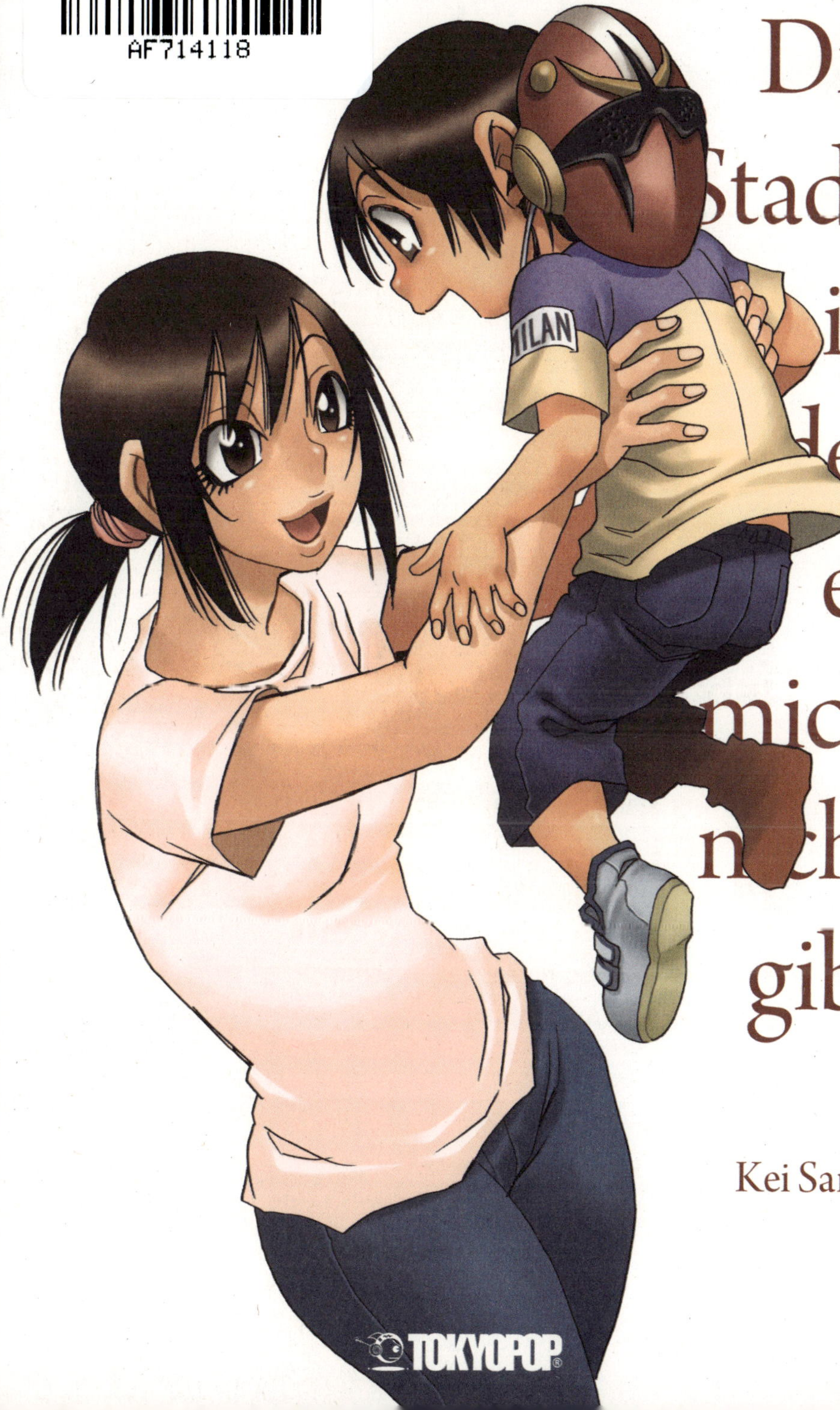

7

Kei Sanbe

TOKYOPOP

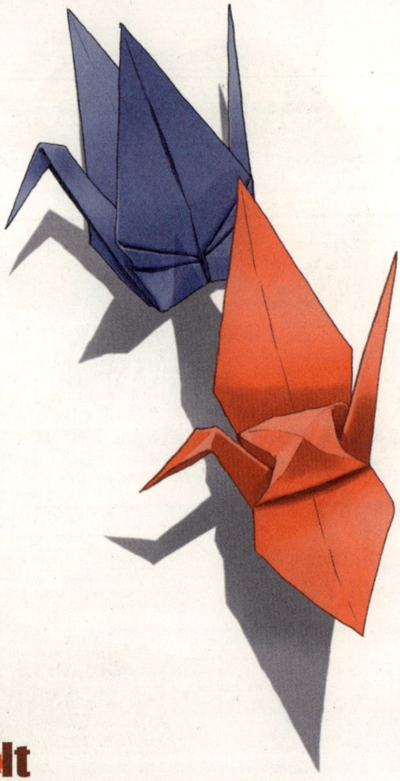

Inhalt

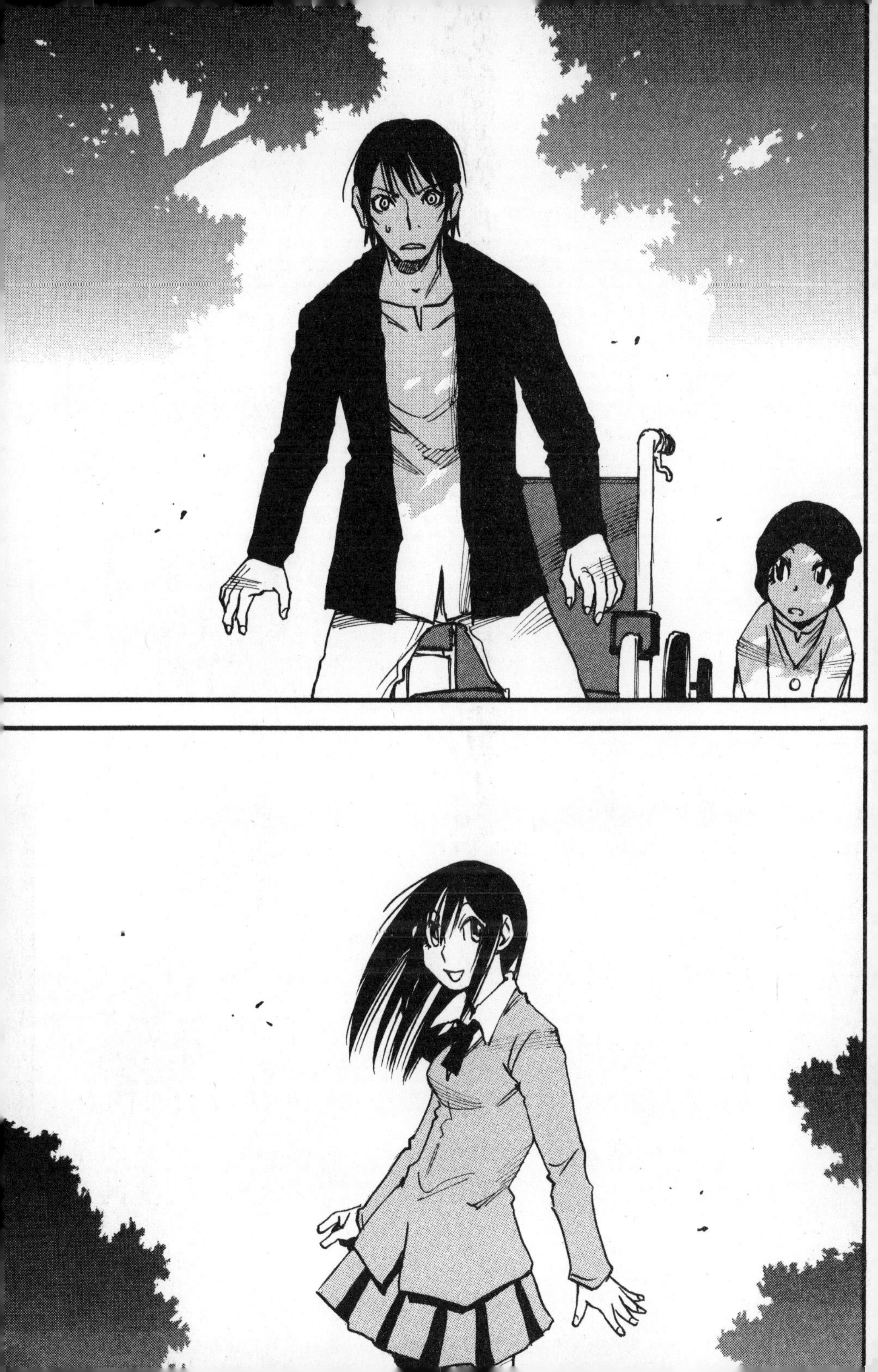

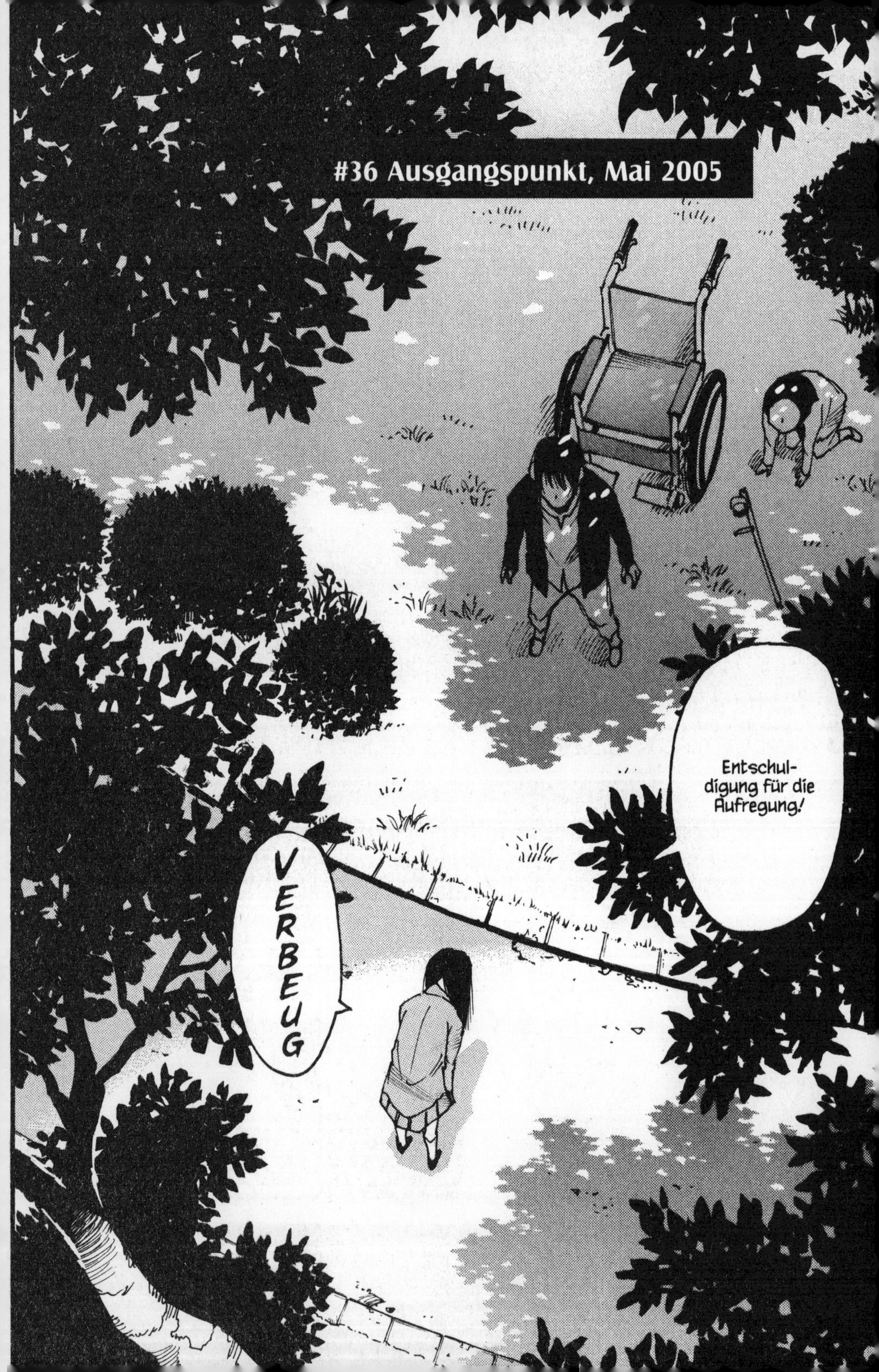
#36 Ausgangspunkt, Mai 2005
Entschuldigung für die Aufregung!
VERBEUG

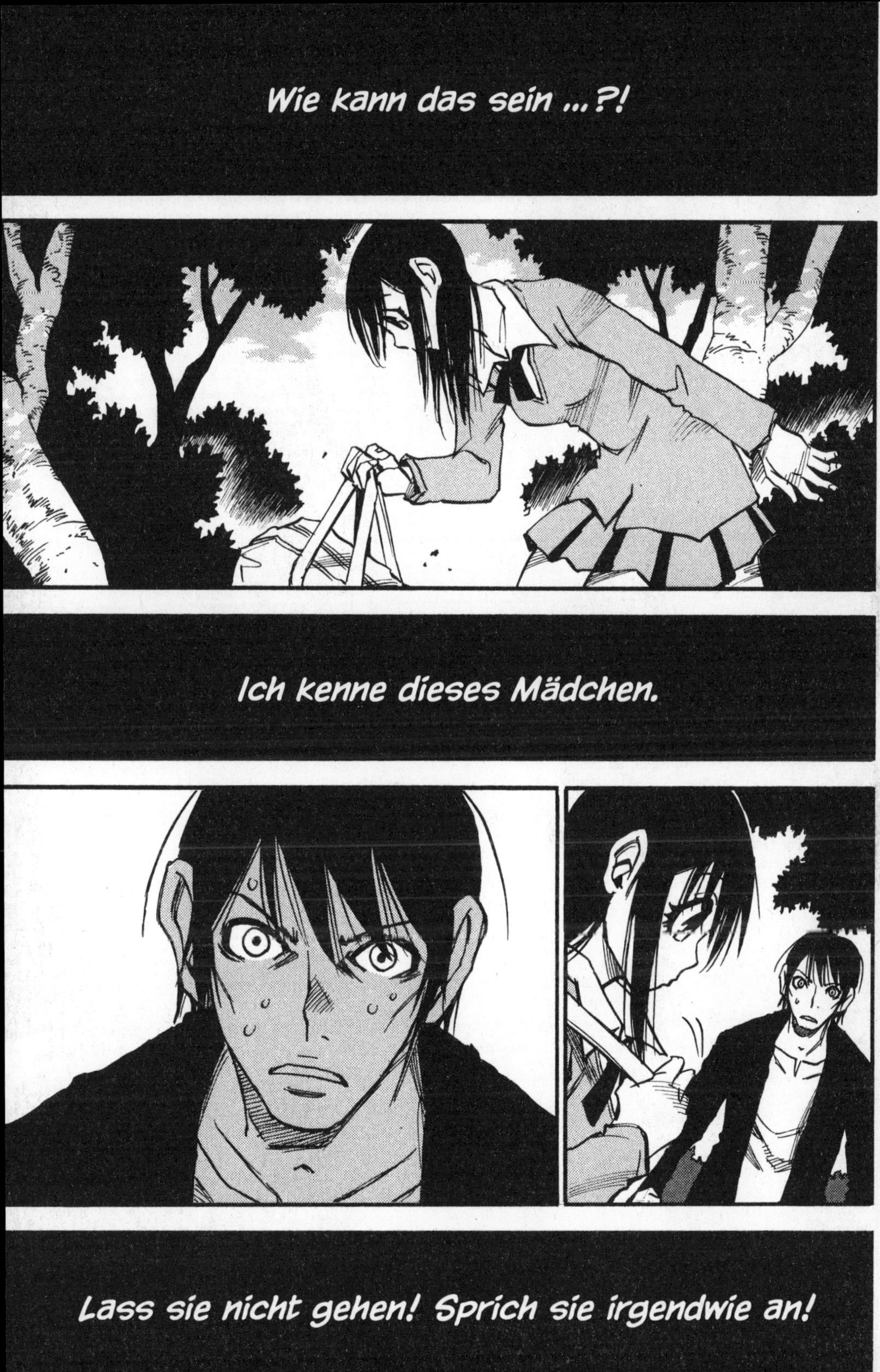
Wie kann das sein ...?!
Ich kenne dieses Mädchen.
Lass sie nicht gehen! Sprich sie irgendwie an!

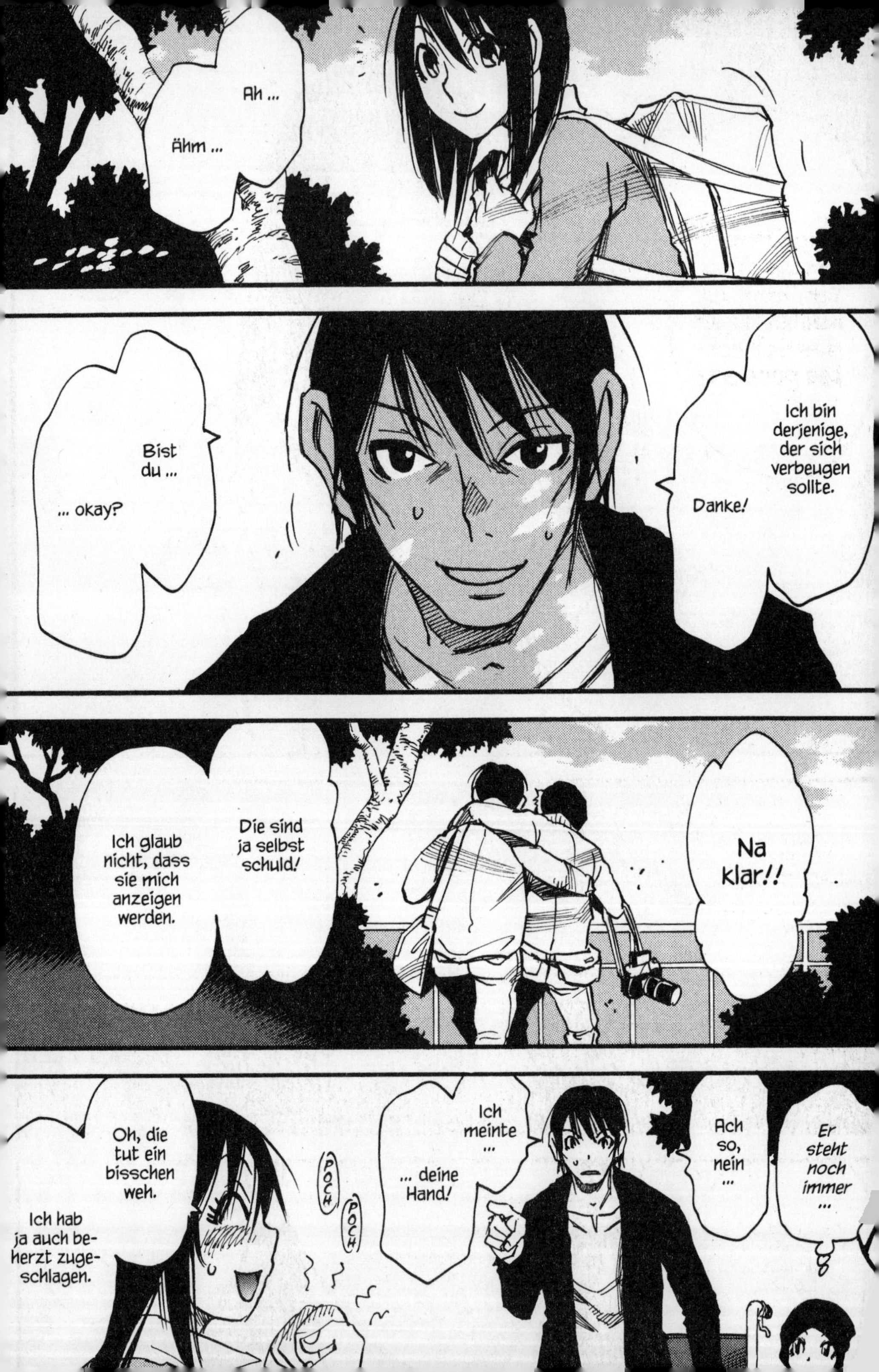

Ah ...
Ähm ...
Ich bin derjenige, der sich verbeugen sollte.
Danke!
Bist du ...
... okay?
Na klar!!
Die sind ja selbst schuld!
Ich glaub nicht, dass sie mich anzeigen werden.
Er steht noch immer ...
Ach so, nein ...
Ich meinte ...
... deine Hand!
POCH
POCH
Oh, die tut ein bisschen weh.
Ich hab ja auch beherzt zugeschlagen.

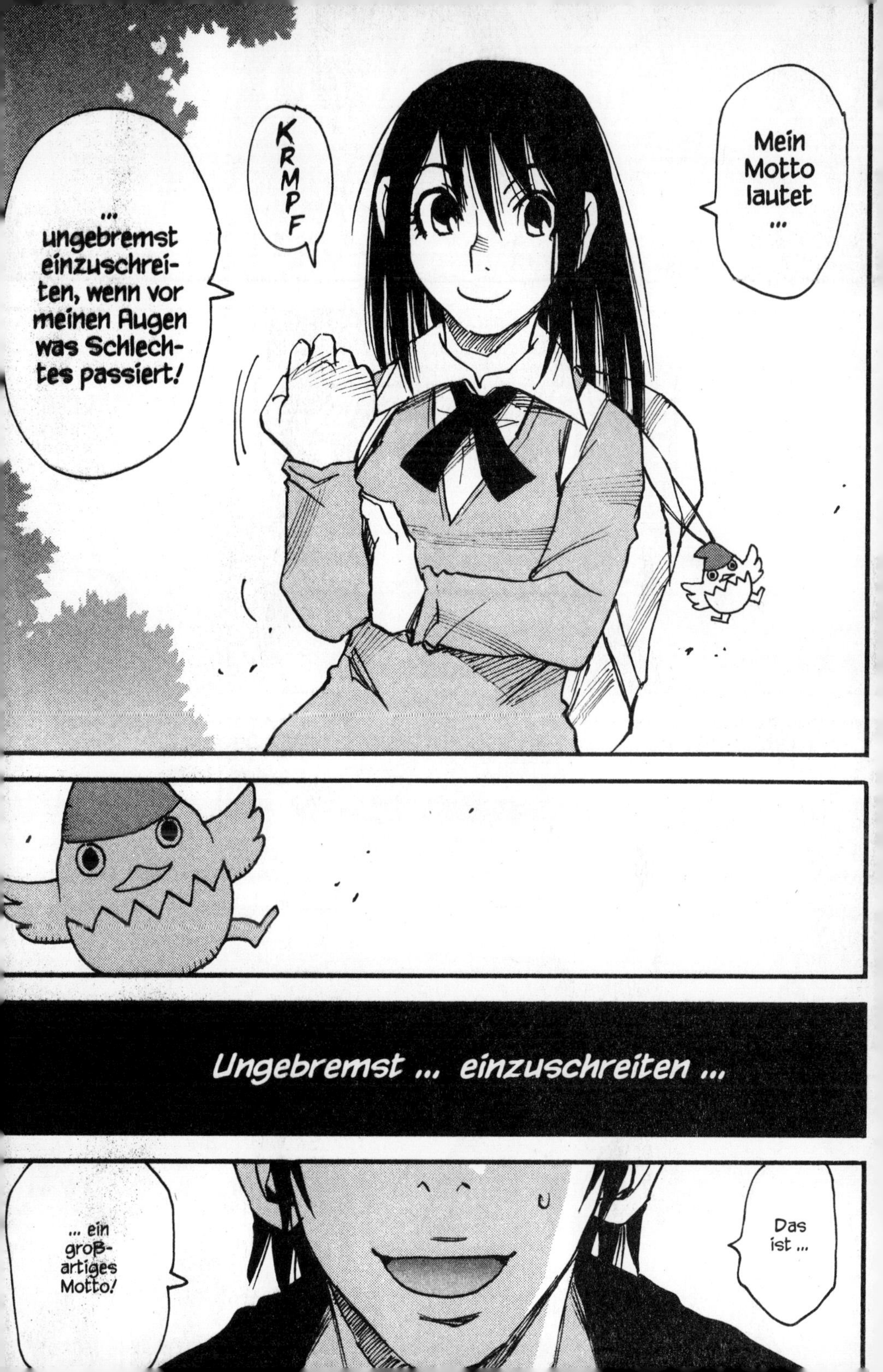
Mein Motto lautet ...
KRMPF
... ungebremst einzuschreiten, wenn vor meinen Augen was Schlechtes passiert!
Ungebremst ... einzuschreiten ...
Das ist ...
... ein groß-artiges Motto!

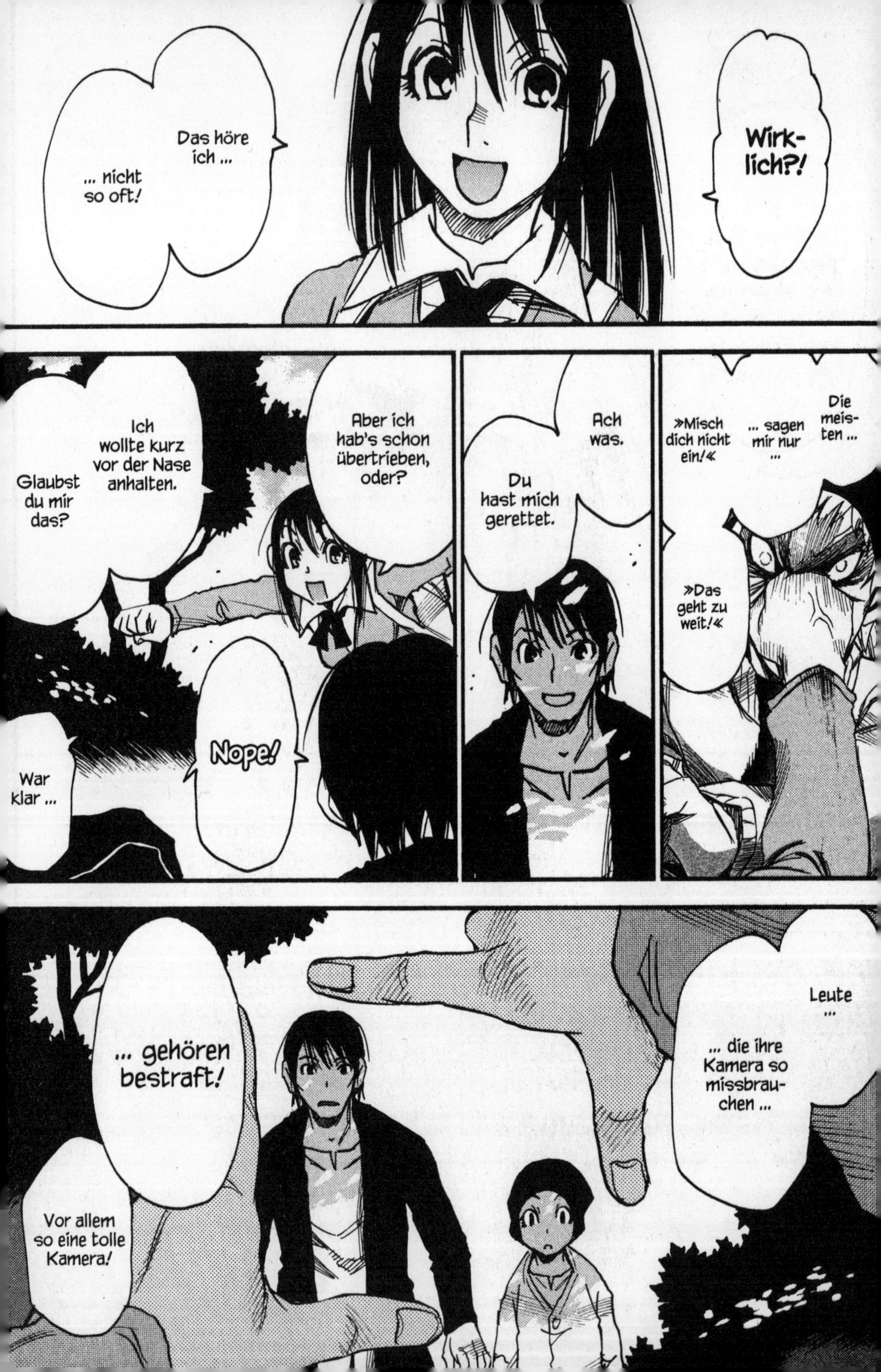
Wirk-
lich?!
Das höre
ich ...
... nicht
so oft!
Die
meis-
ten ...
... sagen
mir nur
...
»Misch
dich nicht
ein!«
»Das
geht zu
weit!«
Ach
was.
Du
hast mich
gerettet.
Aber ich
hab's schon
übertrieben,
oder?
Ich
wollte kurz
vor der Nase
anhalten.
Glaubst
du mir
das?
Nope!
War
klar ...
Leute
...
... die ihre
Kamera so
missbrau-
chen ...
... gehören
bestraft!
Vor allem
so eine tolle
Kamera!

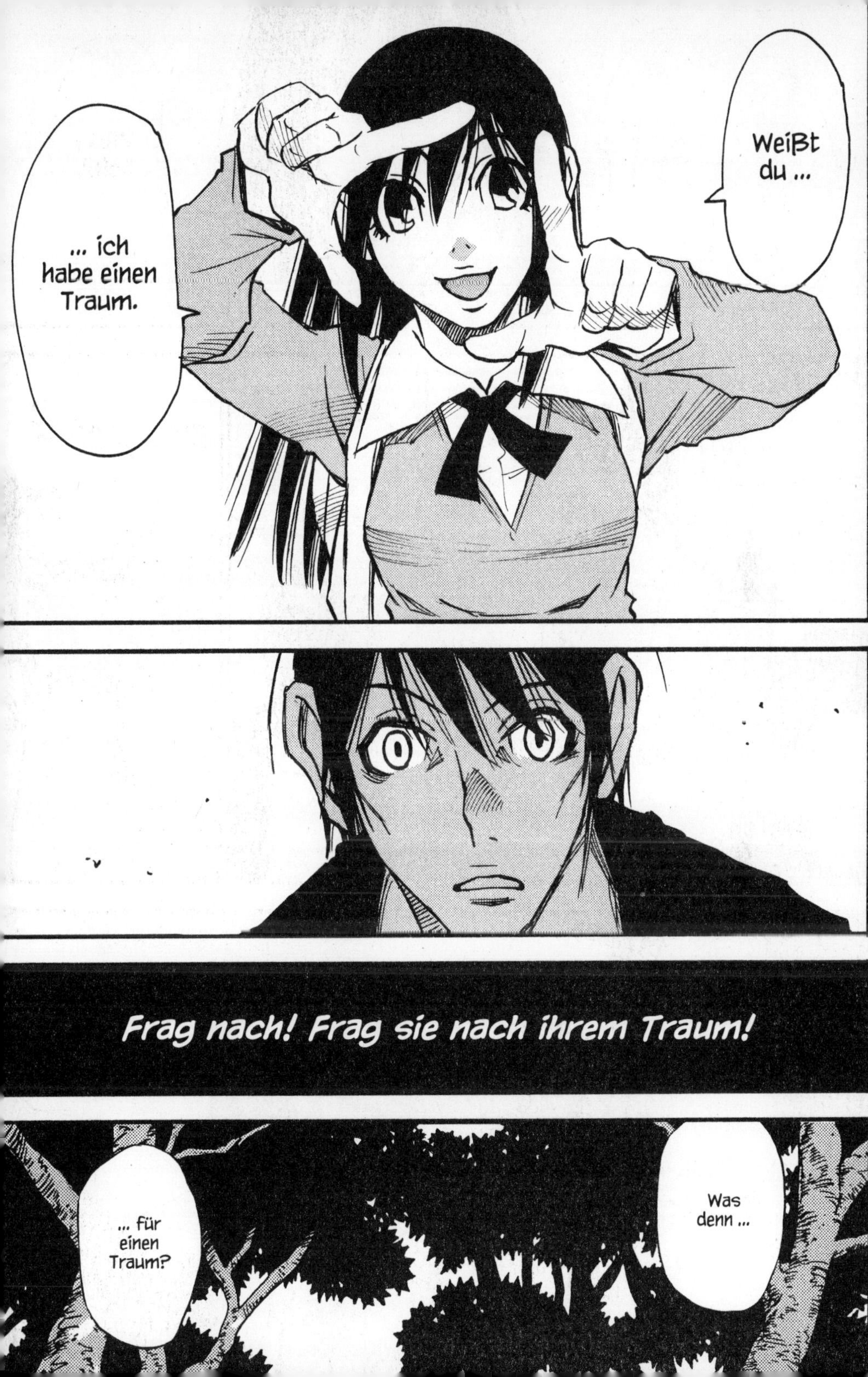

Weißt du ...
... ich habe einen Traum.
Frag nach! Frag sie nach ihrem Traum!
Was denn ...
... für einen Traum?

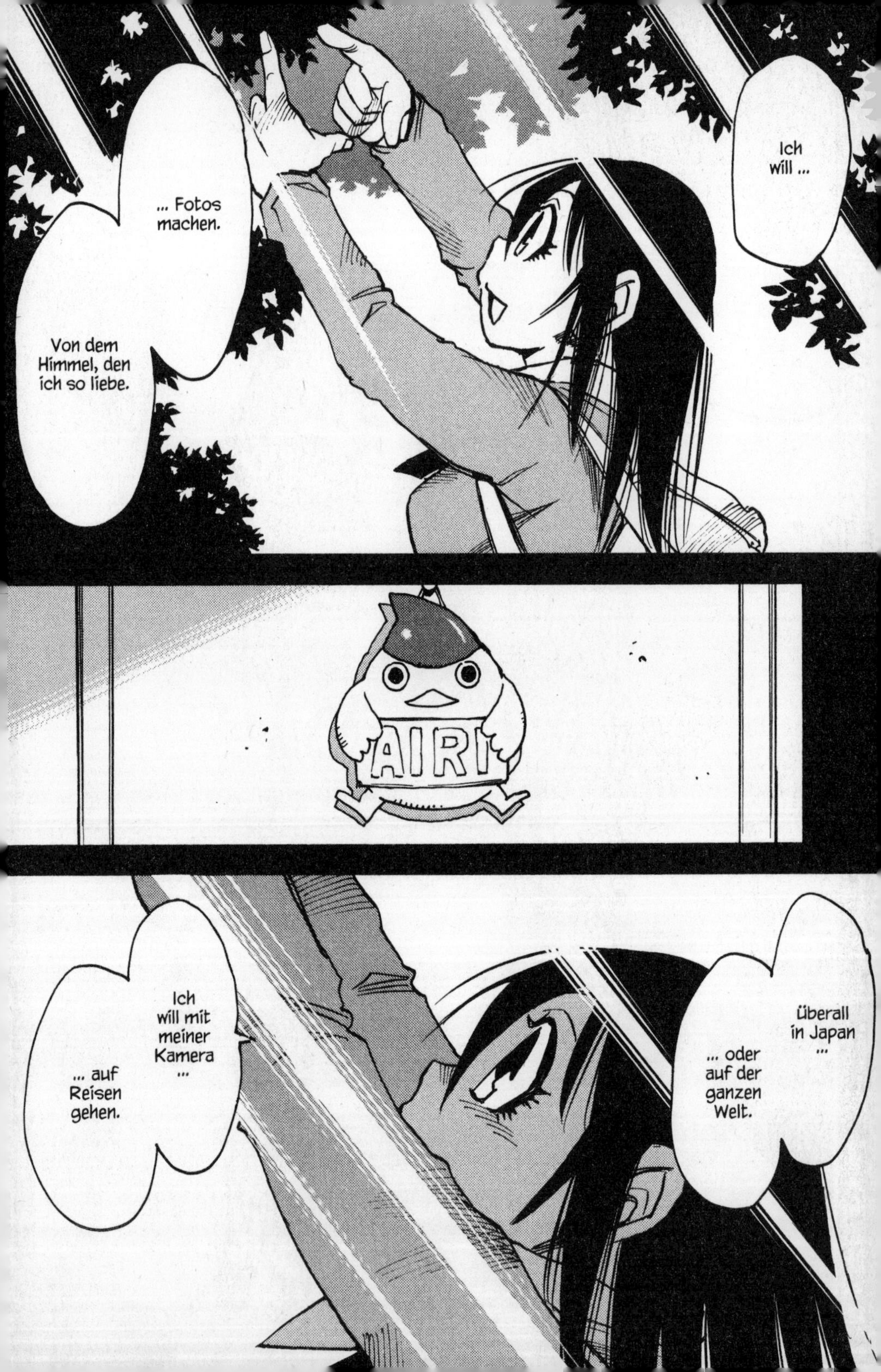
Ich will ...
... Fotos machen.
Von dem Himmel, den ich so liebe.
AIRI
Überall in Japan ...
... oder auf der ganzen Welt.
Ich will mit meiner Kamera ...
... auf Reisen gehen.

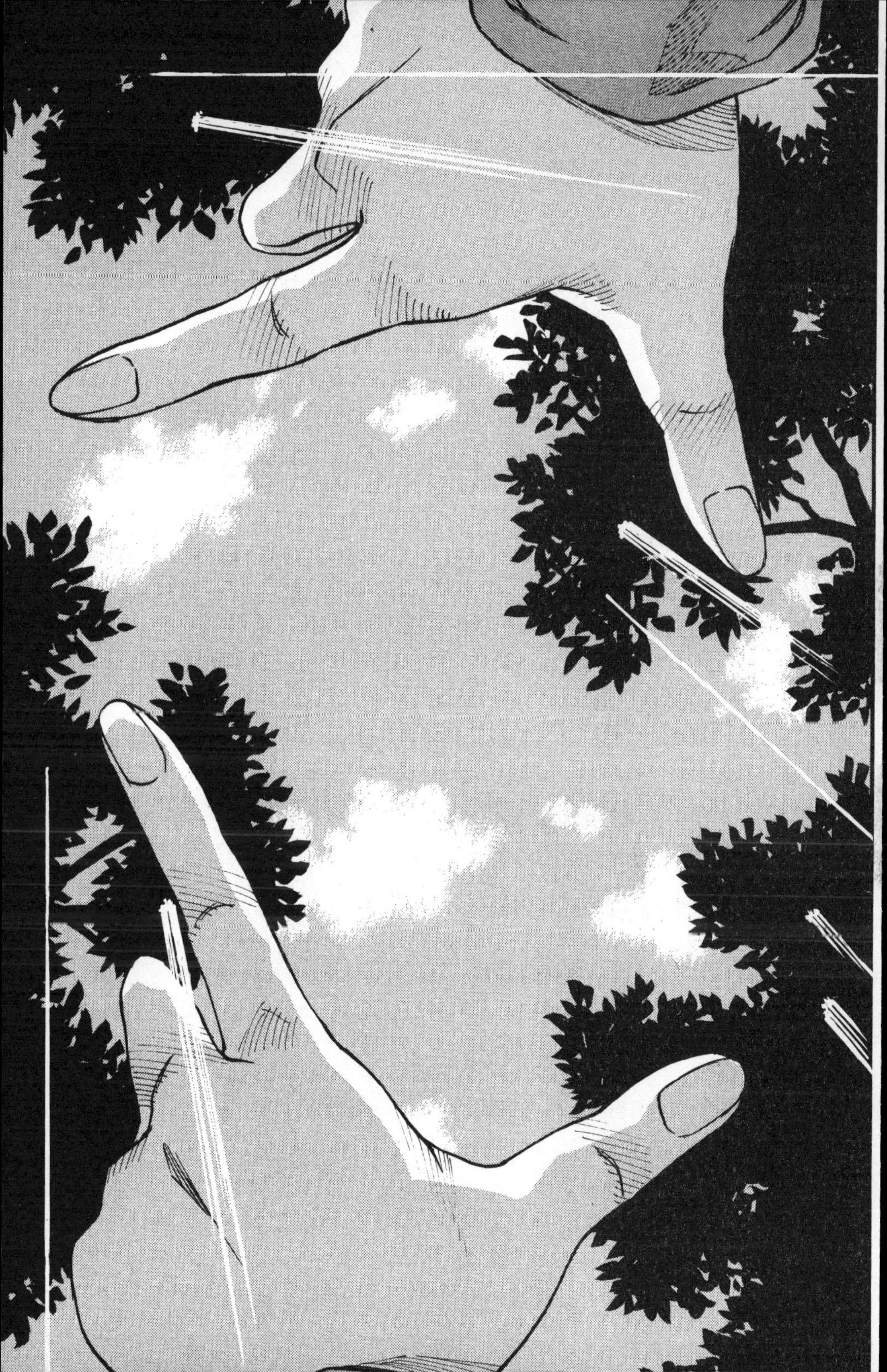

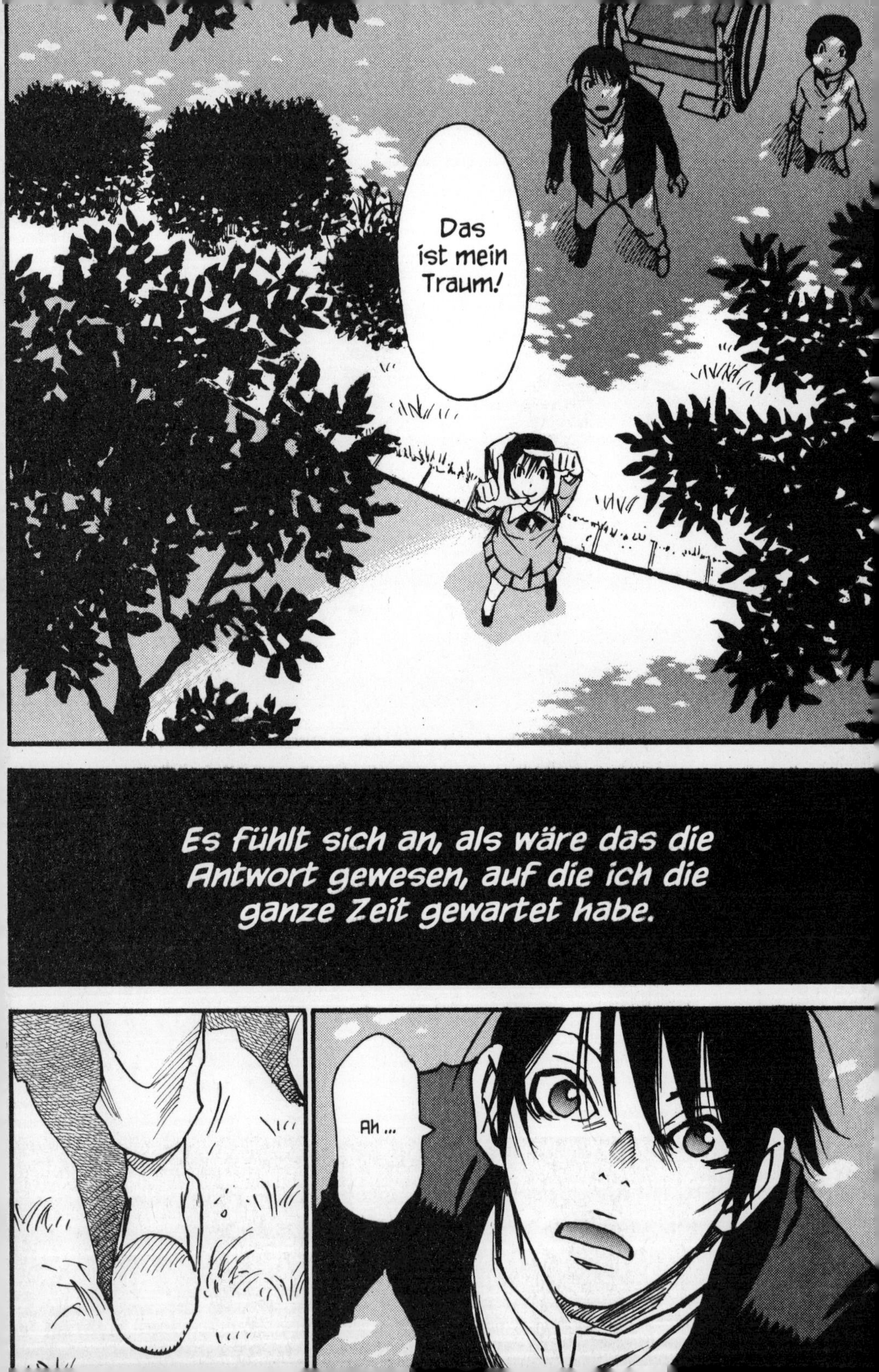

Das ist mein Traum!
Es fühlt sich an, als wäre das die Antwort gewesen, auf die ich die ganze Zeit gewartet habe.
Ah ...

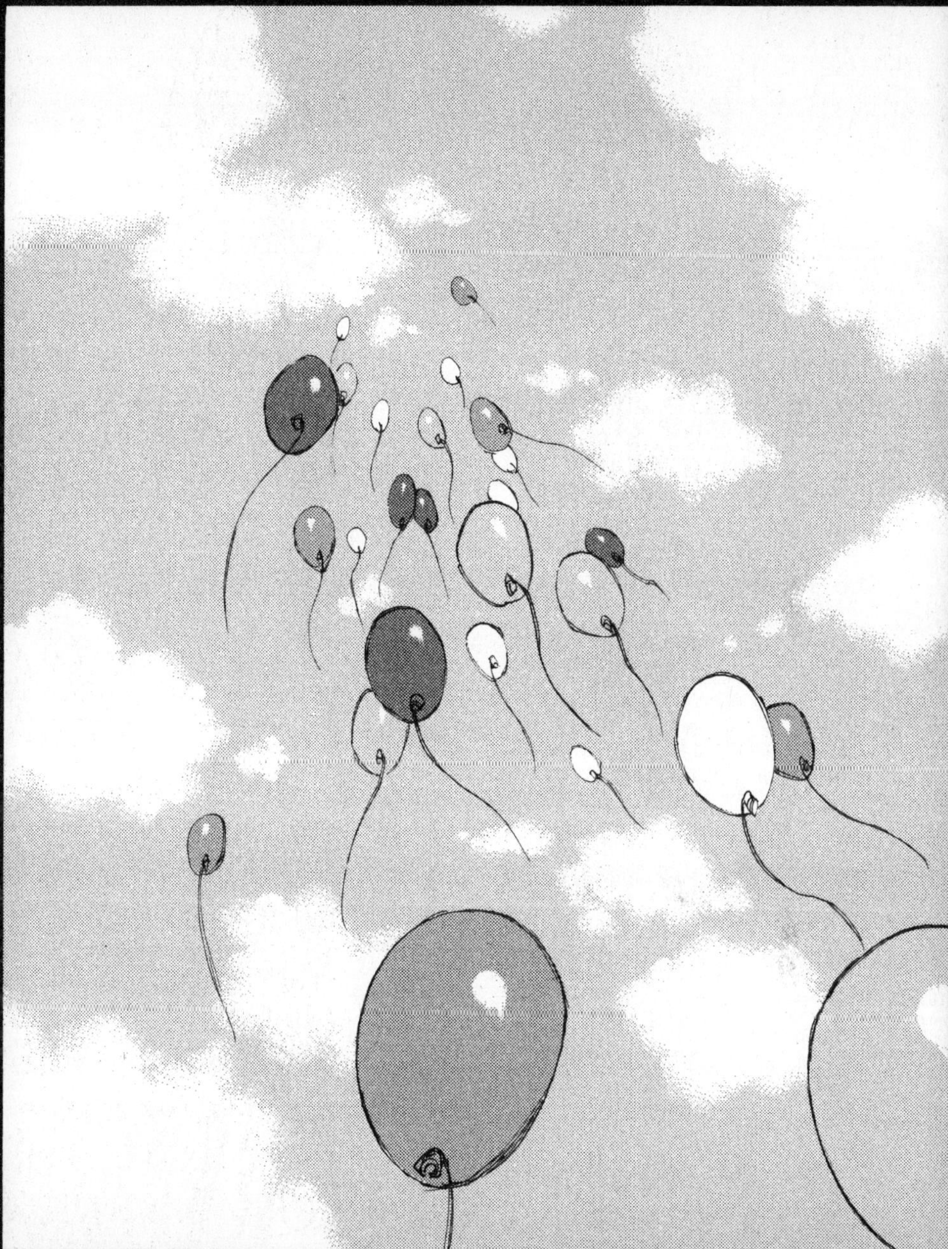

»Airi«

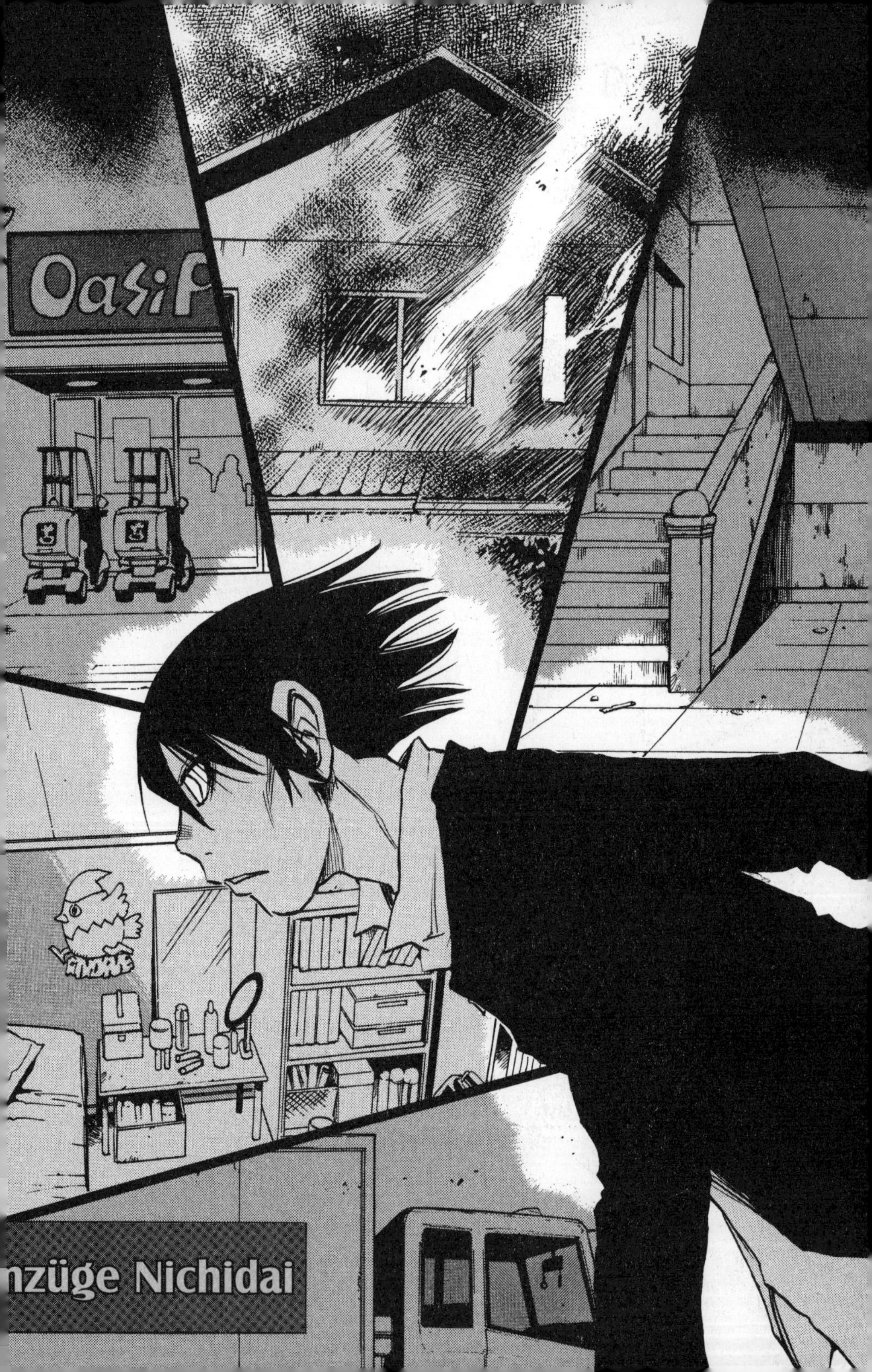
Oasif
nzüge Nichidai

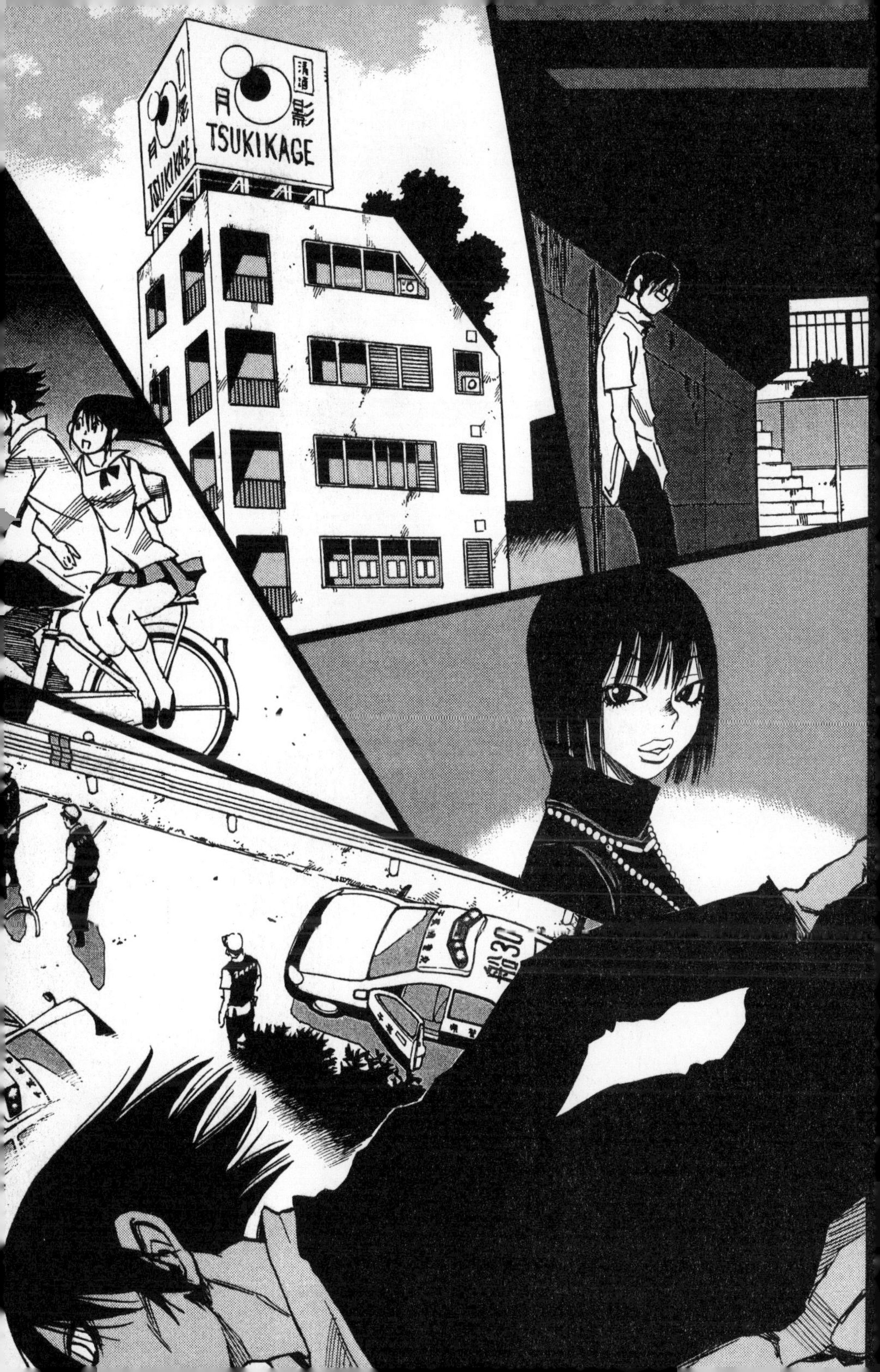
清酒
月影
TSUKIKAGE

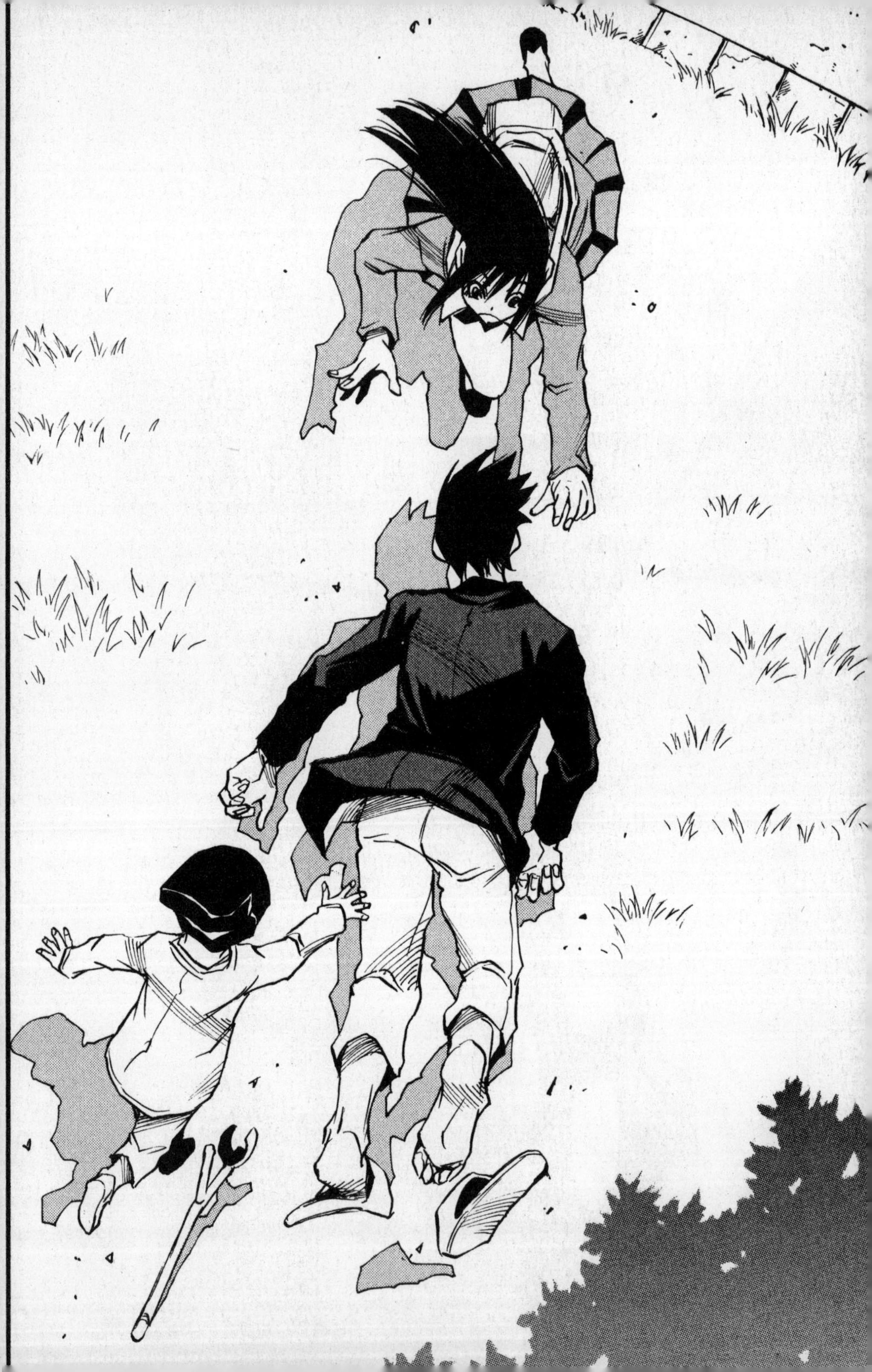

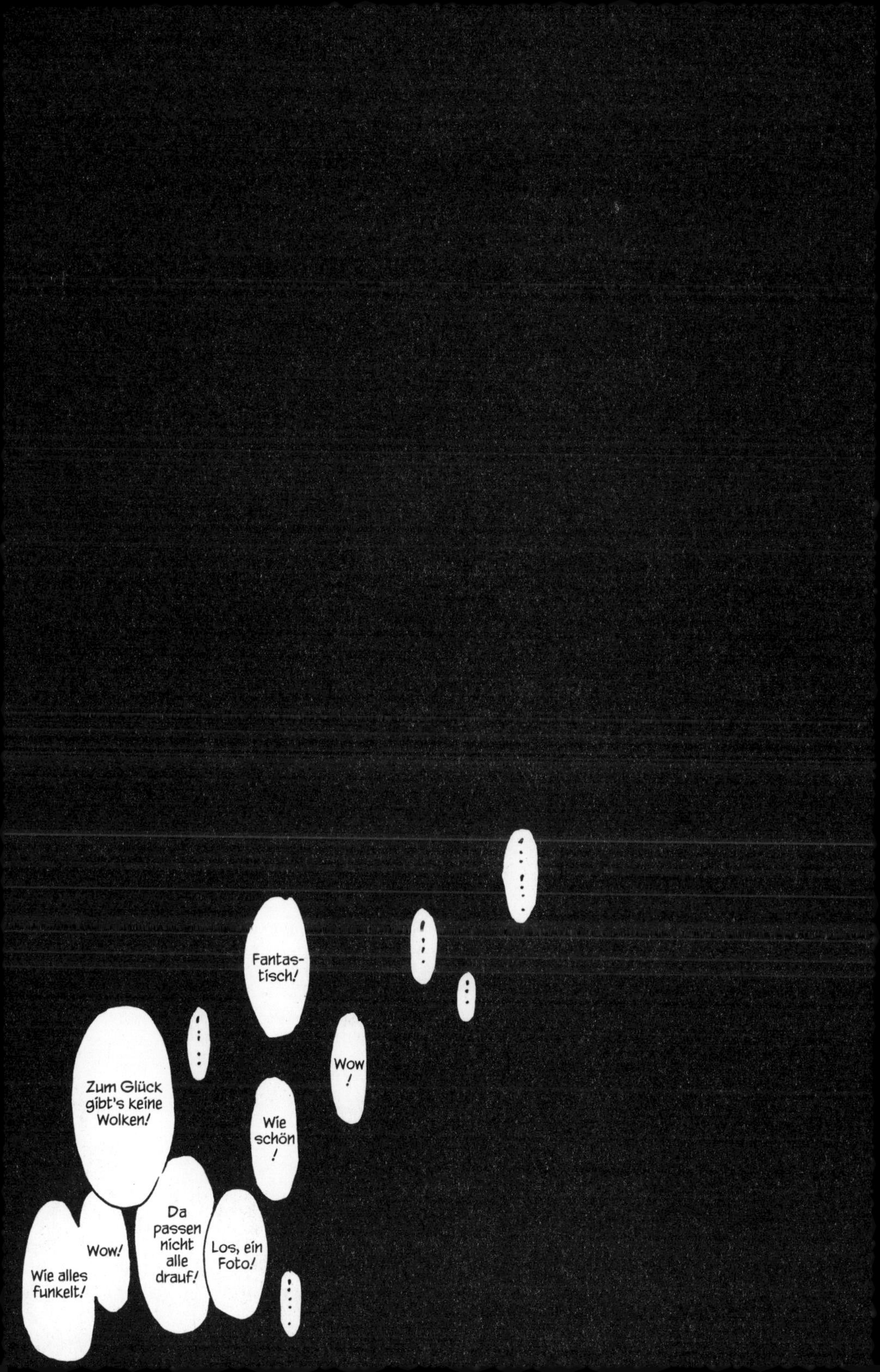
Fantas-
tisch!
Wow
!
Wie
schön
!
Zum Glück
gibt's keine
Wolken!
Los, ein
Foto!
Da
passen
nicht
alle
drauf!
Wow!
Wie alles
funkelt!

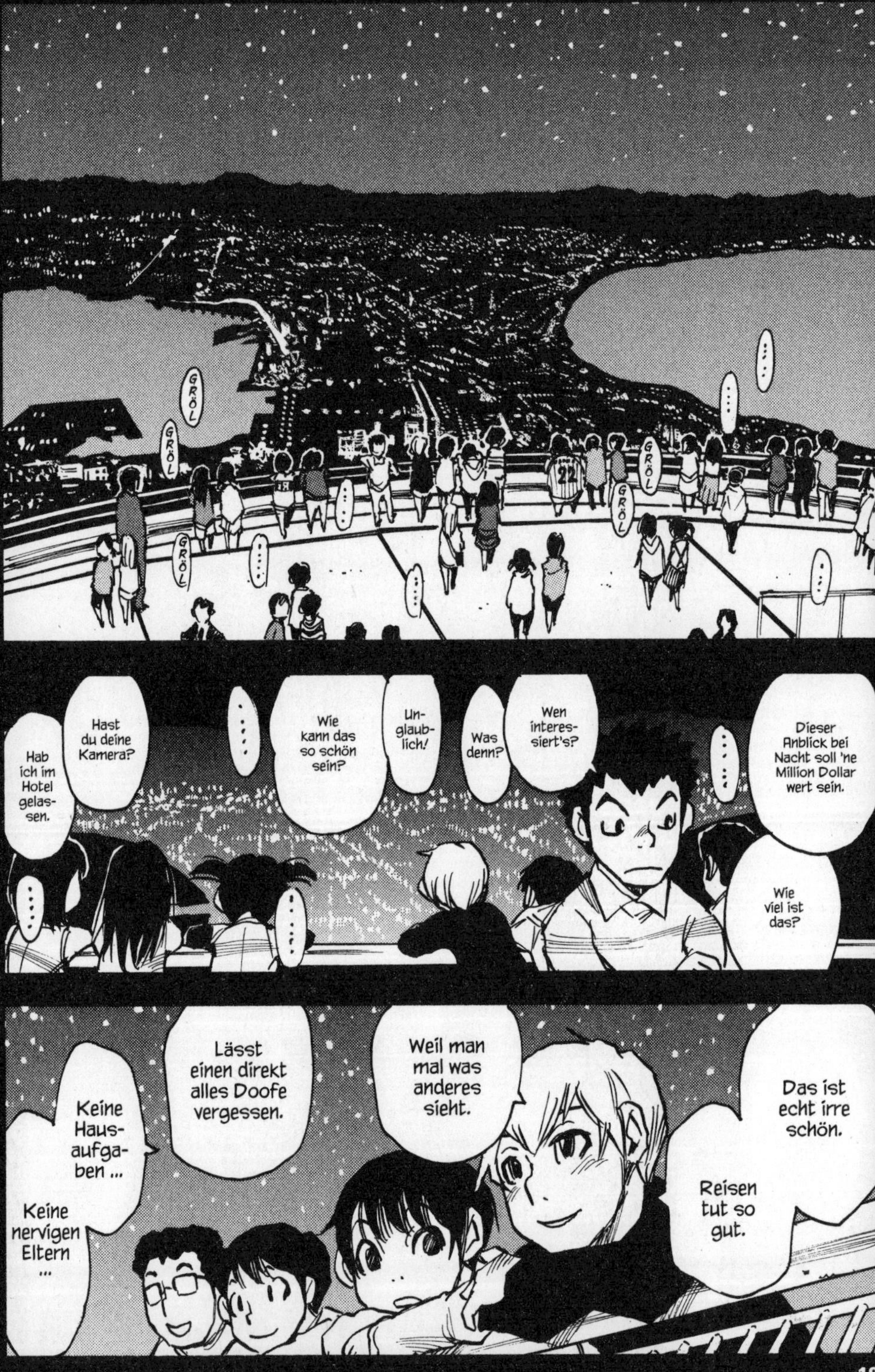
...
GRÖL GRÖL
GRÖL GRÖL
GRÖL GRÖL
...
...
...
...
Dieser Anblick bei Nacht soll 'ne Million Dollar wert sein.
...
Wie viel ist das?
Wen interes-siert's?
Was denn?
Un-glaub-lich!
Wie kann das so schön sein?
...
...
Hast du deine Kamera?
Hab ich im Hotel gelas-sen.
...
Das ist echt irre schön.
Reisen tut so gut.
Weil man mal was anderes sieht.
Lässt einen direkt alles Doofe vergessen.
Keine Haus-aufga-ben ...
Keine nervigen Eltern ...

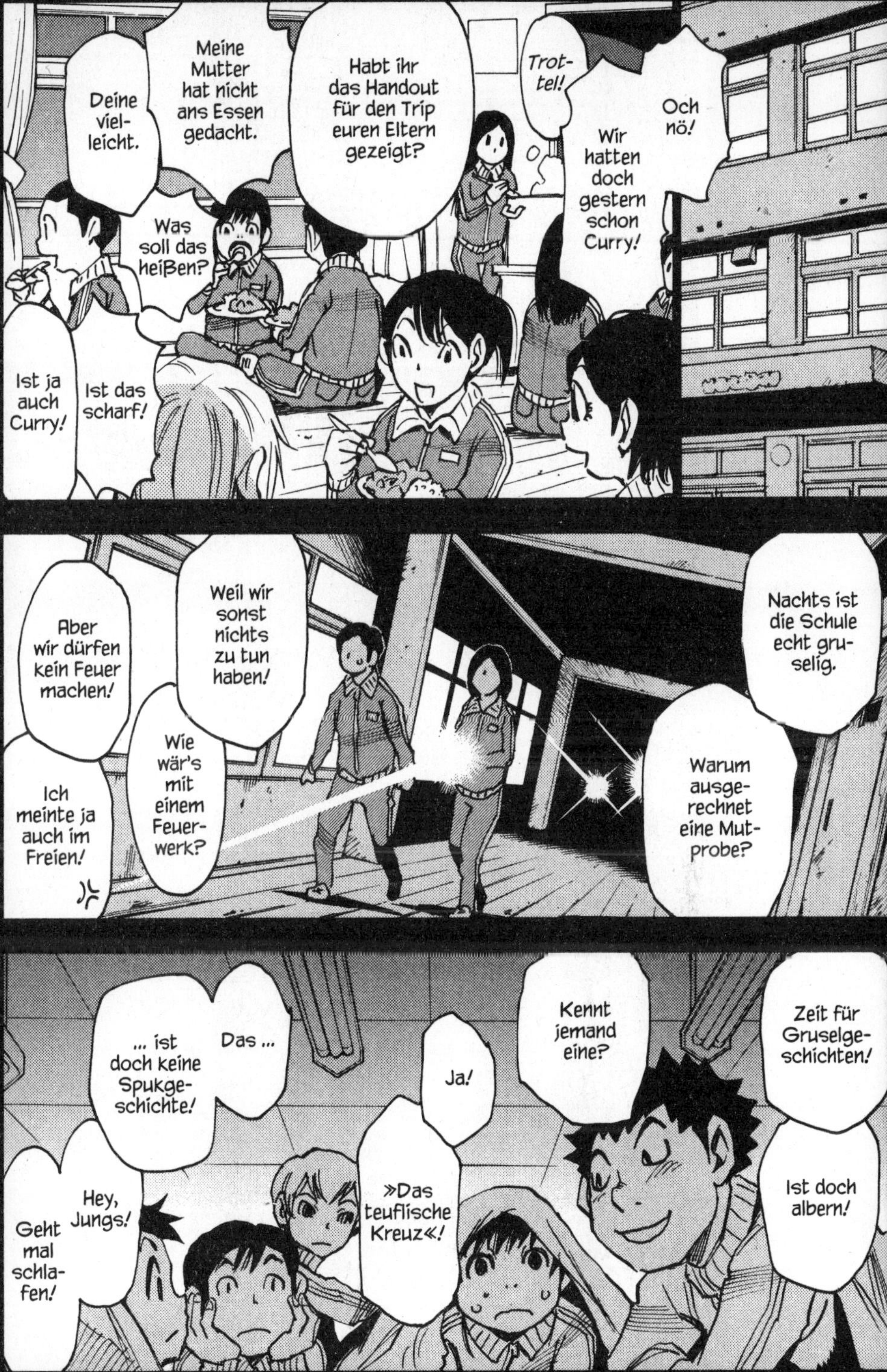

Och nö!
Wir hatten doch gestern schon Curry!
Trottel!
Habt ihr das Handout für den Trip euren Eltern gezeigt?
Meine Mutter hat nicht ans Essen gedacht.
Deine vielleicht.
Was soll das heißen?
Ist das scharf!
Ist ja auch Curry!
Nachts ist die Schule echt gruselig.
Warum ausgerechnet eine Mutprobe?
Weil wir sonst nichts zu tun haben!
Wie wär's mit einem Feuerwerk?
Aber wir dürfen kein Feuer machen!
Ich meinte ja auch im Freien!
Zeit für Gruselgeschichten!
Ist doch albern!
Kennt jemand eine?
Ja!
»Das teuflische Kreuz«!
Das ...
... ist doch keine Spukgeschichte!
Hey, Jungs!
Geht mal schlafen!

*Anm. d. Red.: große Kalksteinhöhle in Nordjapan

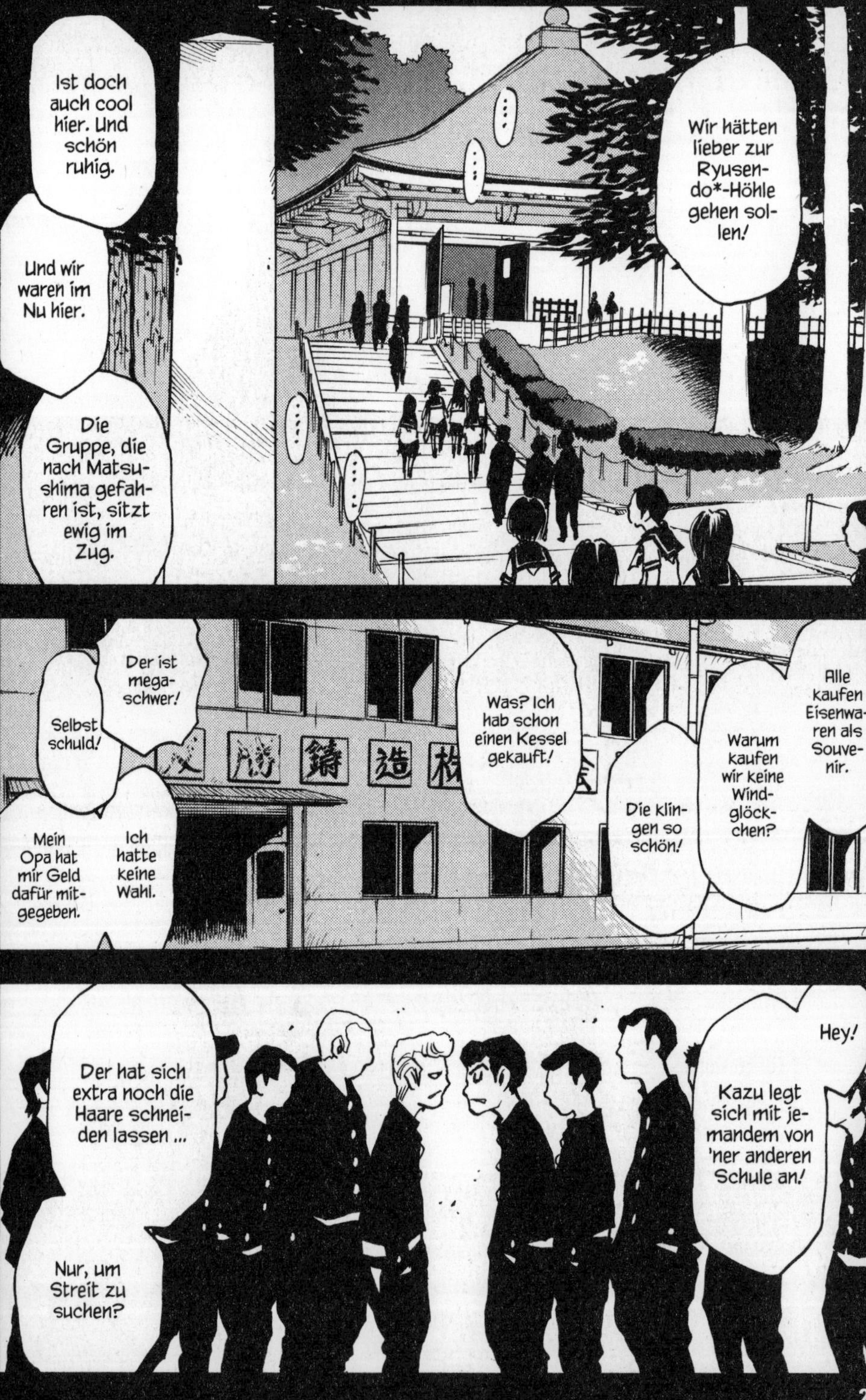

War das nur ein Traum ...?

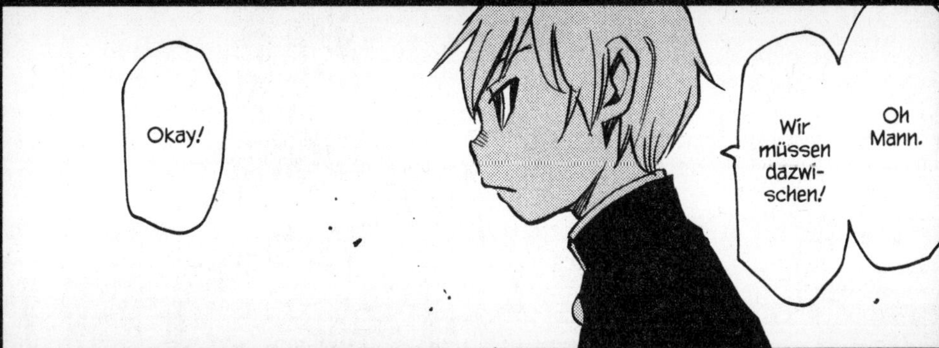

Es fühlt sich irgendwie ... so nostalgisch an ... Nein, Moment mal! Ich bin mir sicher, dass Kenya danach eins mit dem Holzschwert auf die Mütze kriegt ...

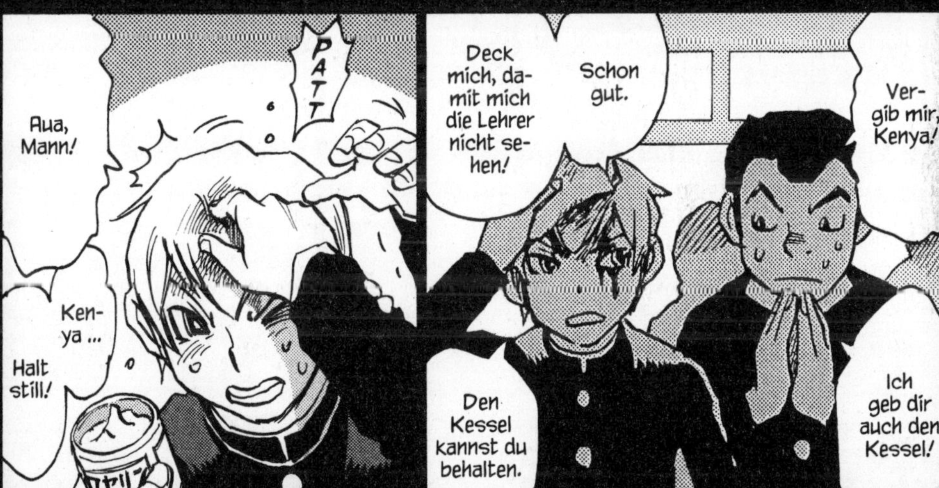

Stimmt ... Hiromi hat mit Vaseline die Blutung gestoppt.

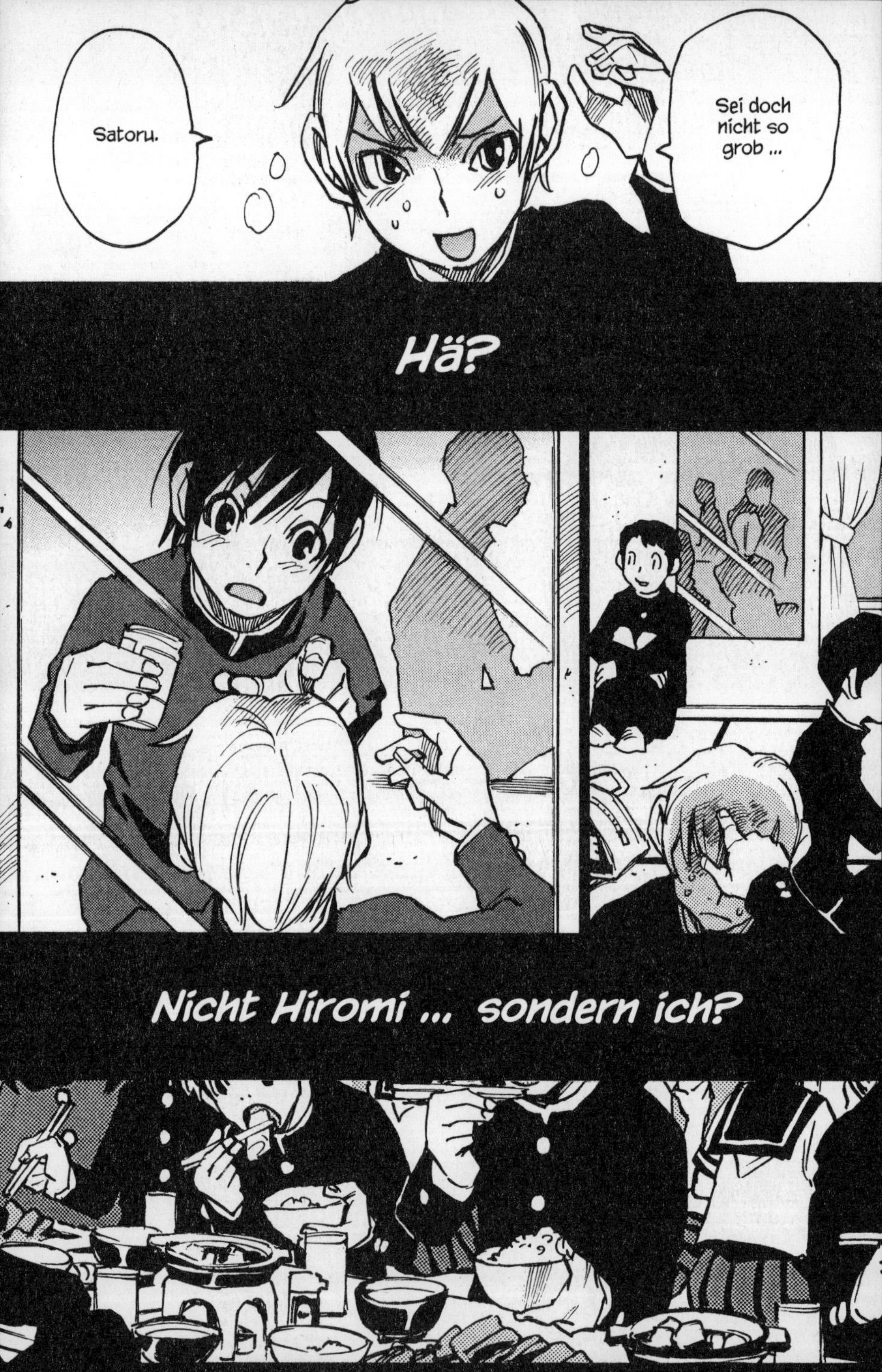

Sei doch nicht so grob ...
Satoru.
Hä?
Nicht Hiromi ... sondern ich?

Warum denn ich?
Wo ist Hiromi?

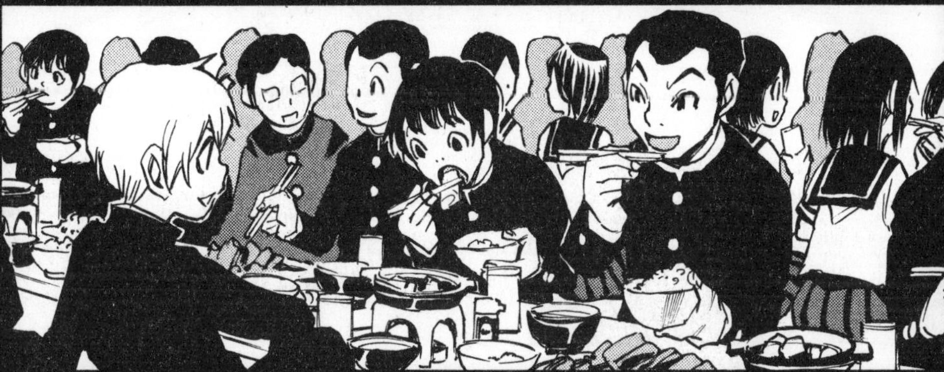

Nicht da ... aber weshalb?
Ich sollte doch nicht da sein ...

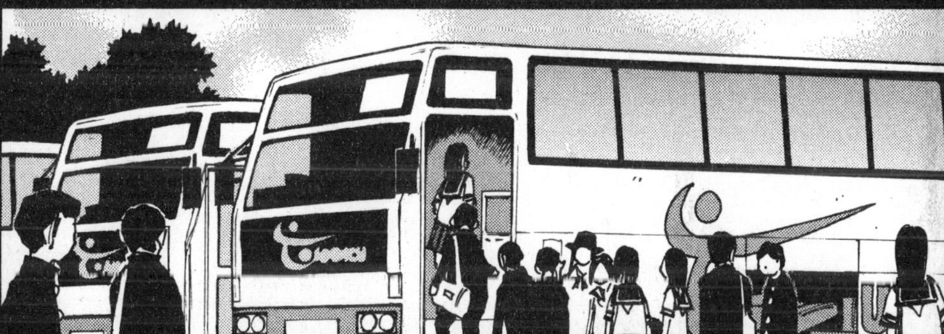

Nein ... Kein Zweifel ...

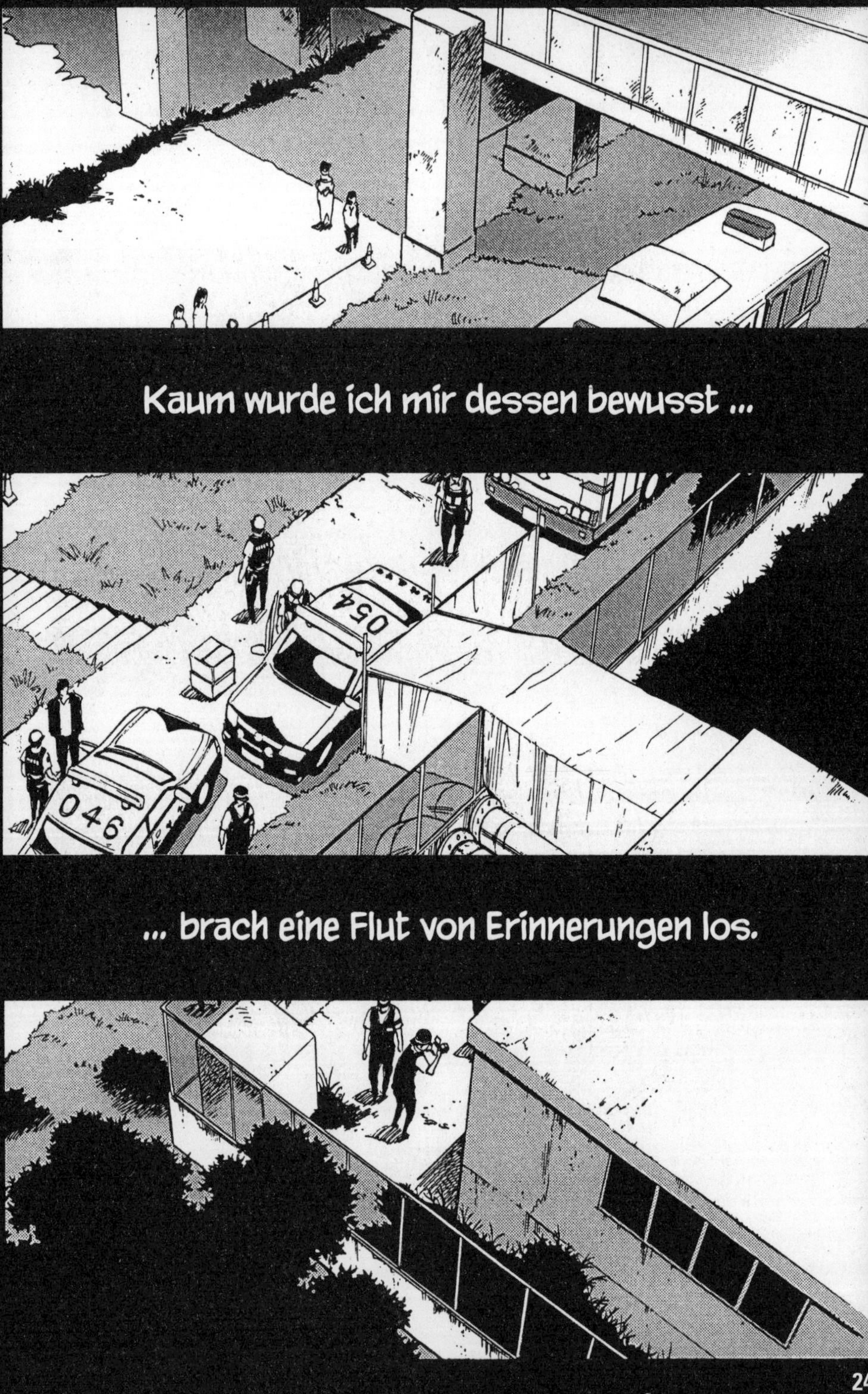
Kaum wurde ich mir dessen bewusst ...
... brach eine Flut von Erinnerungen los.

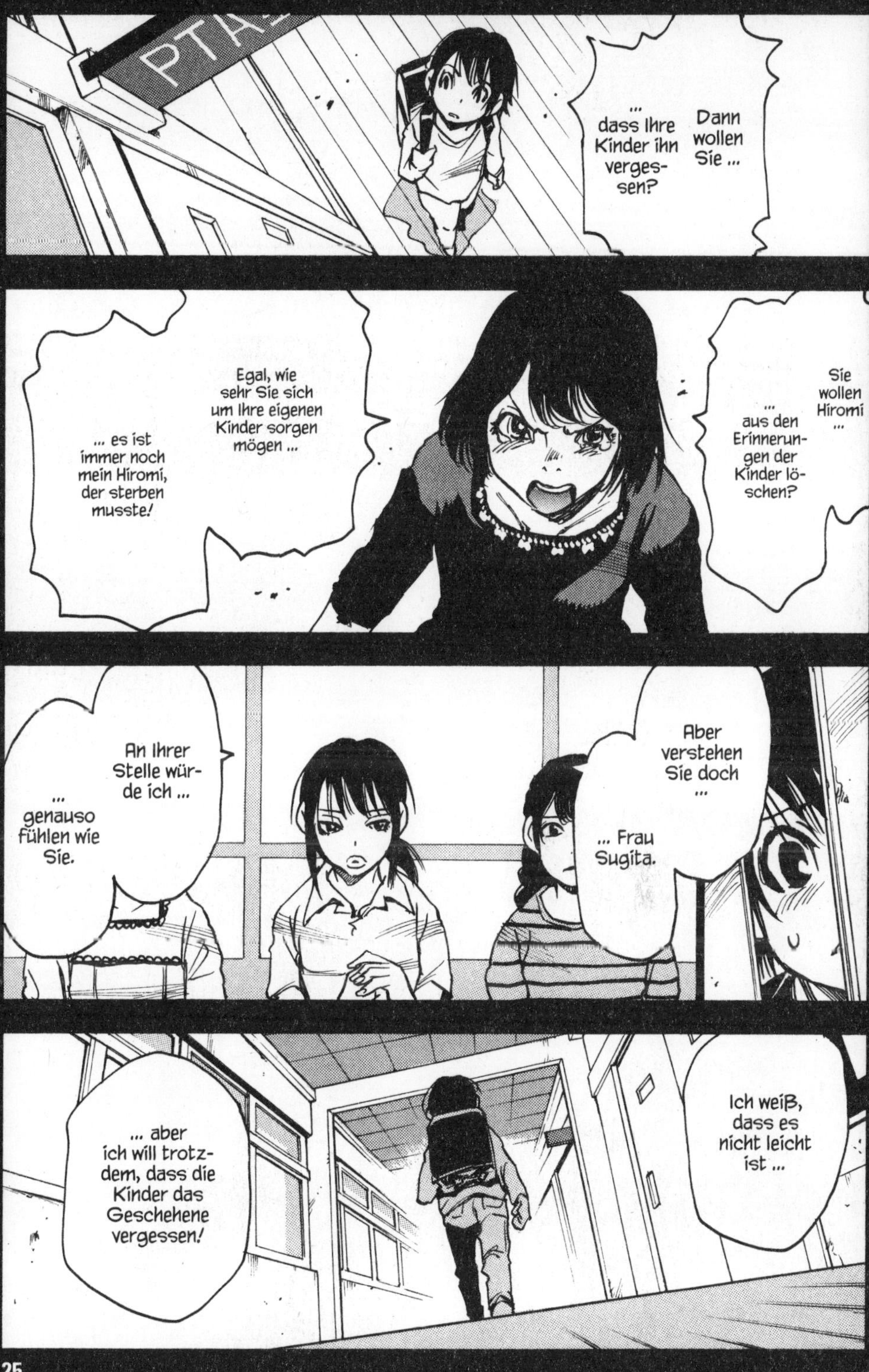
Dann wollen Sie ...
... dass Ihre Kinder ihn vergessen?
Sie wollen Hiromi ...
... aus den Erinnerungen der Kinder löschen?
Egal, wie sehr Sie sich um Ihre eigenen Kinder sorgen mögen ...
... es ist immer noch mein Hiromi, der sterben musste!
Aber verstehen Sie doch ...
... Frau Sugita.
An Ihrer Stelle würde ich ...
... genauso fühlen wie Sie.
Ich weiß, dass es nicht leicht ist ...
... aber ich will trotzdem, dass die Kinder das Geschehene vergessen!

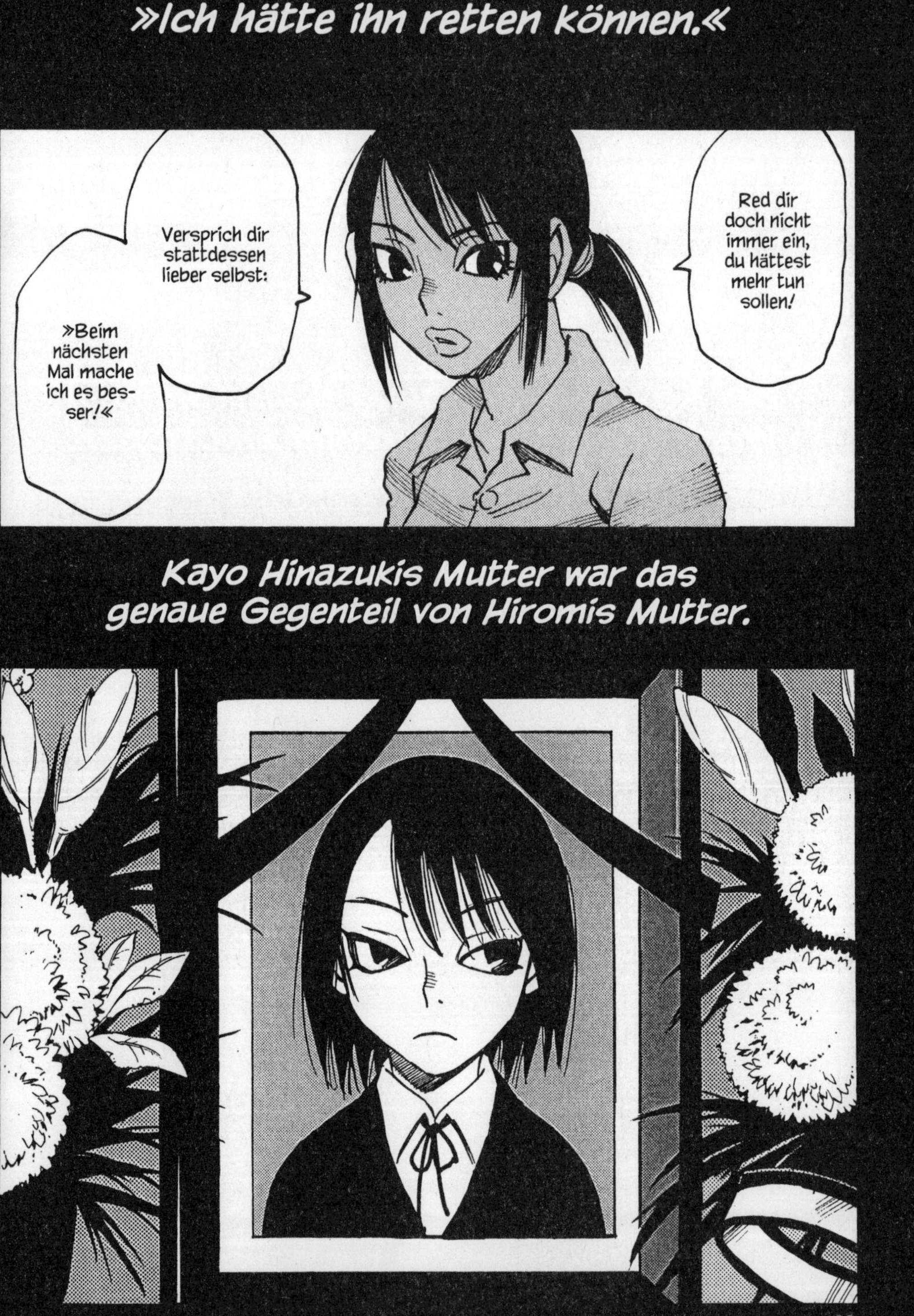
»Ich hätte ihn retten können.«
Red dir doch nicht immer ein, du hättest mehr tun sollen!
Versprich dir stattdessen lieber selbst:
»Beim nächsten Mal mache ich es besser!«
Kayo Hinazukis Mutter war das genaue Gegenteil von Hiromis Mutter.

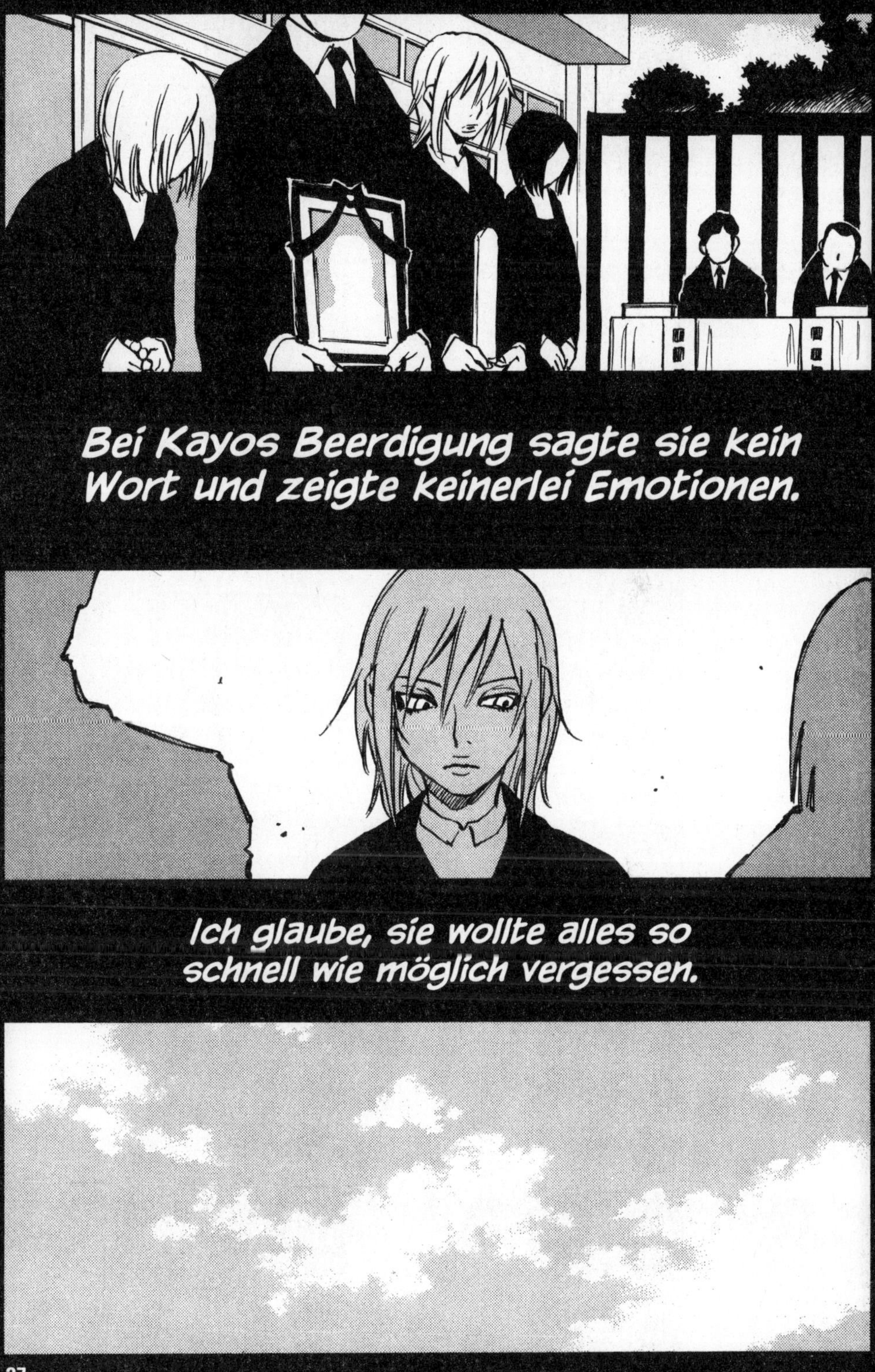
Bei Kayos Beerdigung sagte sie kein Wort und zeigte keinerlei Emotionen.
Ich glaube, sie wollte alles so schnell wie möglich vergessen.

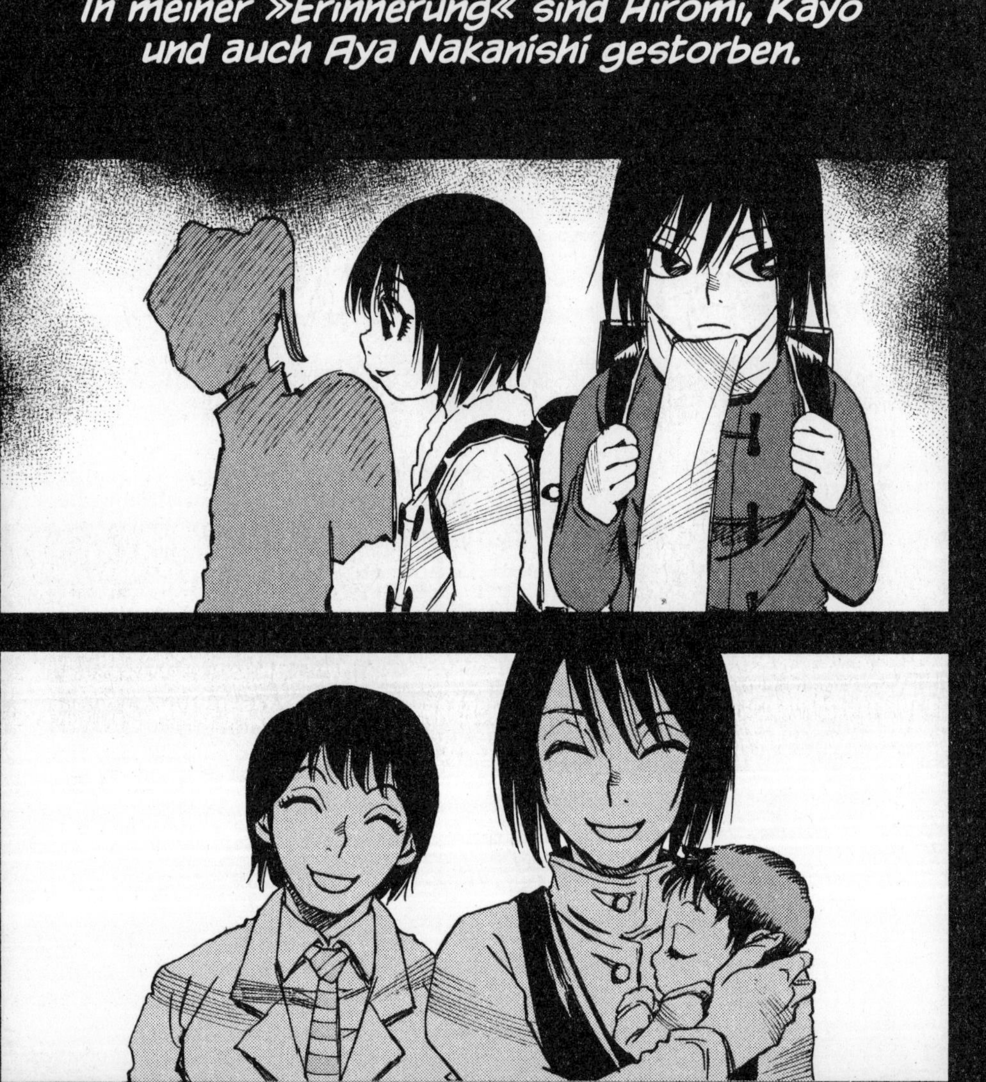
In meiner »Erinnerung« sind Hiromi, Kayo
und auch Aya Nakanishi gestorben.

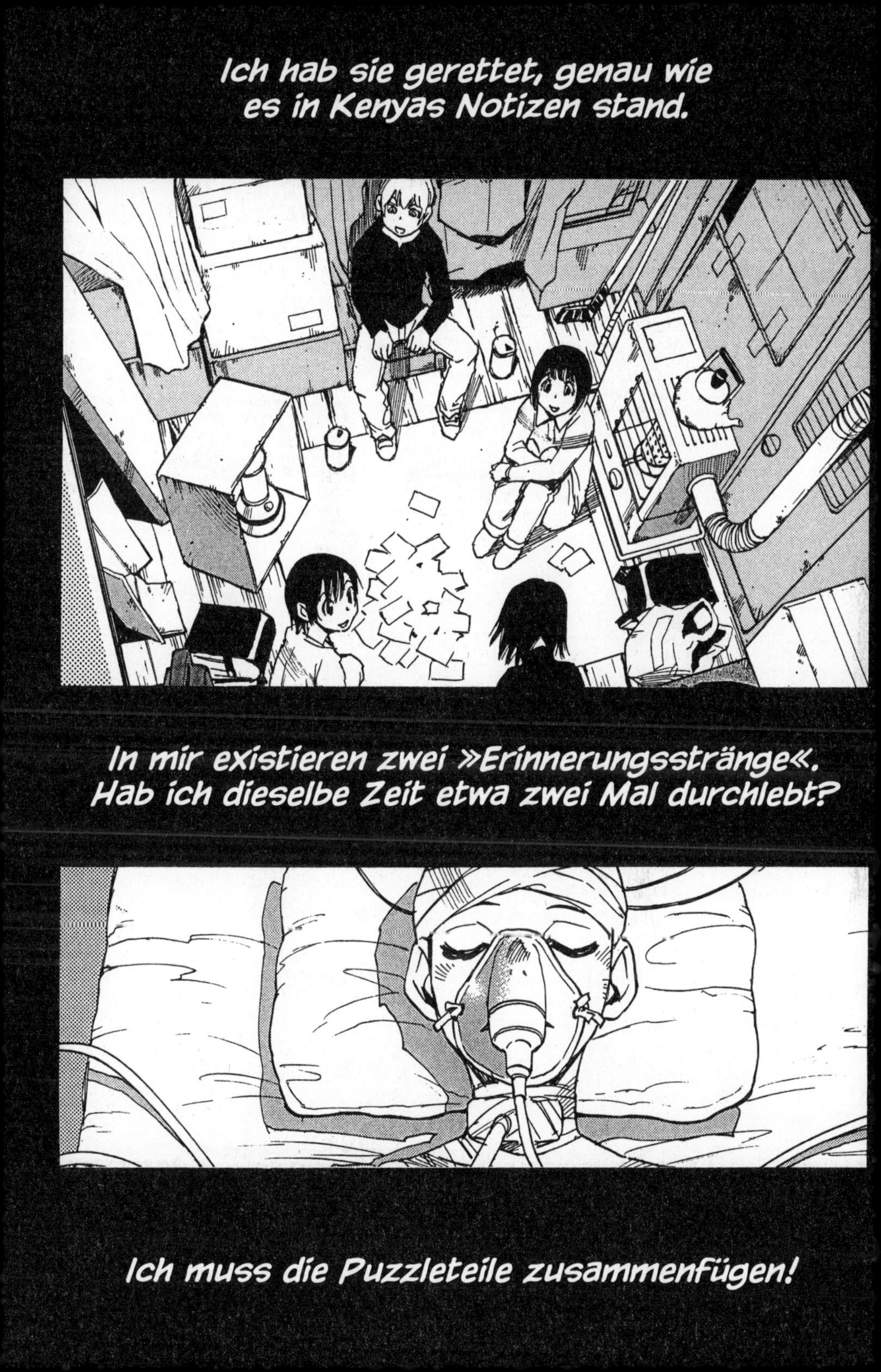
Ich hab sie gerettet, genau wie es in Kenyas Notizen stand.
In mir existieren zwei »Erinnerungsstränge«. Hab ich dieselbe Zeit etwa zwei Mal durchlebt?
Ich muss die Puzzleteile zusammenfügen!

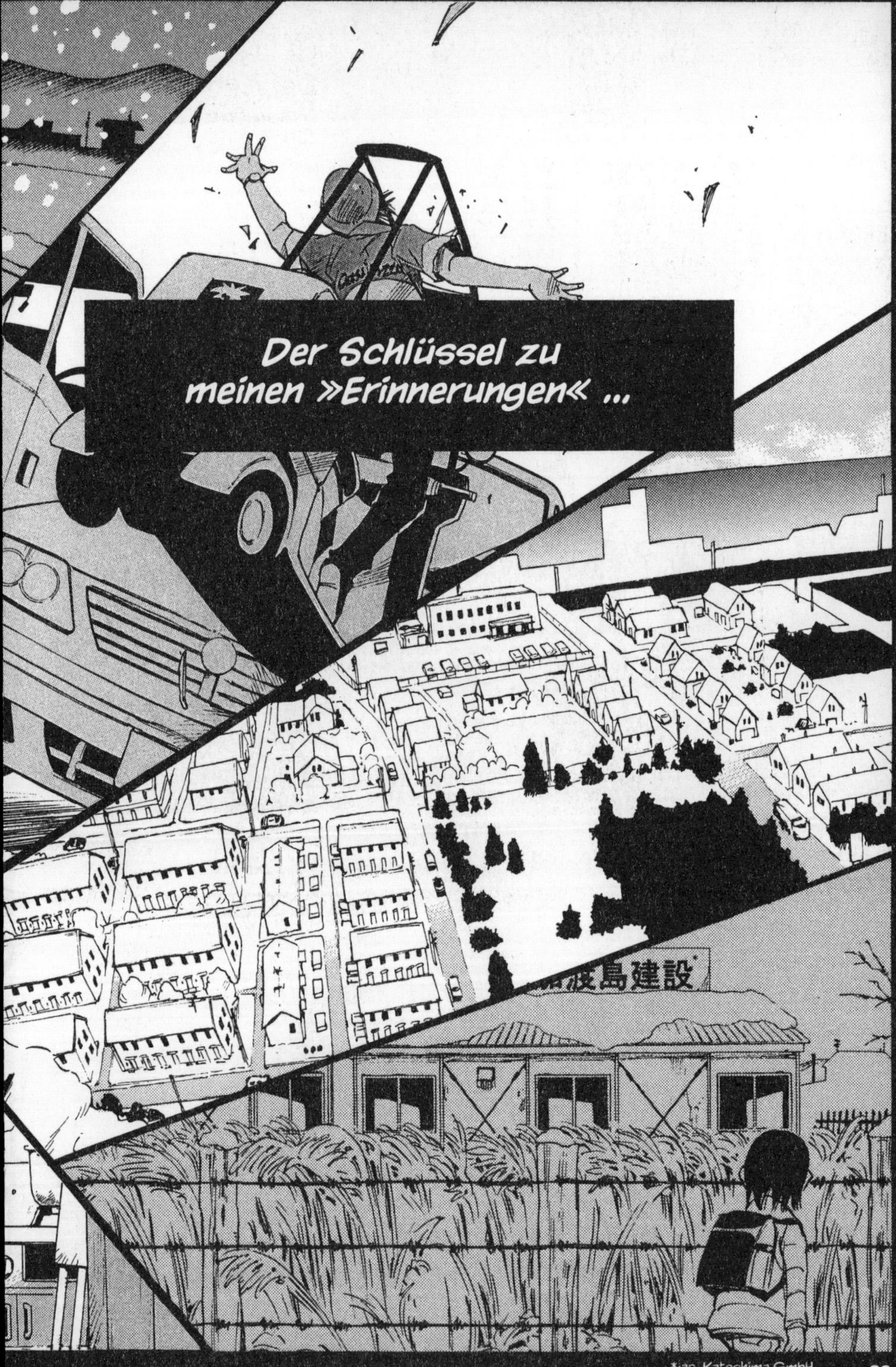

*jap. Katoshima GmbH

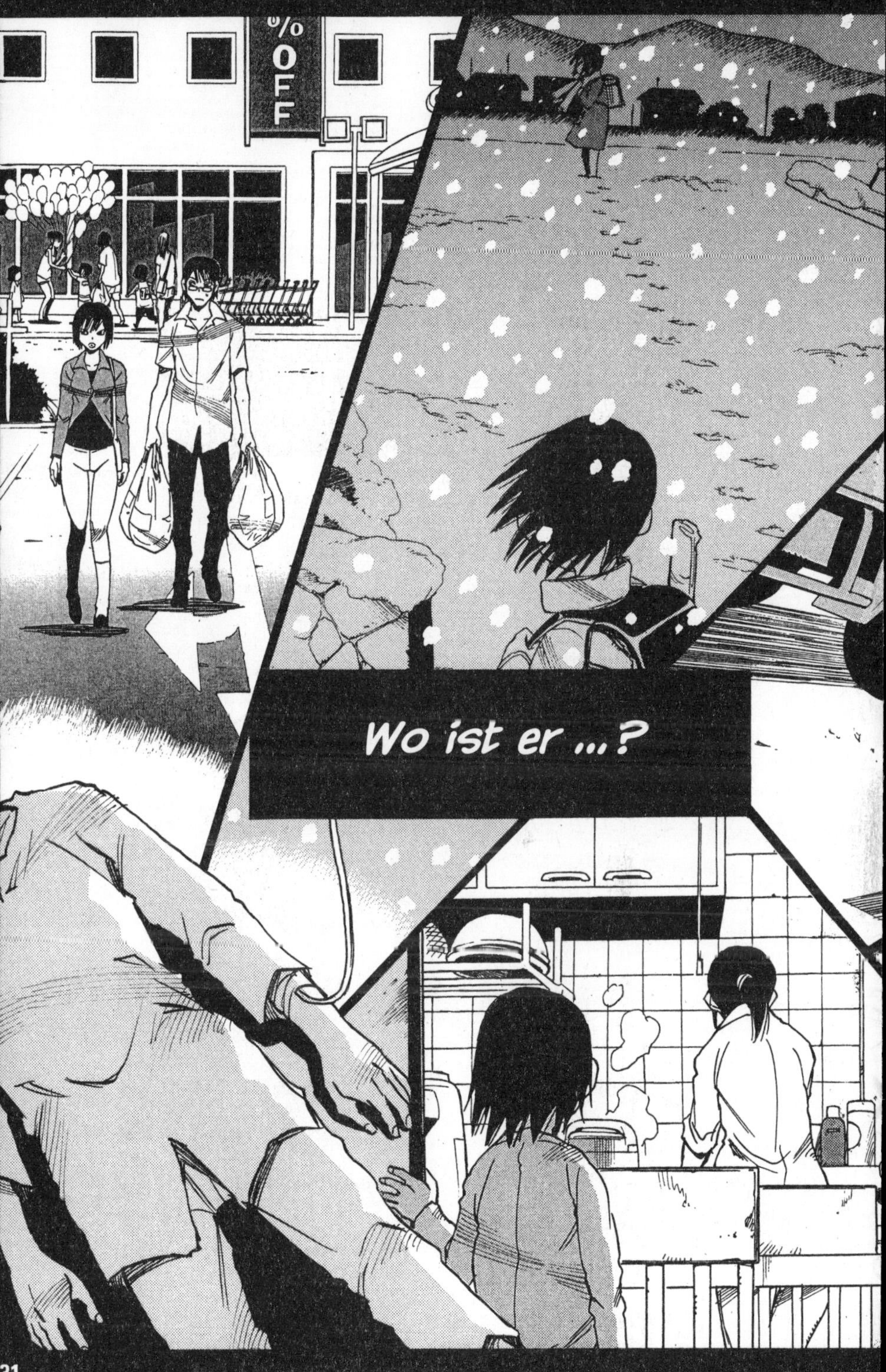
%
OFF
Wo ist er ...?

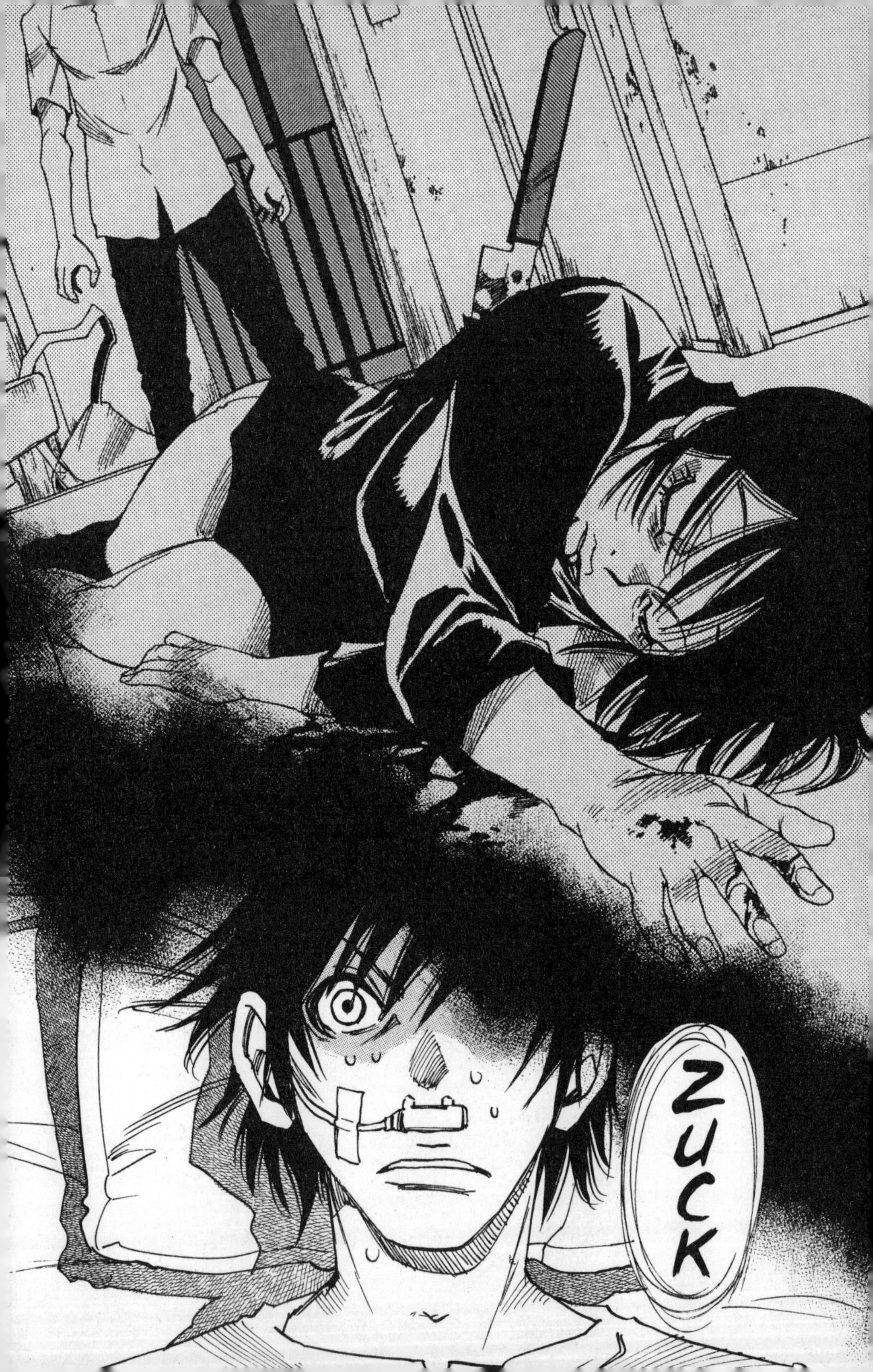
ZUCK

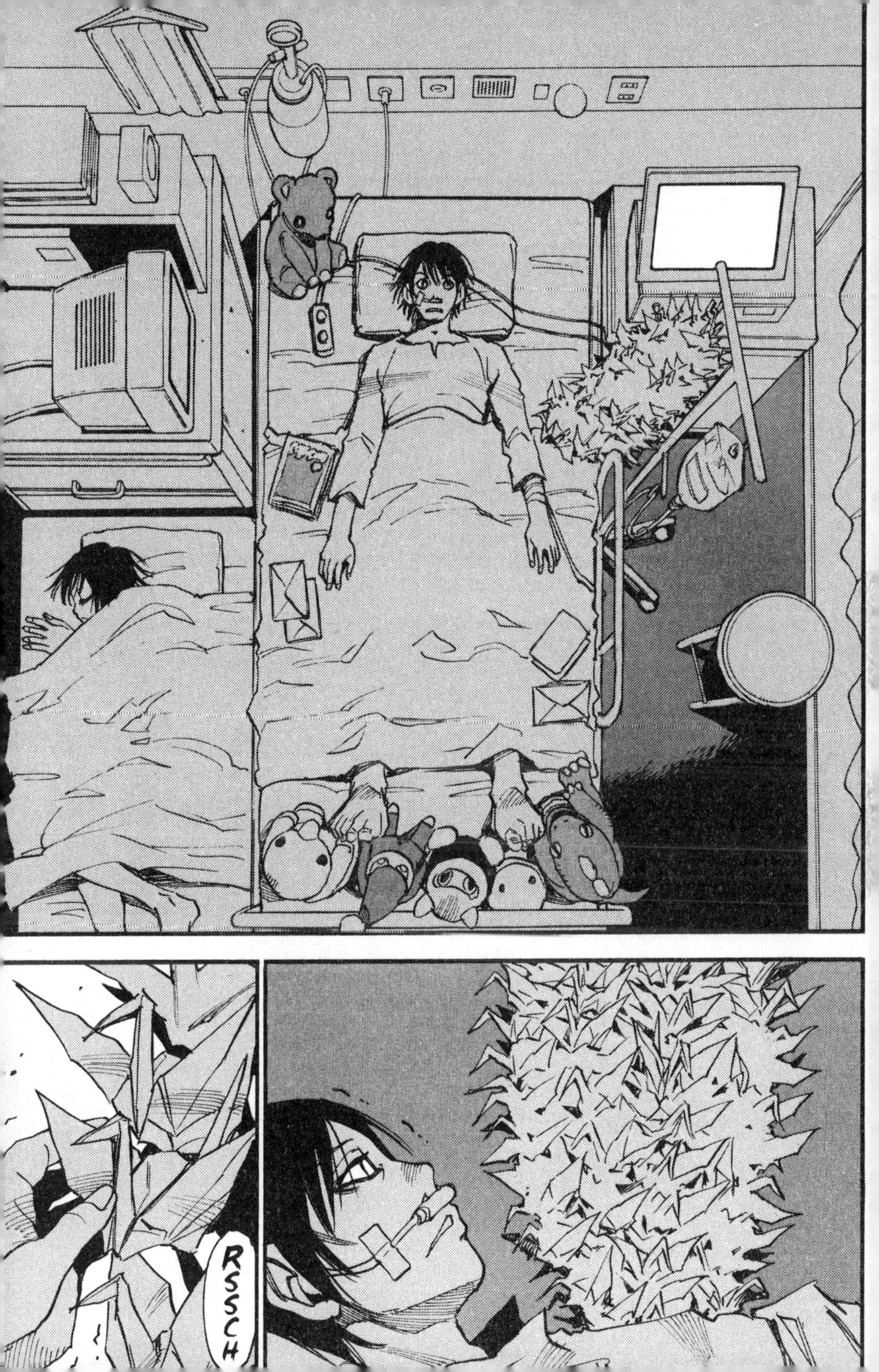
RSSCH

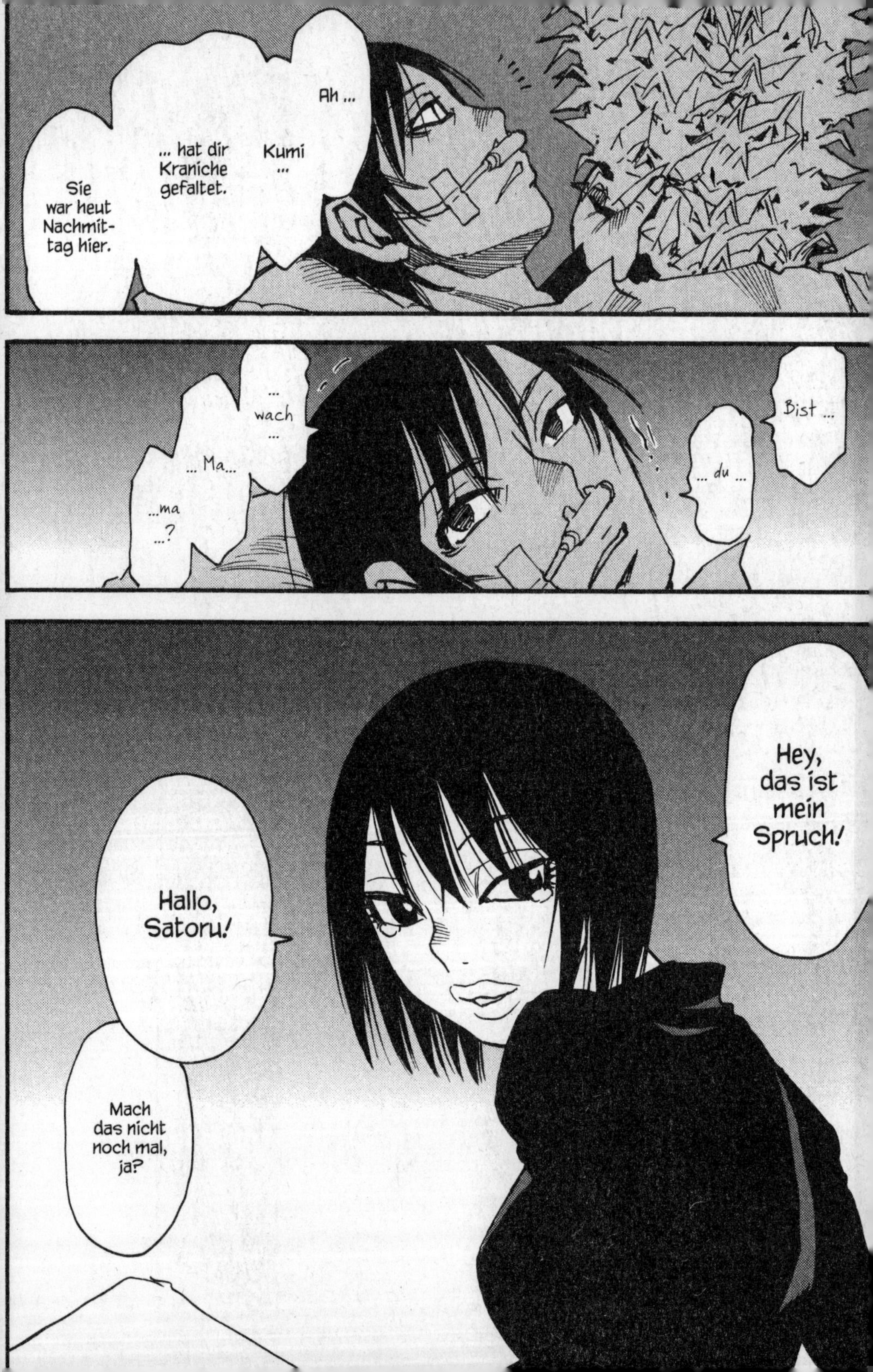
Ah ...
Kumi ...
... hat dir Kraniche gefaltet.
Sie war heut Nachmittag hier.
Bist ...
... du ...
... wach ...
... Ma...
...ma ...?
Hey, das ist mein Spruch!
Hallo, Satoru!
Mach das nicht noch mal, ja?

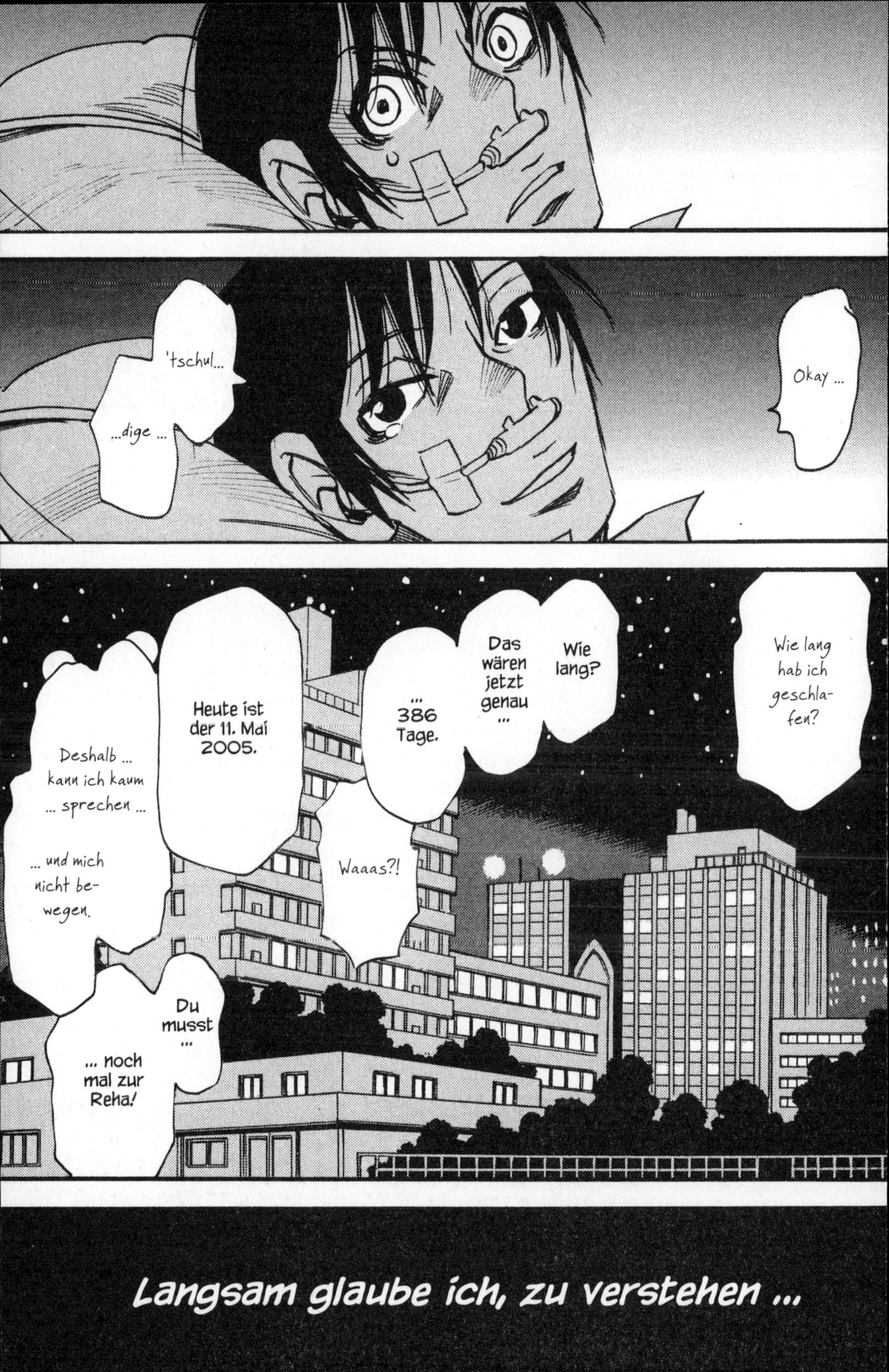
Okay ...
'tschul...
...dige ...
Wie lang hab ich geschla-fen?
Wie lang?
Das wären jetzt genau ...
... 386 Tage.
Heute ist der 11. Mai 2005.
Waaas?!
Deshalb ... kann ich kaum ... sprechen ...
... und mich nicht be-wegen.
Du musst ...
... noch mal zur Reha!
Langsam glaube ich, zu verstehen ...

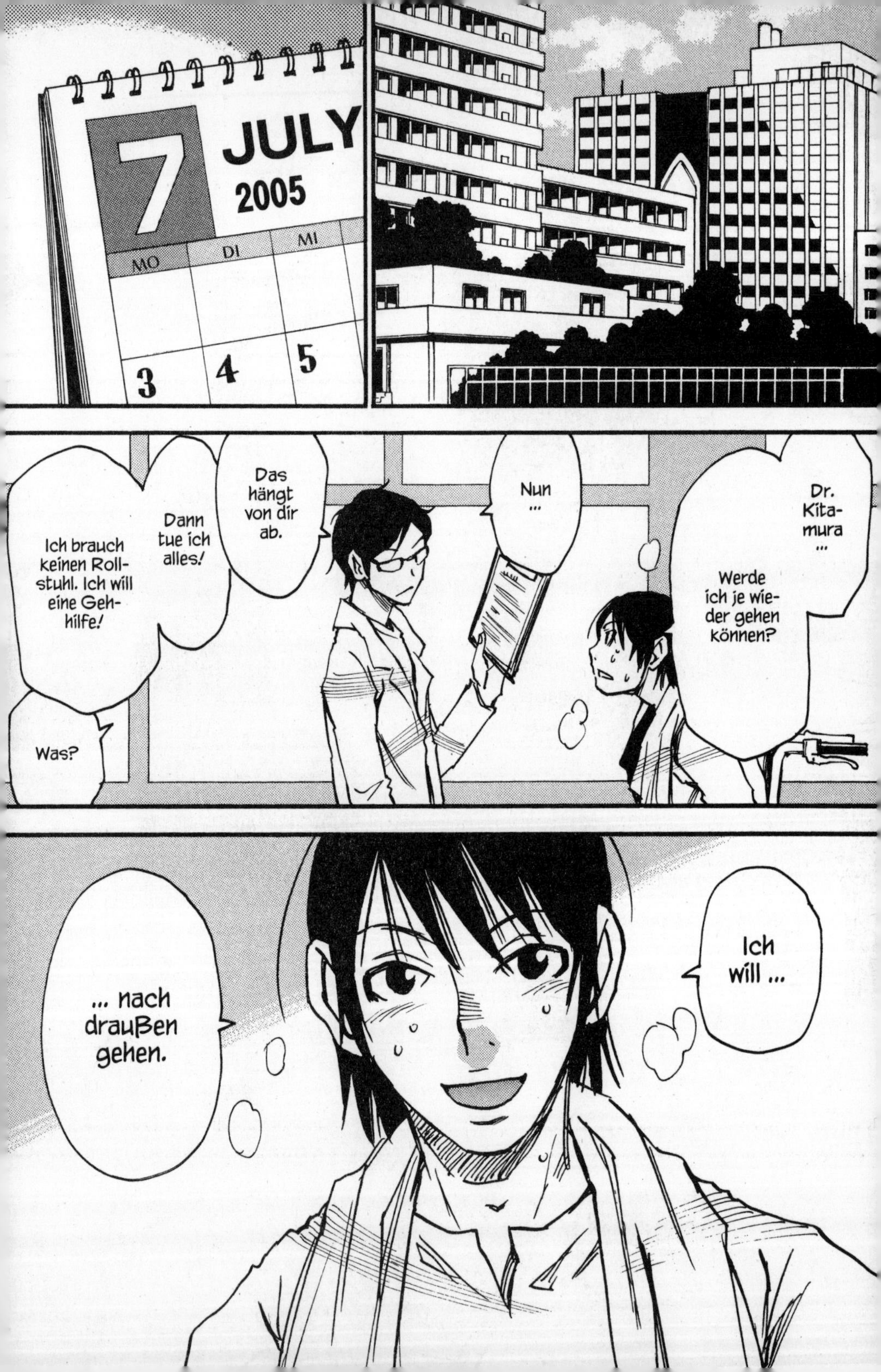
7 JULY
2005
MO DI MI
3 4 5
Dr. Kitamura ...
Werde ich je wieder gehen können?
Nun ...
Das hängt von dir ab.
Dann tue ich alles!
Ich brauch keinen Rollstuhl. Ich will eine Gehhilfe!
Was?
Ich will ...
... nach draußen gehen.

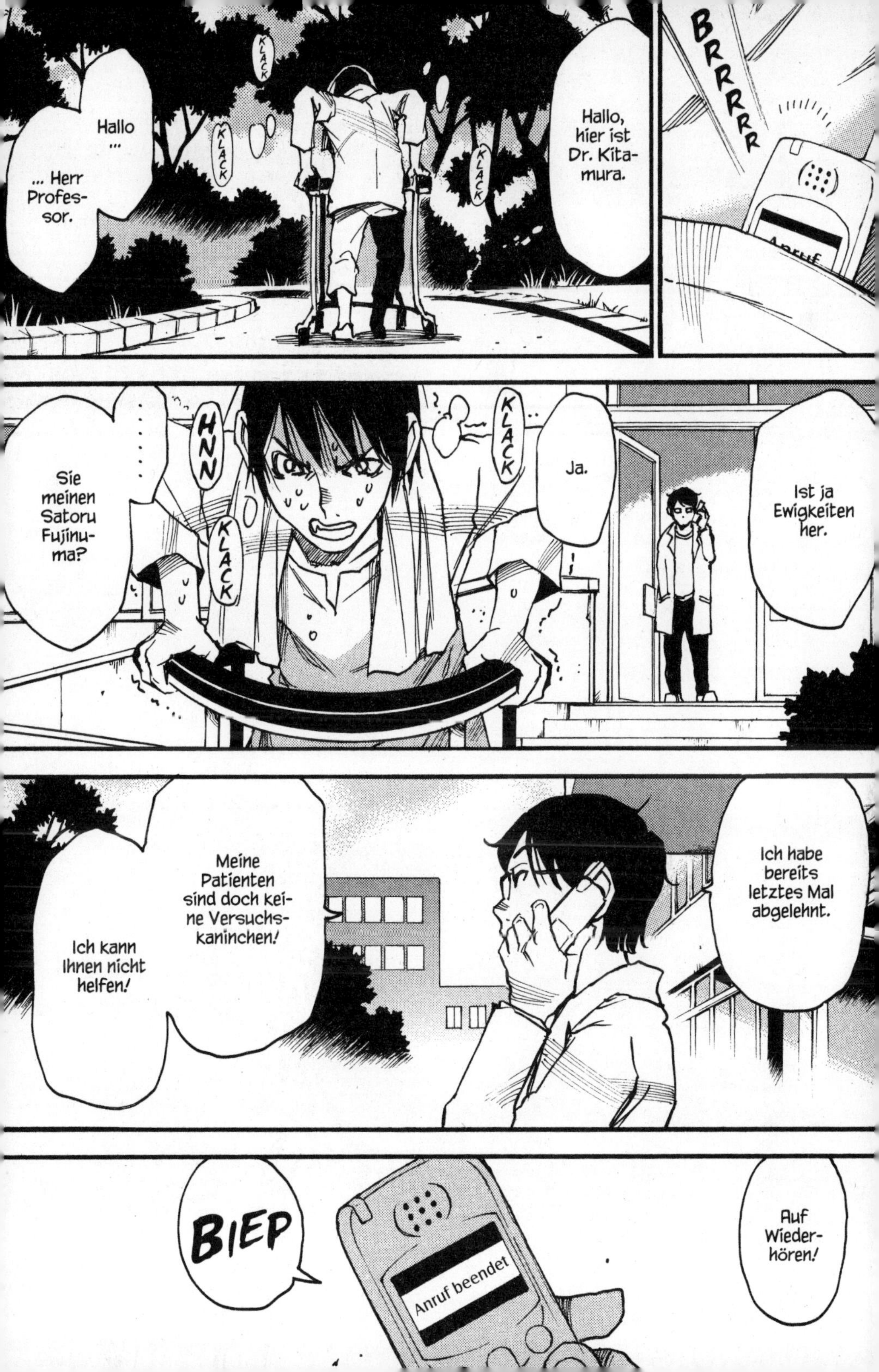
BRRRRR
Hallo, hier ist Dr. Kitamura.
KLACK
KLACK
KLACK
Hallo ...
... Herr Professor.
Ist ja Ewigkeiten her.
Ja.
KLACK
HNN
KLACK
......
Sie meinen Satoru Fujinuma?
Ich habe bereits letztes Mal abgelehnt.
Meine Patienten sind doch keine Versuchskaninchen!
Ich kann Ihnen nicht helfen!
Auf Wiederhören!
Anruf beendet
BIEP

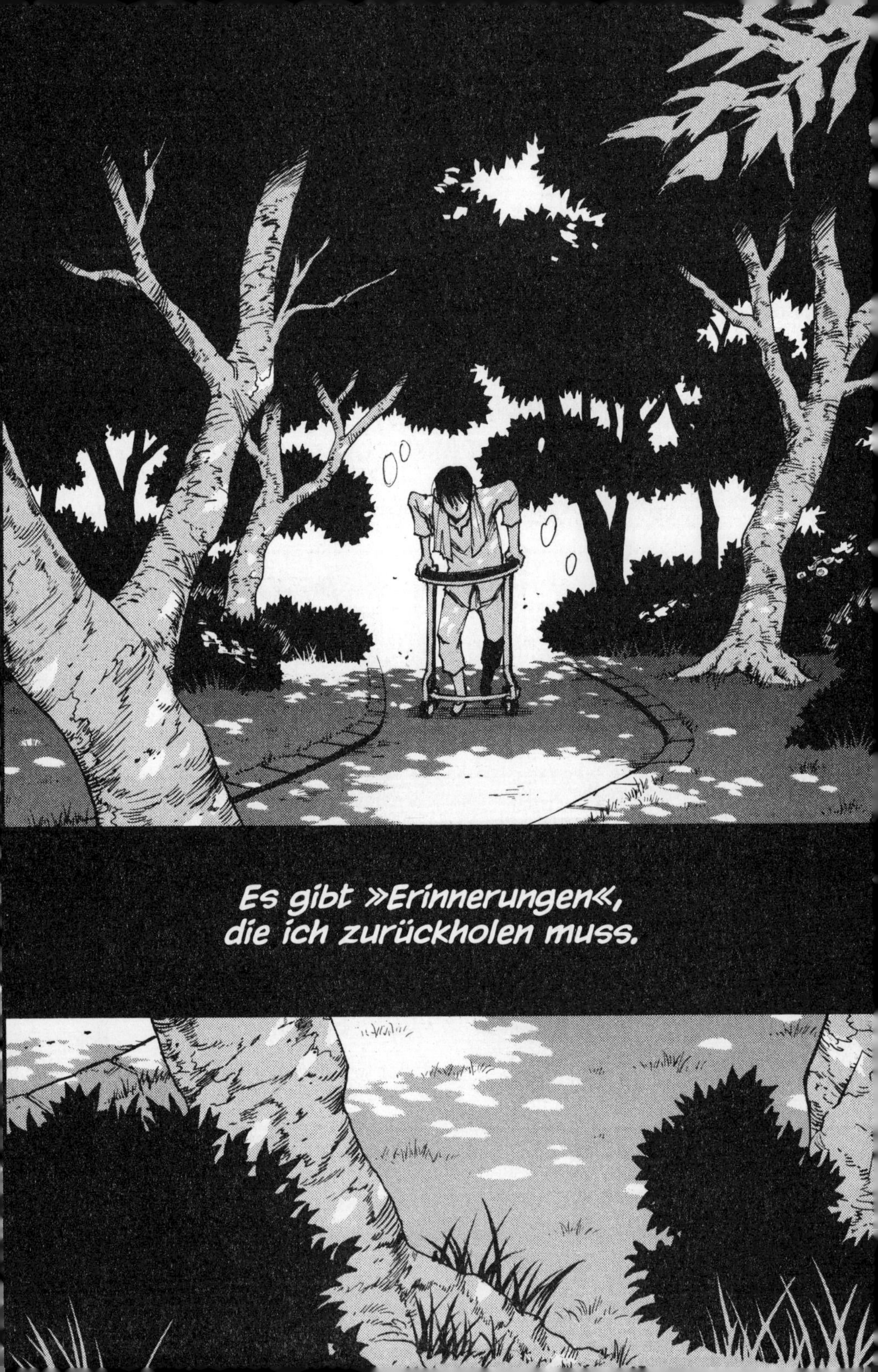
Es gibt »Erinnerungen«,
die ich zurückholen muss.

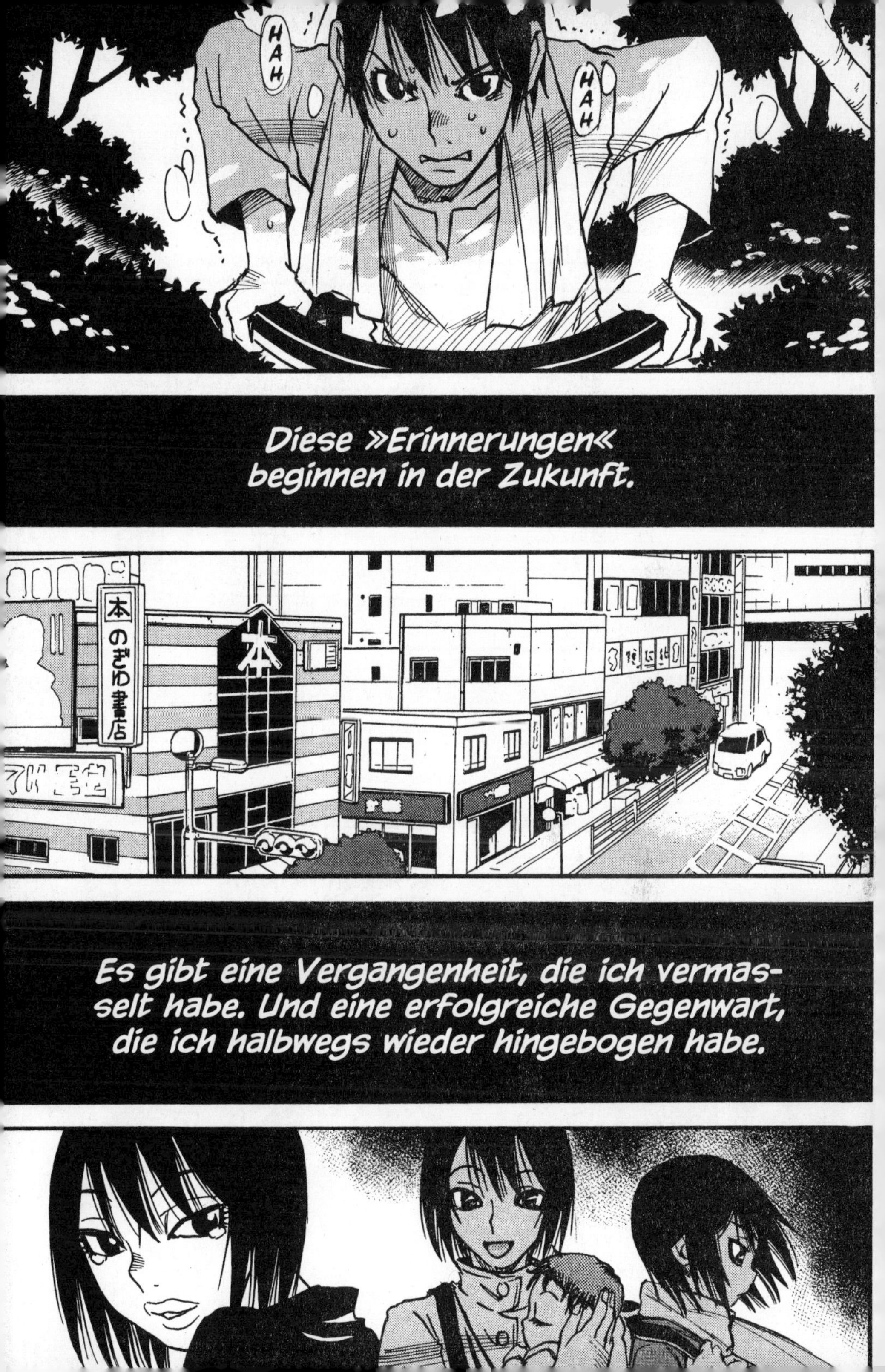
HAH
HAH
Diese »Erinnerungen« beginnen in der Zukunft.
Es gibt eine Vergangenheit, die ich vermasselt habe. Und eine erfolgreiche Gegenwart, die ich halbwegs wieder hingebogen habe.

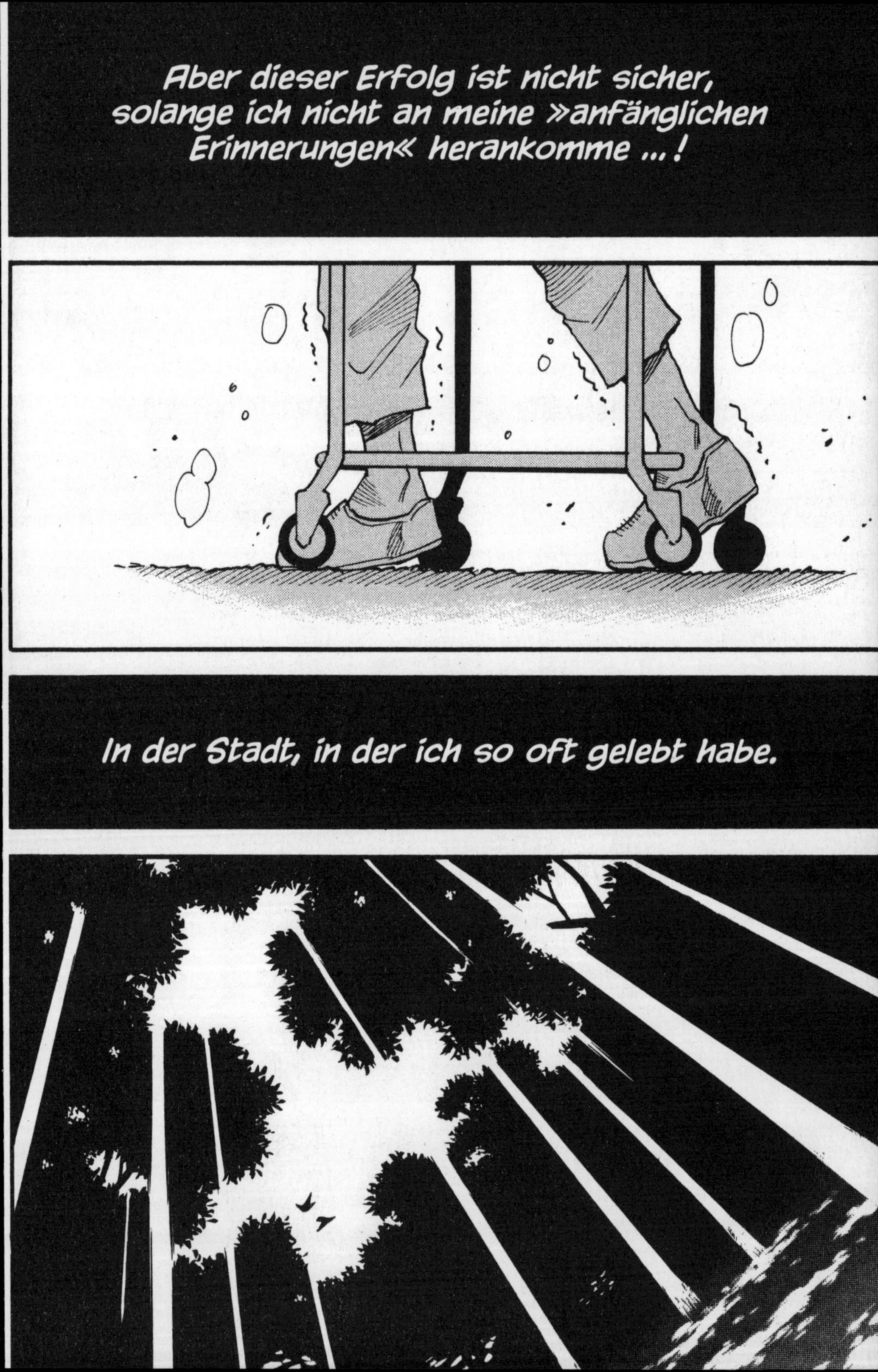
Aber dieser Erfolg ist nicht sicher, solange ich nicht an meine »anfänglichen Erinnerungen« herankomme ...!
In der Stadt, in der ich so oft gelebt habe.

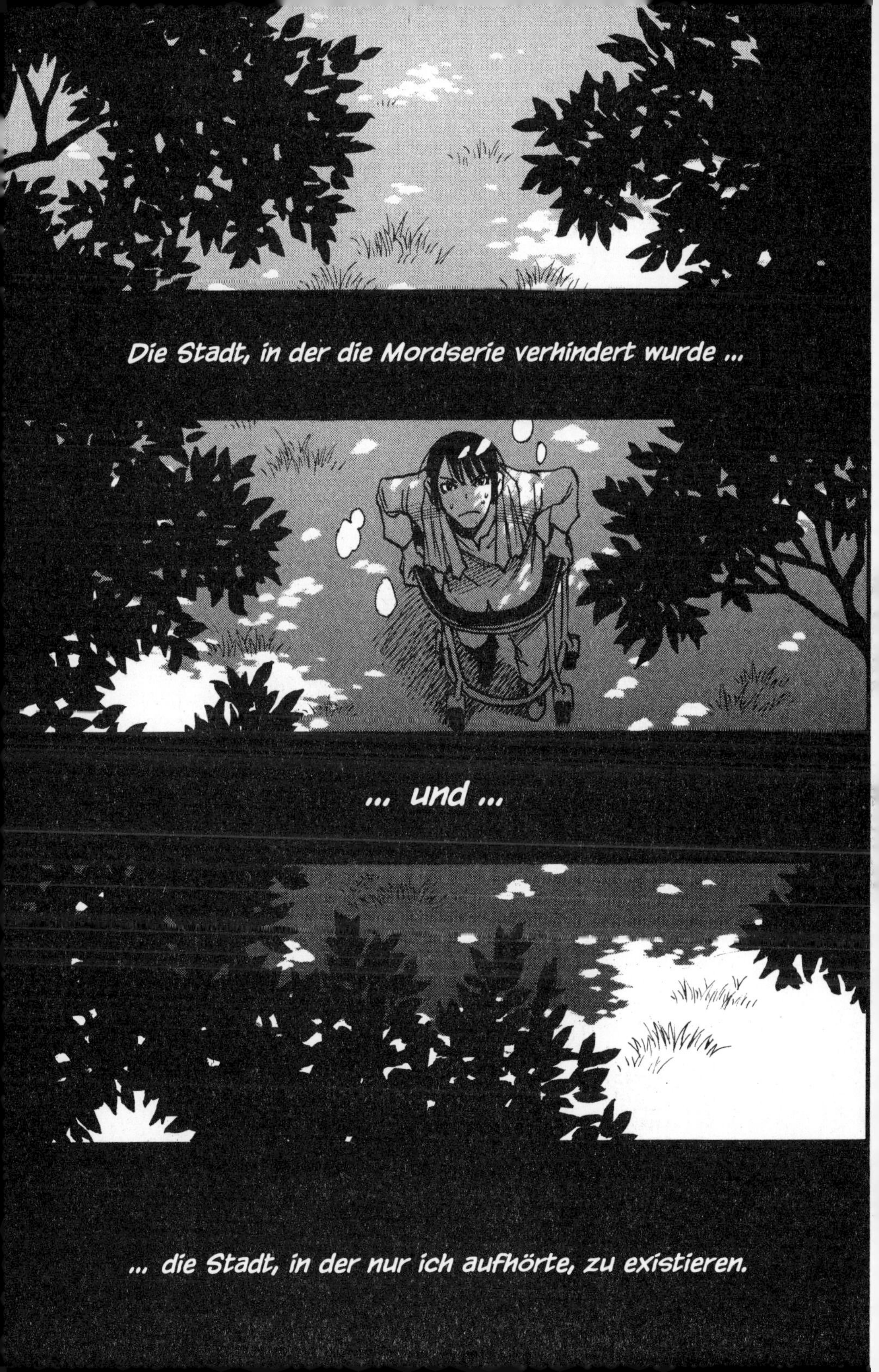
Die Stadt, in der die Mordserie verhindert wurde ...
... und ...
... die Stadt, in der nur ich aufhörte, zu existieren.

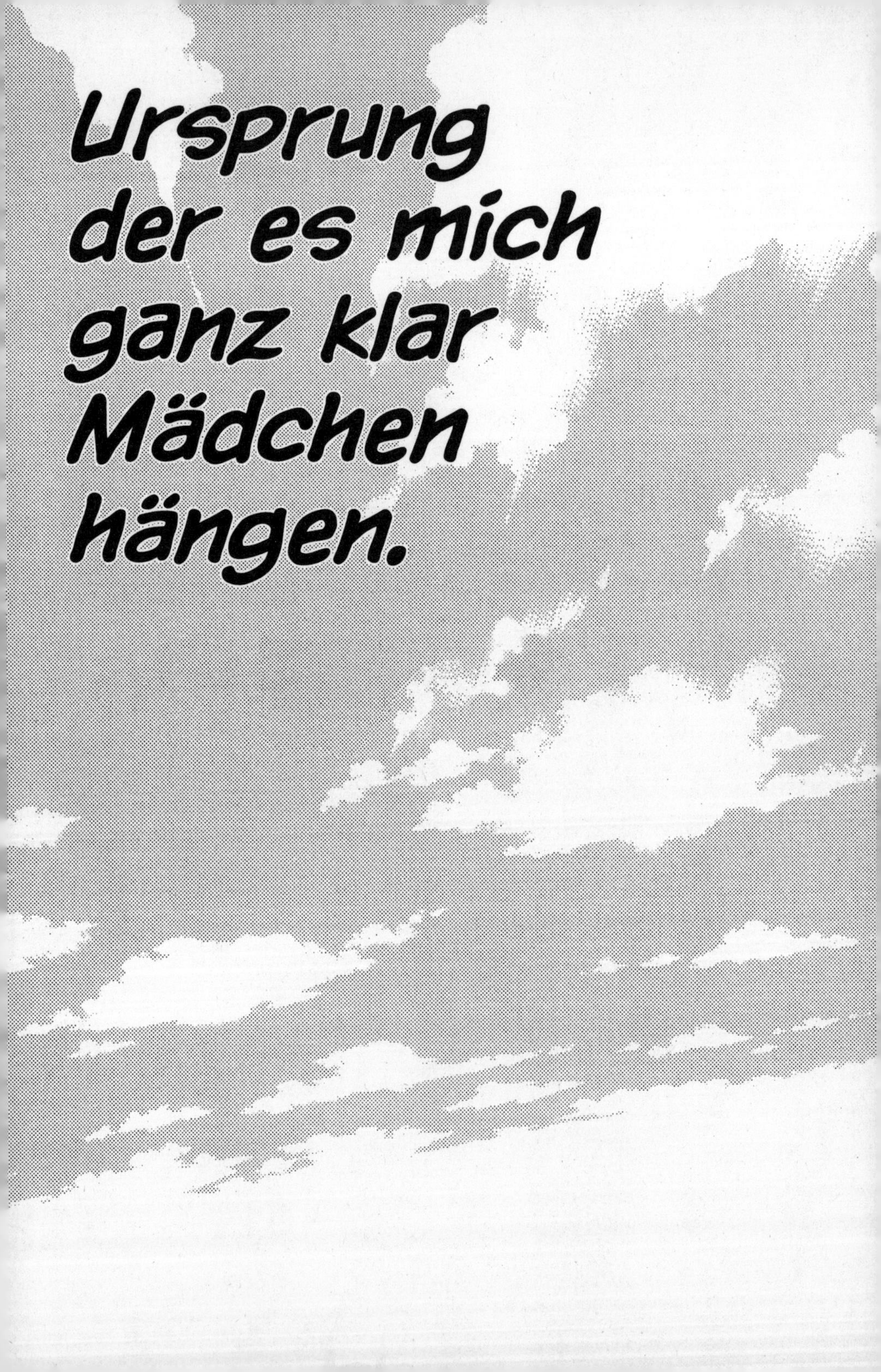
Ursprung der es mich ganz klar Mädchen hängen.

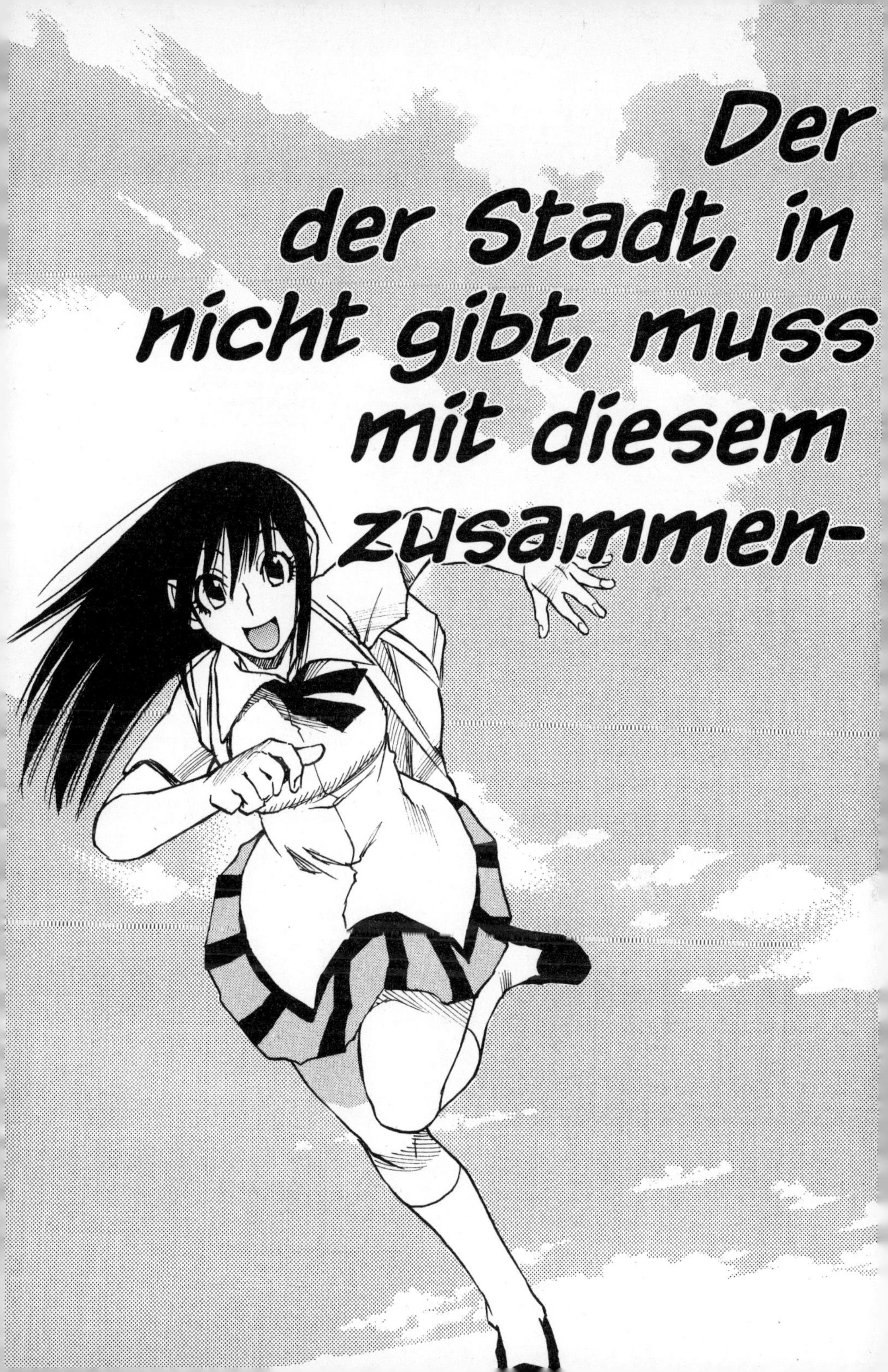
Der
der Stadt, in
nicht gibt, muss
mit diesem
zusammen-

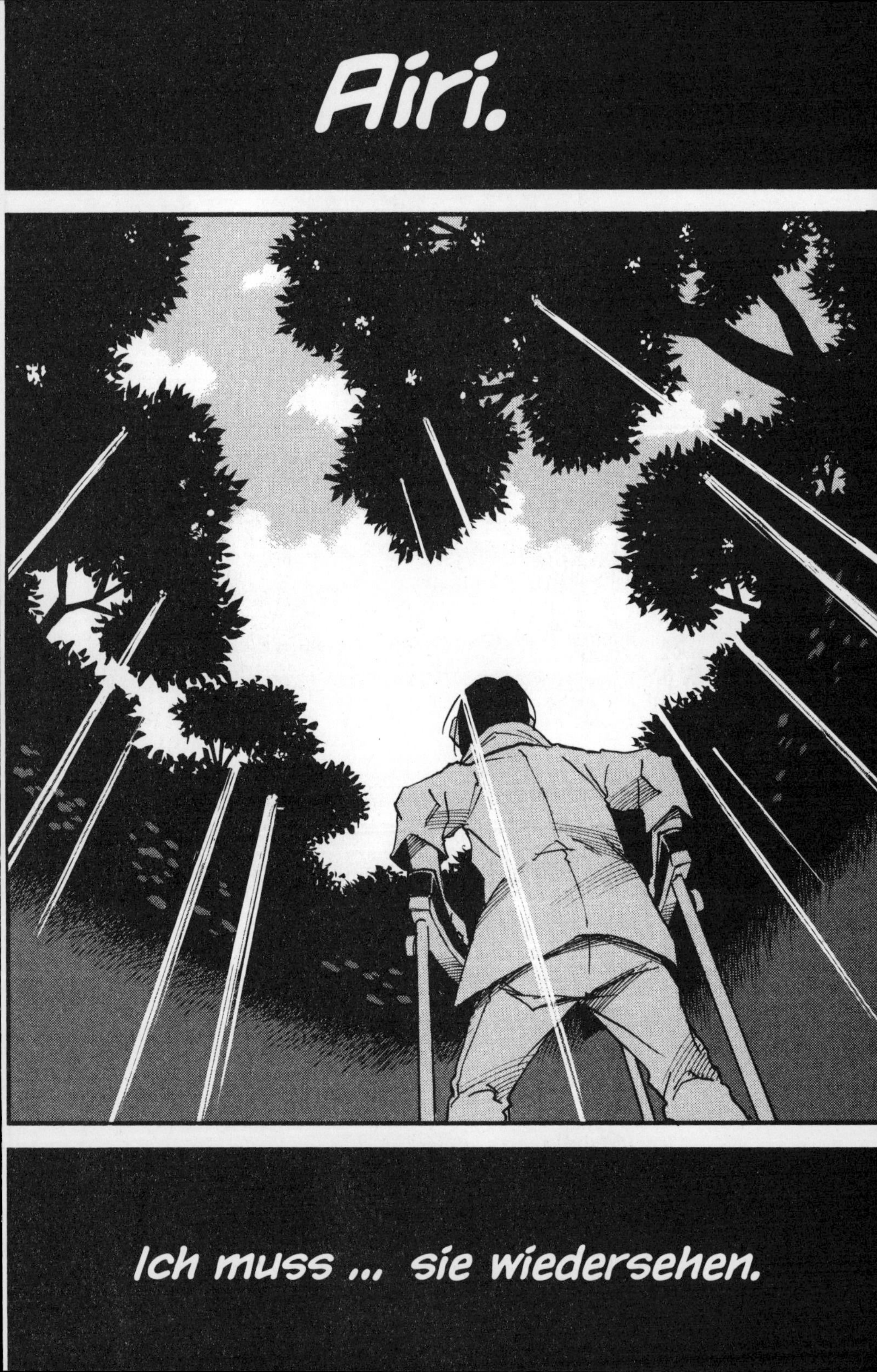
Airi.
Ich muss ... sie wiedersehen.

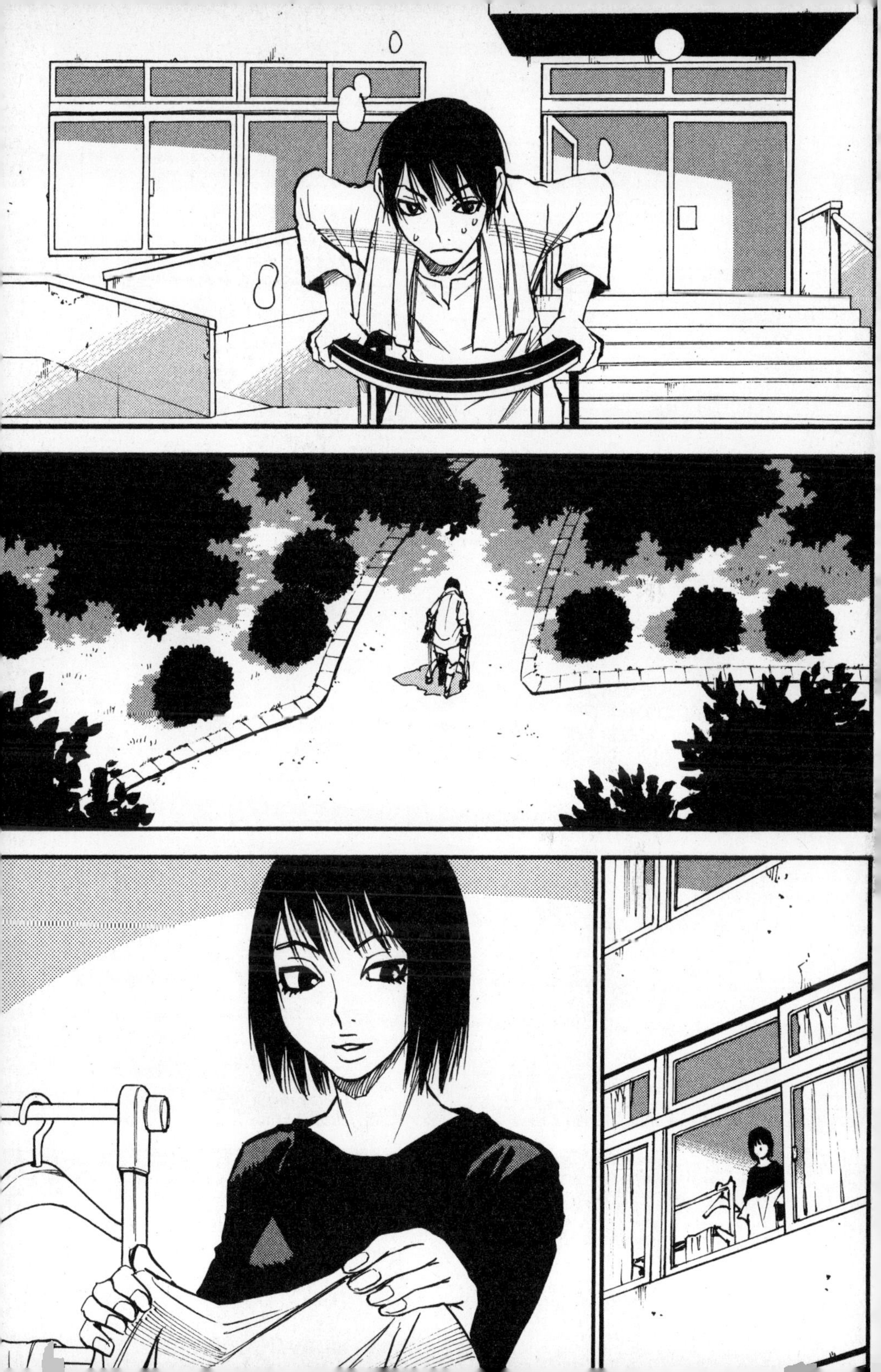

#37 Der Klang von Schritten, Juli 2005

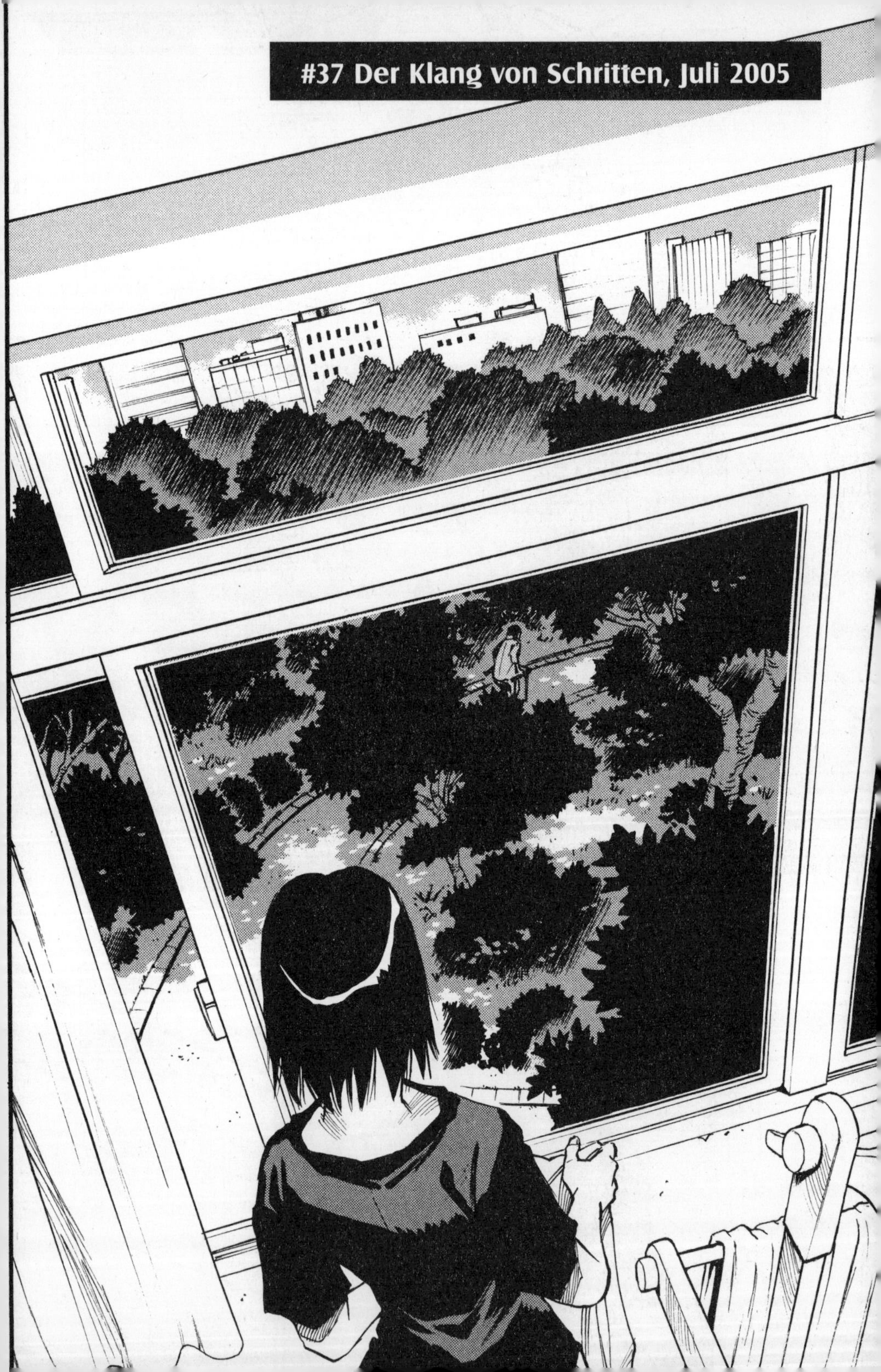

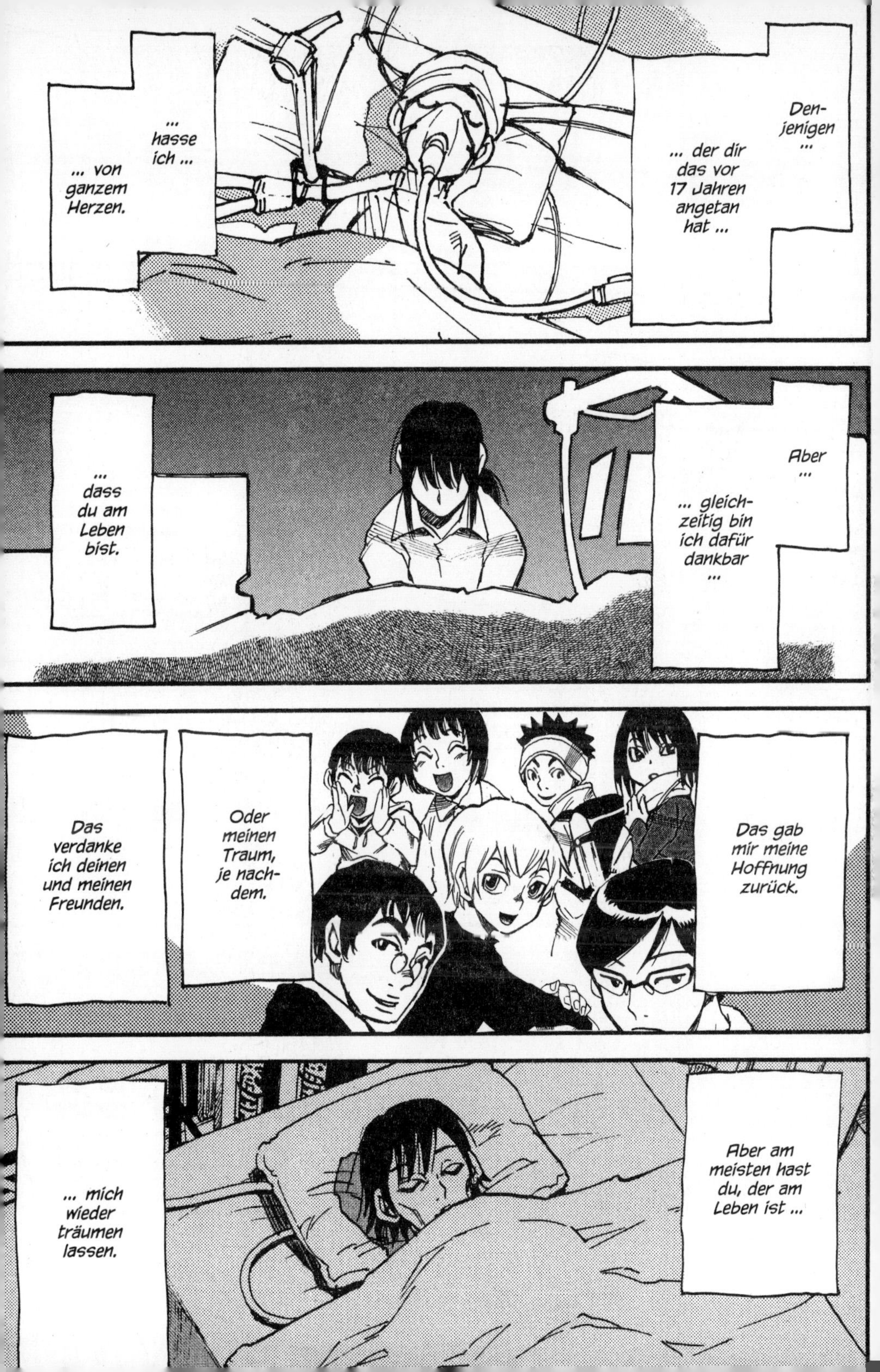
Denjenigen ...
... der dir das vor 17 Jahren angetan hat ...
... hasse ich ...
... von ganzem Herzen.
Aber ...
... gleichzeitig bin ich dafür dankbar ...
... dass du am Leben bist.
Das gab mir meine Hoffnung zurück.
Oder meinen Traum, je nachdem.
Das verdanke ich deinen und meinen Freunden.
Aber am meisten hast du, der am Leben ist ...
... mich wieder träumen lassen.

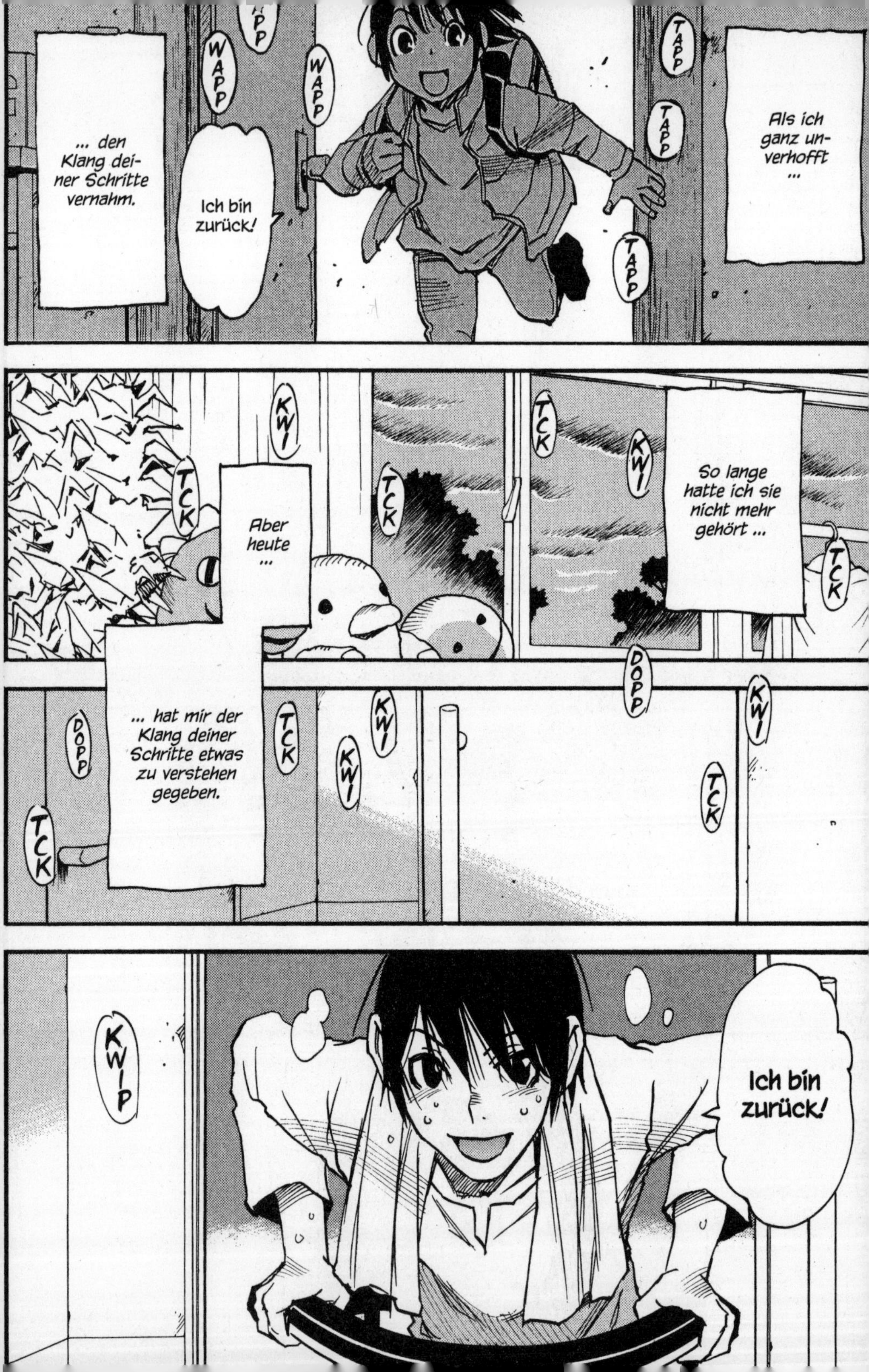

TAPP
TAPP
TAPP
Als ich ganz unverhofft ...
WAPP
Ich bin zurück!
WAPP
... den Klang deiner Schritte vernahm.
TCK
So lange hatte ich sie nicht mehr gehört ...
KWI
TCK
TCK
KWI
Aber heute ...
TCK
DOPP
KWI
TCK
KWI
KWI
TCK
... hat mir der Klang deiner Schritte etwas zu verstehen gegeben.
DOPP
TCK
Ich bin zurück!
KWIP

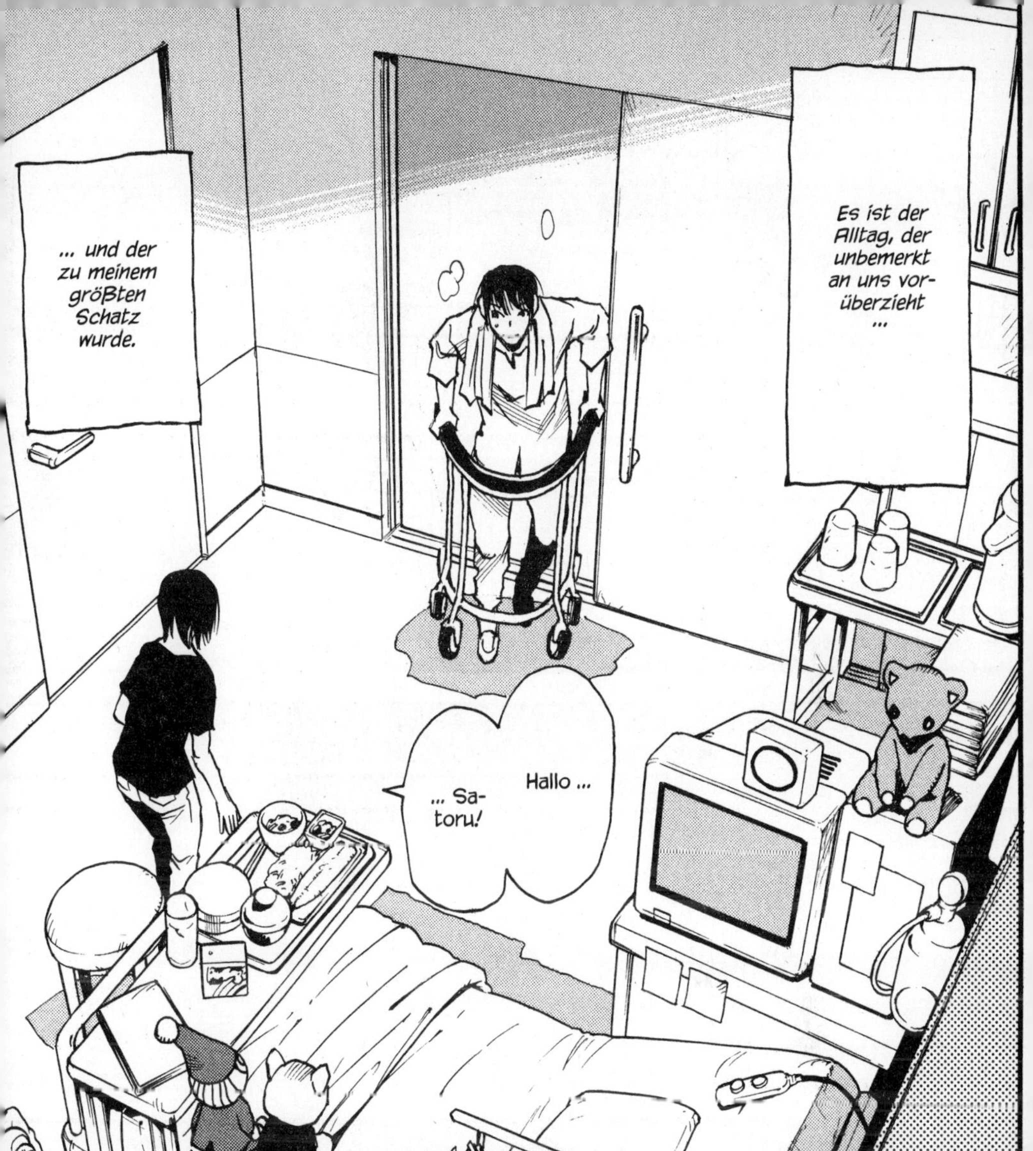
Es ist der Alltag, der unbemerkt an uns vorüberzieht ...
... und der zu meinem größten Schatz wurde.
Hallo ...
... Satoru!

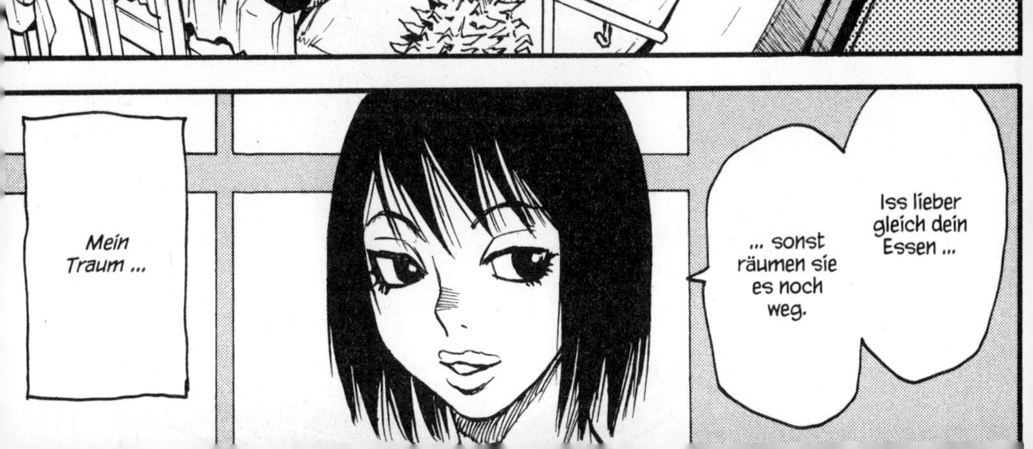
Iss lieber gleich dein Essen ...
... sonst räumen sie es noch weg.
Mein Traum ...

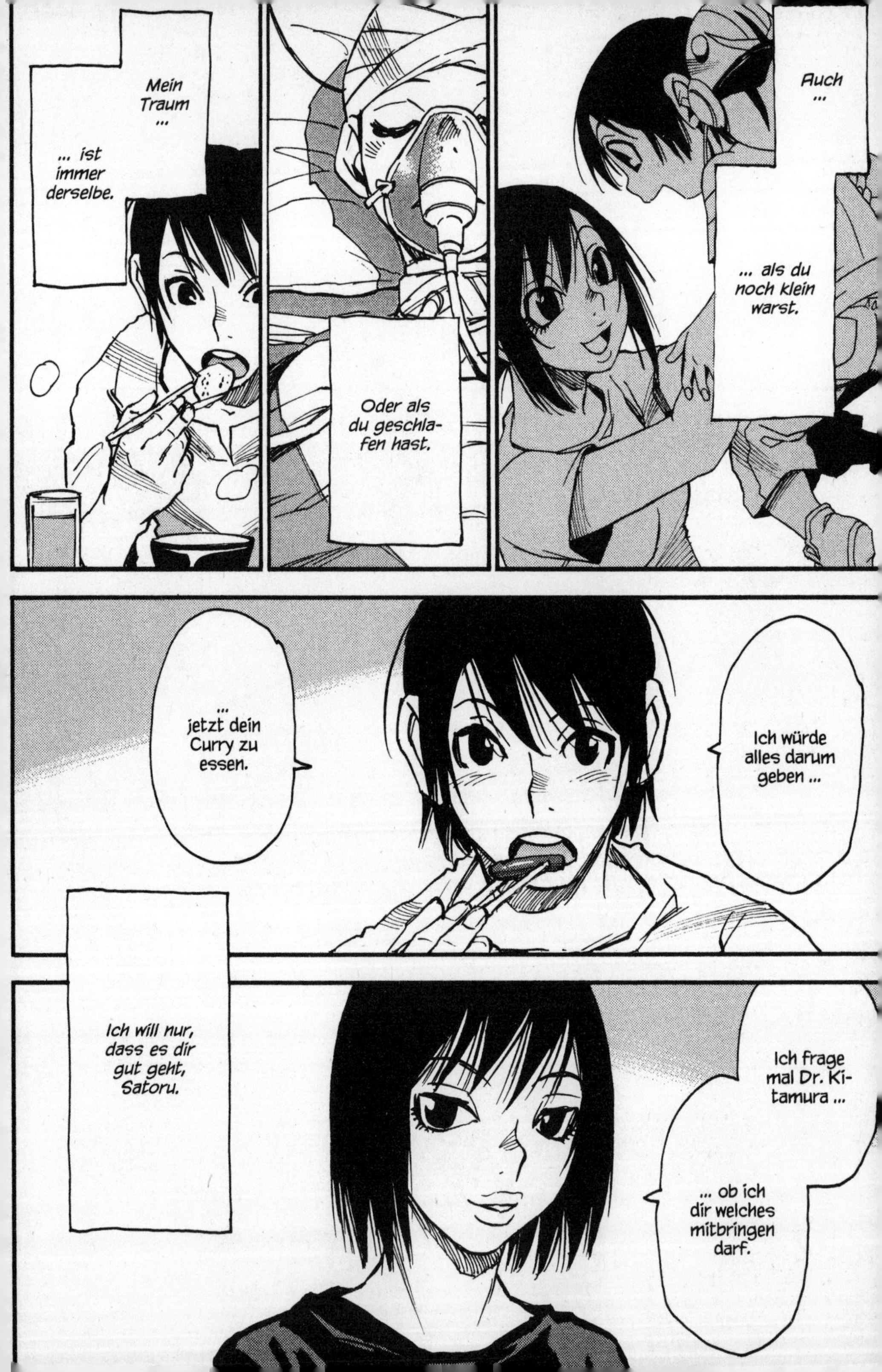

Auch ...
... als du noch klein warst.
Oder als du geschlafen hast.
Mein Traum ...
... ist immer derselbe.
Ich würde alles darum geben ...
... jetzt dein Curry zu essen.
Ich frage mal Dr. Kitamura ...
... ob ich dir welches mitbringen darf.
Ich will nur, dass es dir gut geht, Satoru.

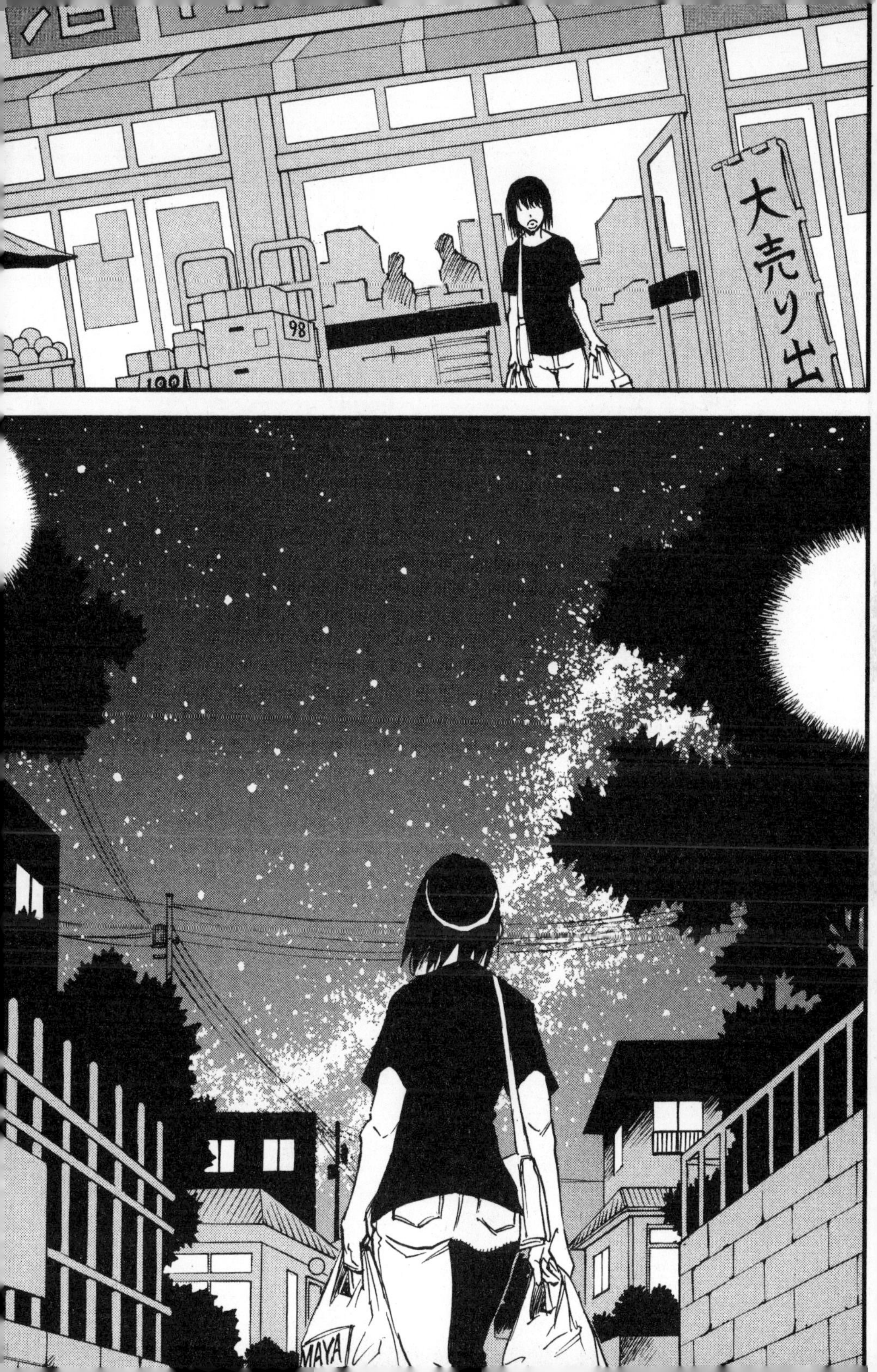
大売り出
98
MAYA

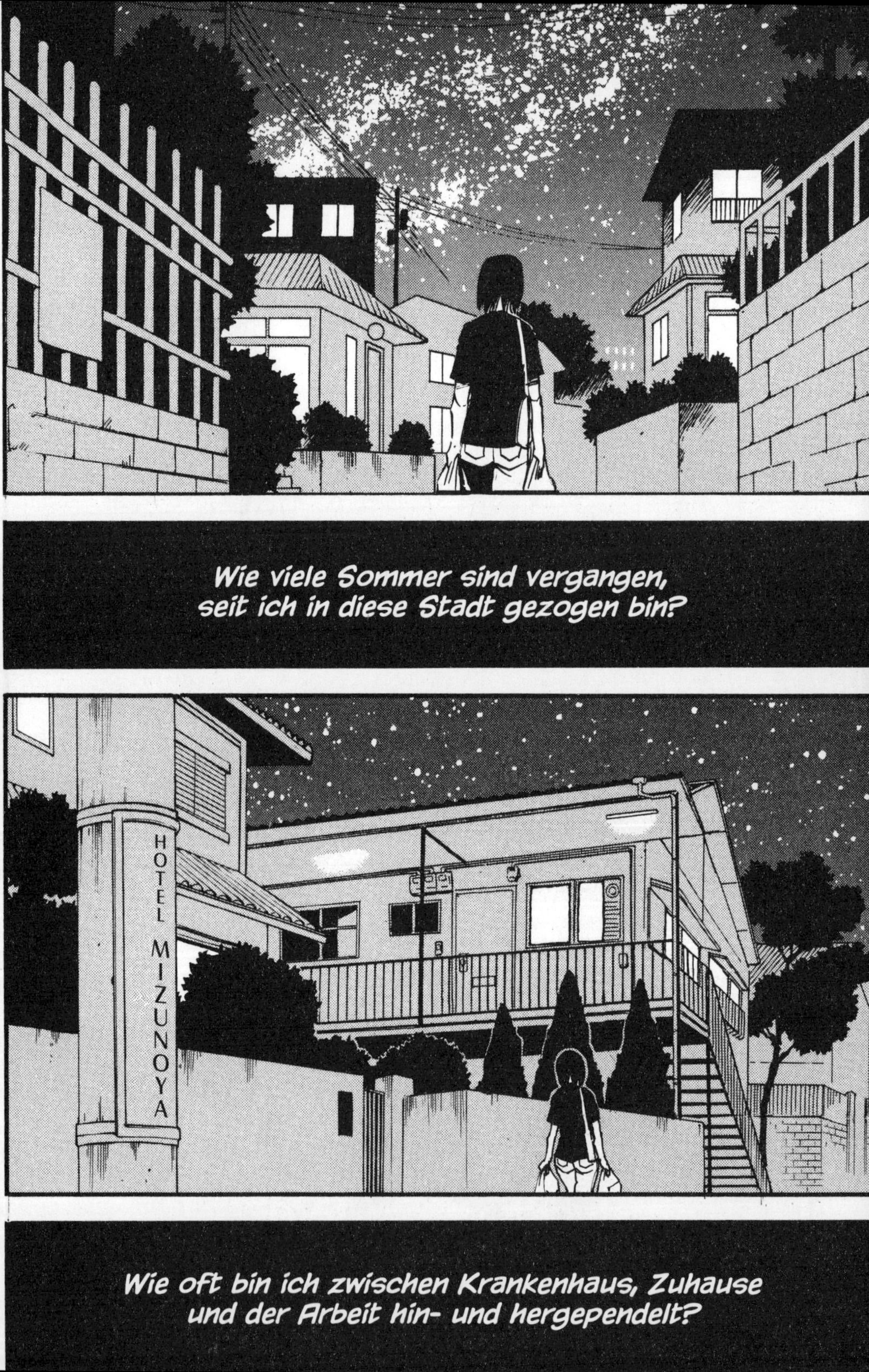
Wie viele Sommer sind vergangen,
seit ich in diese Stadt gezogen bin?
HOTEL MIZUNOYA
Wie oft bin ich zwischen Krankenhaus, Zuhause
und der Arbeit hin- und hergependelt?

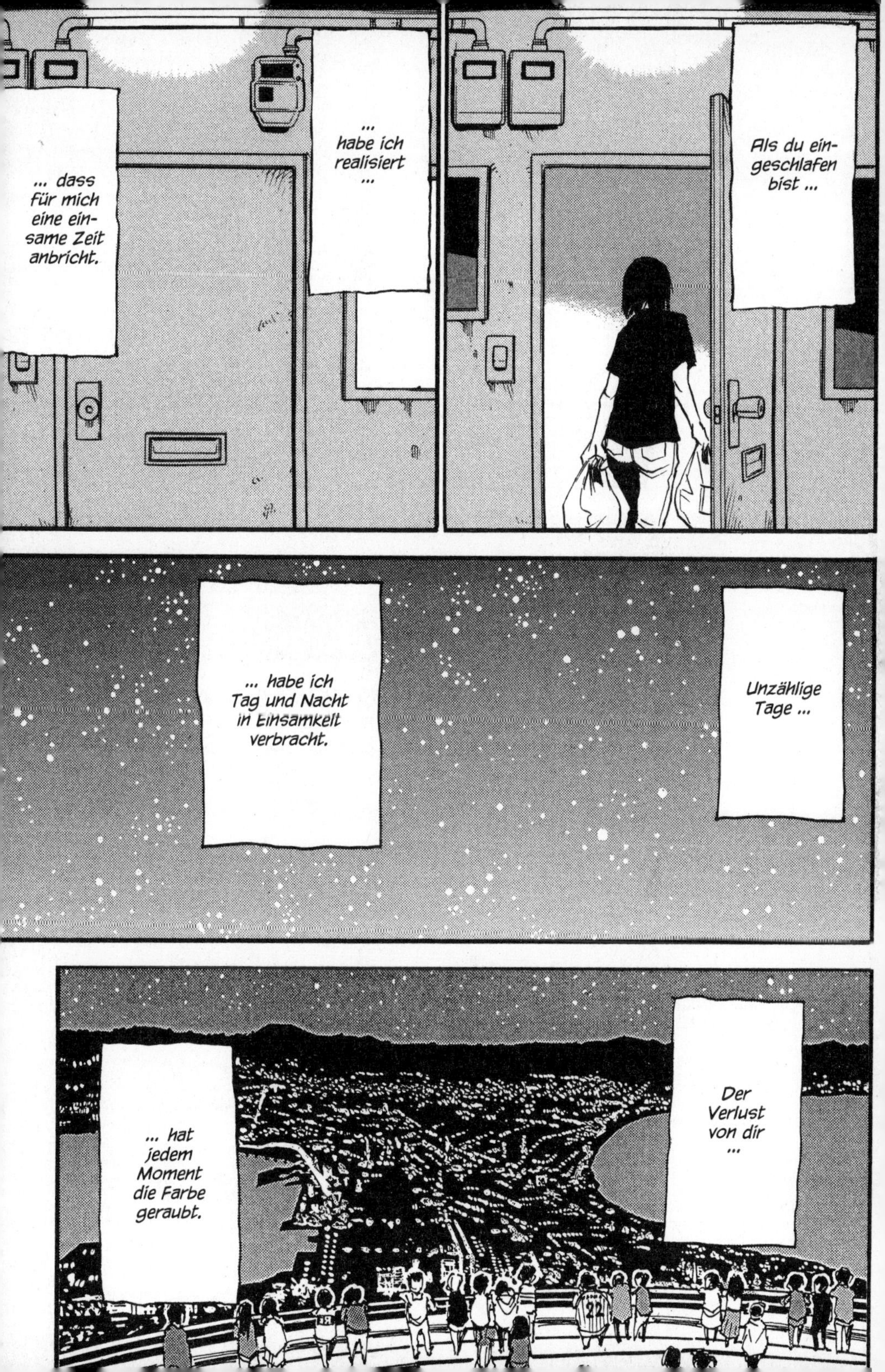
Als du eingeschlafen bist ...
... habe ich realisiert ...
... dass für mich eine einsame Zeit anbricht.
Unzählige Tage ...
... habe ich Tag und Nacht in Einsamkeit verbracht.
Der Verlust von dir ...
... hat jedem Moment die Farbe geraubt.

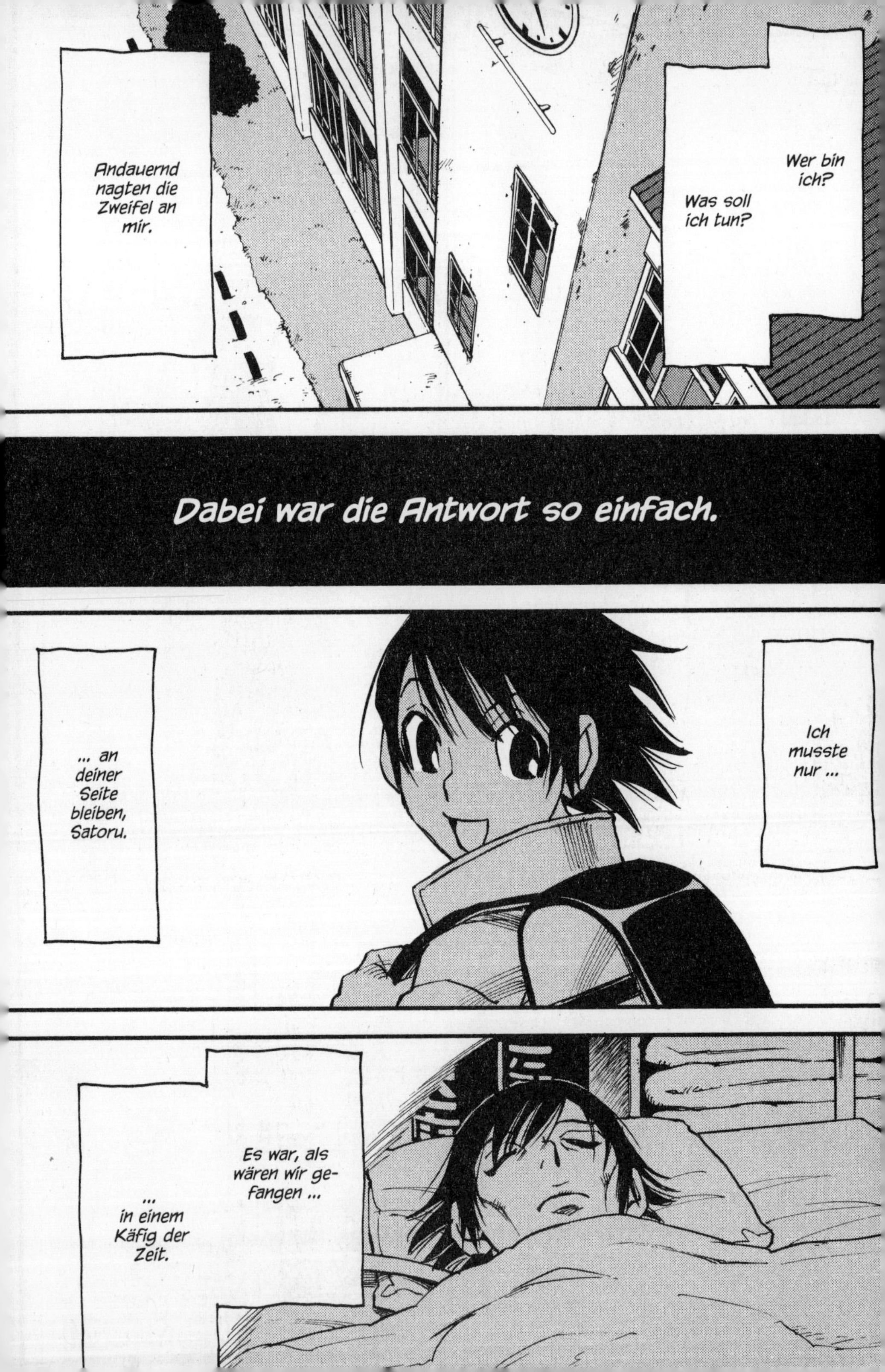
Wer bin ich?
Was soll ich tun?
Andauernd nagten die Zweifel an mir.
Dabei war die Antwort so einfach.
Ich musste nur ...
... an deiner Seite bleiben, Satoru.
Es war, als wären wir gefangen ...
... in einem Käfig der Zeit.

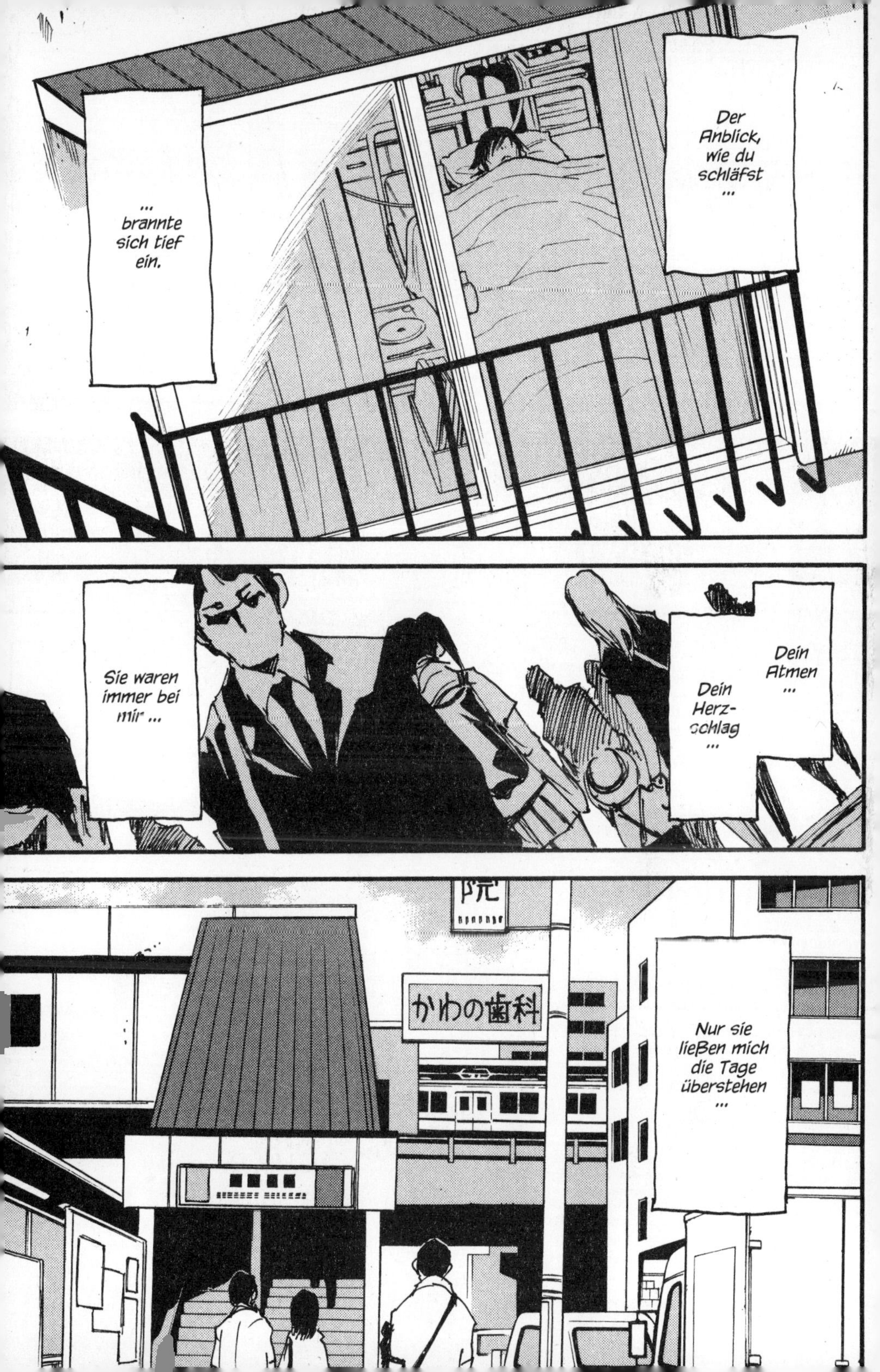
Der Anblick, wie du schläfst ...
... brannte sich tief ein.
Dein Atmen ...
Dein Herz-schlag ...
Sie waren immer bei mir ...
Nur sie ließen mich die Tage überstehen ...
かわの歯科

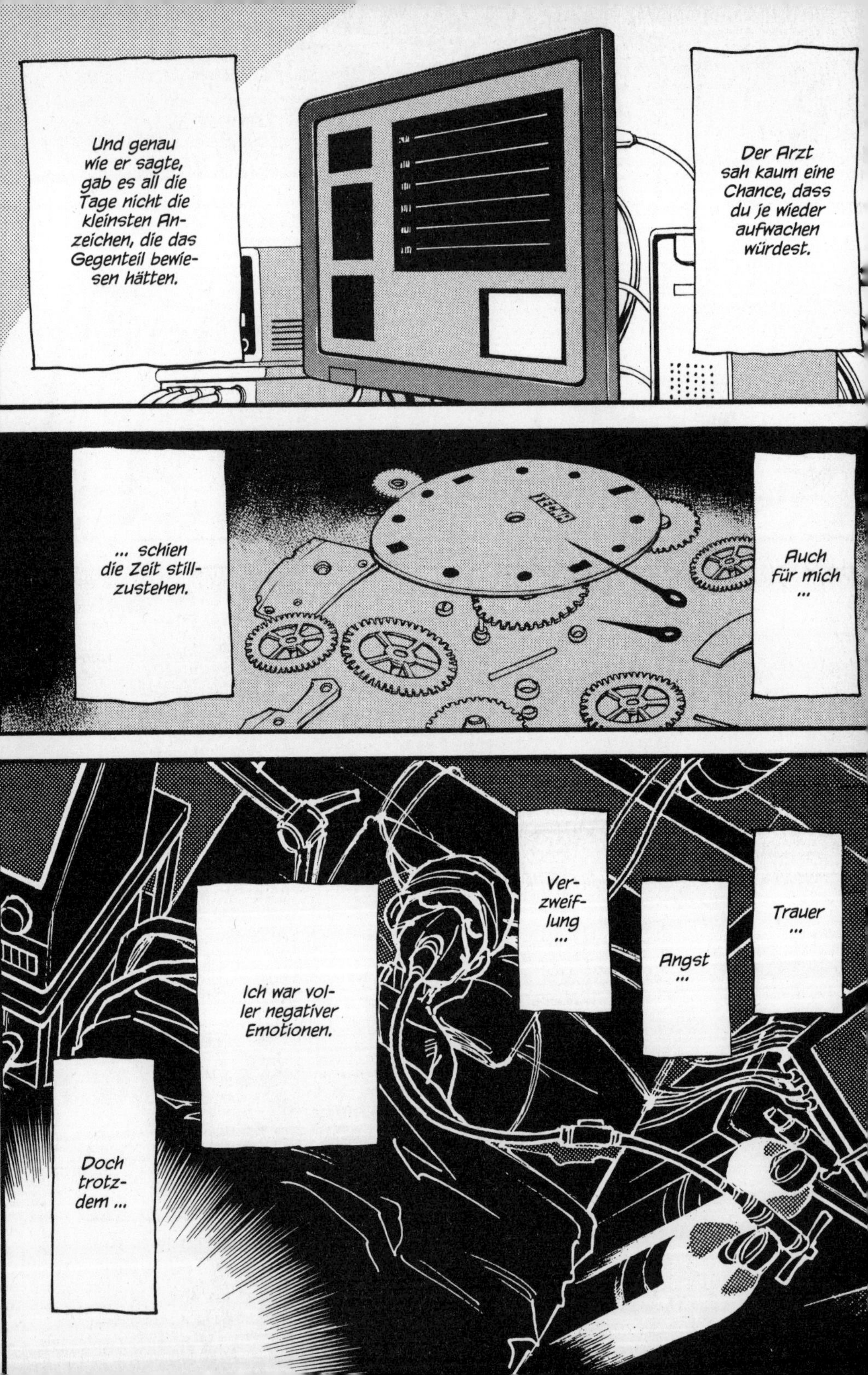
Der Arzt sah kaum eine Chance, dass du je wieder aufwachen würdest.
Und genau wie er sagte, gab es all die Tage nicht die kleinsten Anzeichen, die das Gegenteil bewiesen hätten.
Auch für mich ...
... schien die Zeit stillzustehen.
Trauer ...
Angst ...
Verzweiflung ...
Ich war voller negativer Emotionen.
Doch trotzdem ...

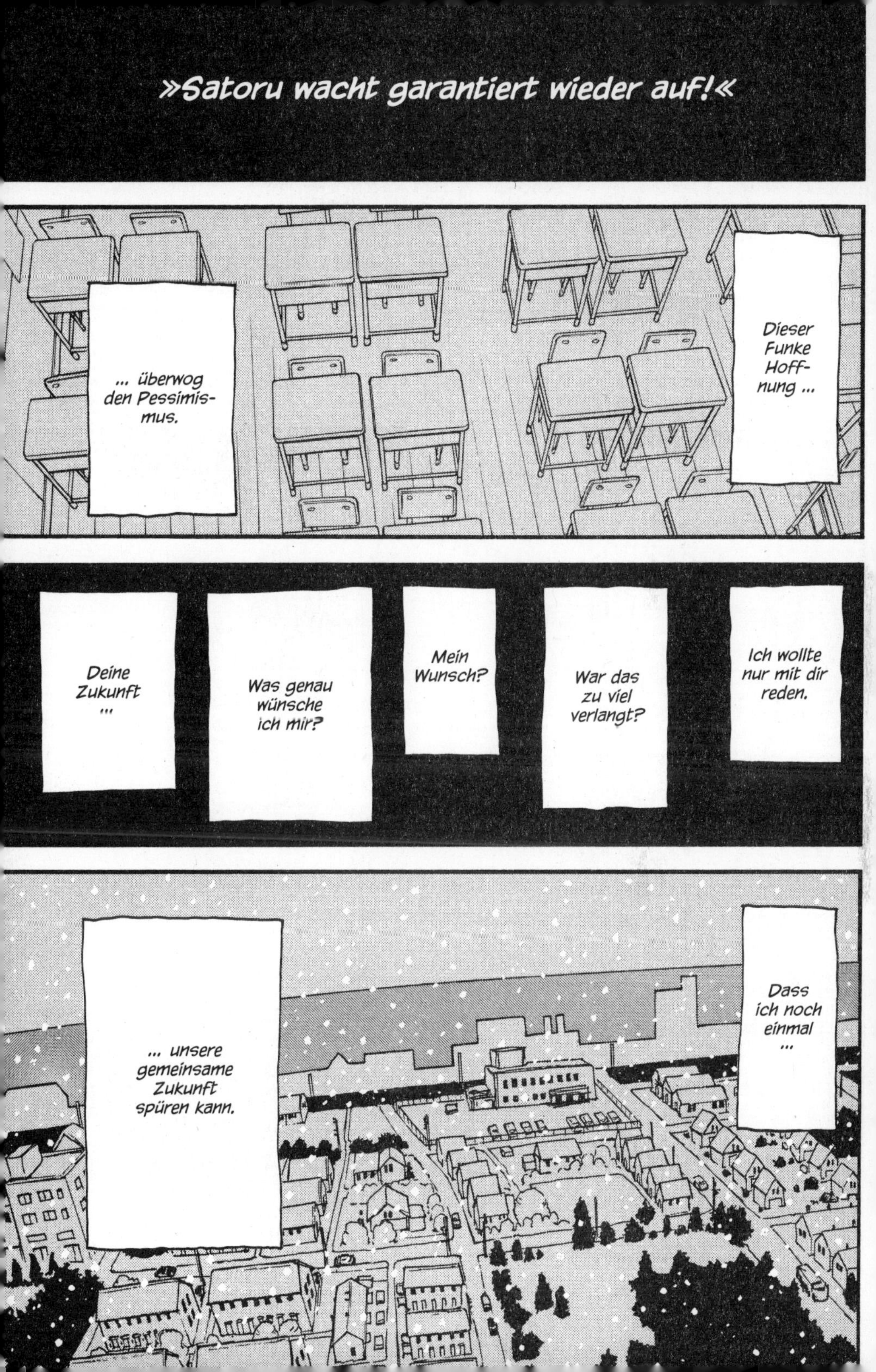
»Satoru wacht garantiert wieder auf!«
Dieser Funke Hoffnung ...
... überwog den Pessimismus.
Ich wollte nur mit dir reden.
War das zu viel verlangt?
Mein Wunsch?
Was genau wünsche ich mir?
Deine Zukunft ...
Dass ich noch einmal ...
... unsere gemeinsame Zukunft spüren kann.

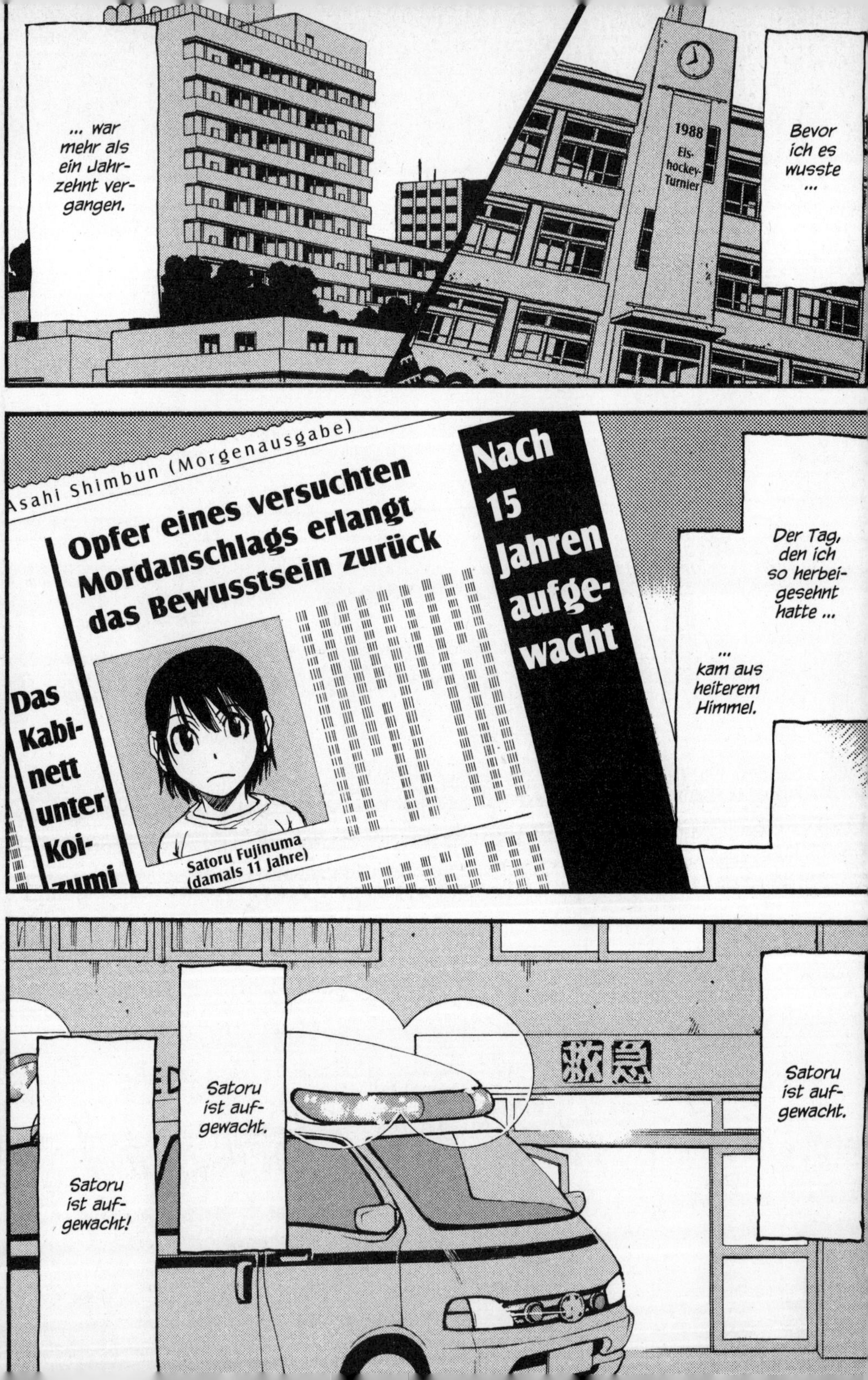

Bevor ich es wusste ...
... war mehr als ein Jahrzehnt vergangen.
1988 Eishockey-Turnier
Asahi Shimbun (Morgenausgabe)
Nach 15 Jahren aufgewacht
Opfer eines versuchten Mordanschlags erlangt das Bewusstsein zurück
Das Kabinett unter Koizumi
Satoru Fujinuma (damals 11 Jahre)
Der Tag, den ich so herbeigesehnt hatte ...
... kam aus heiterem Himmel.
救急
Satoru ist aufgewacht.
Satoru ist aufgewacht.
Satoru ist aufgewacht!

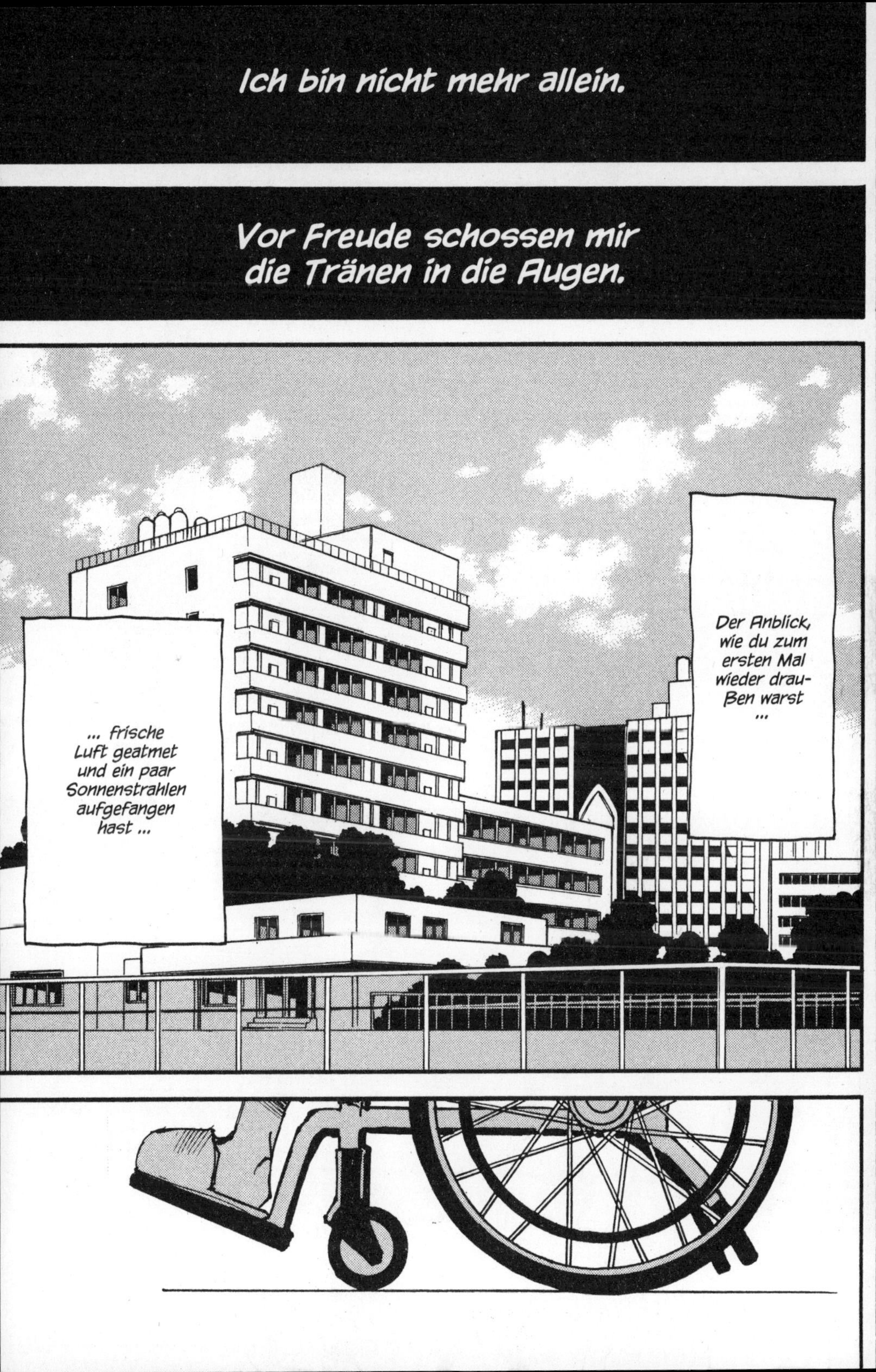
Ich bin nicht mehr allein.
Vor Freude schossen mir die Tränen in die Augen.
Der Anblick, wie du zum ersten Mal wieder drau-ßen warst …
… frische Luft geatmet und ein paar Sonnenstrahlen aufgefangen hast …

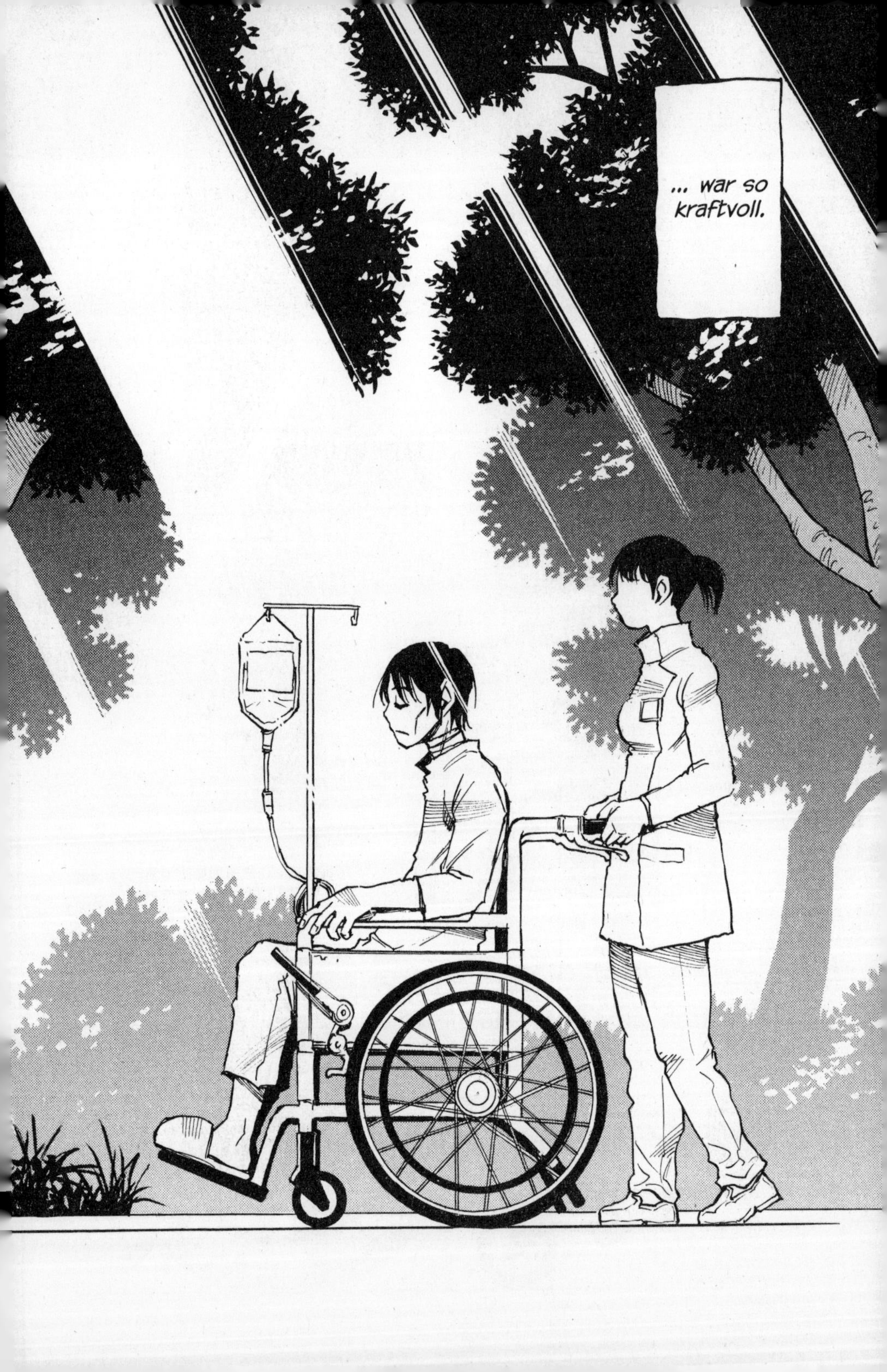
... war so kraftvoll.

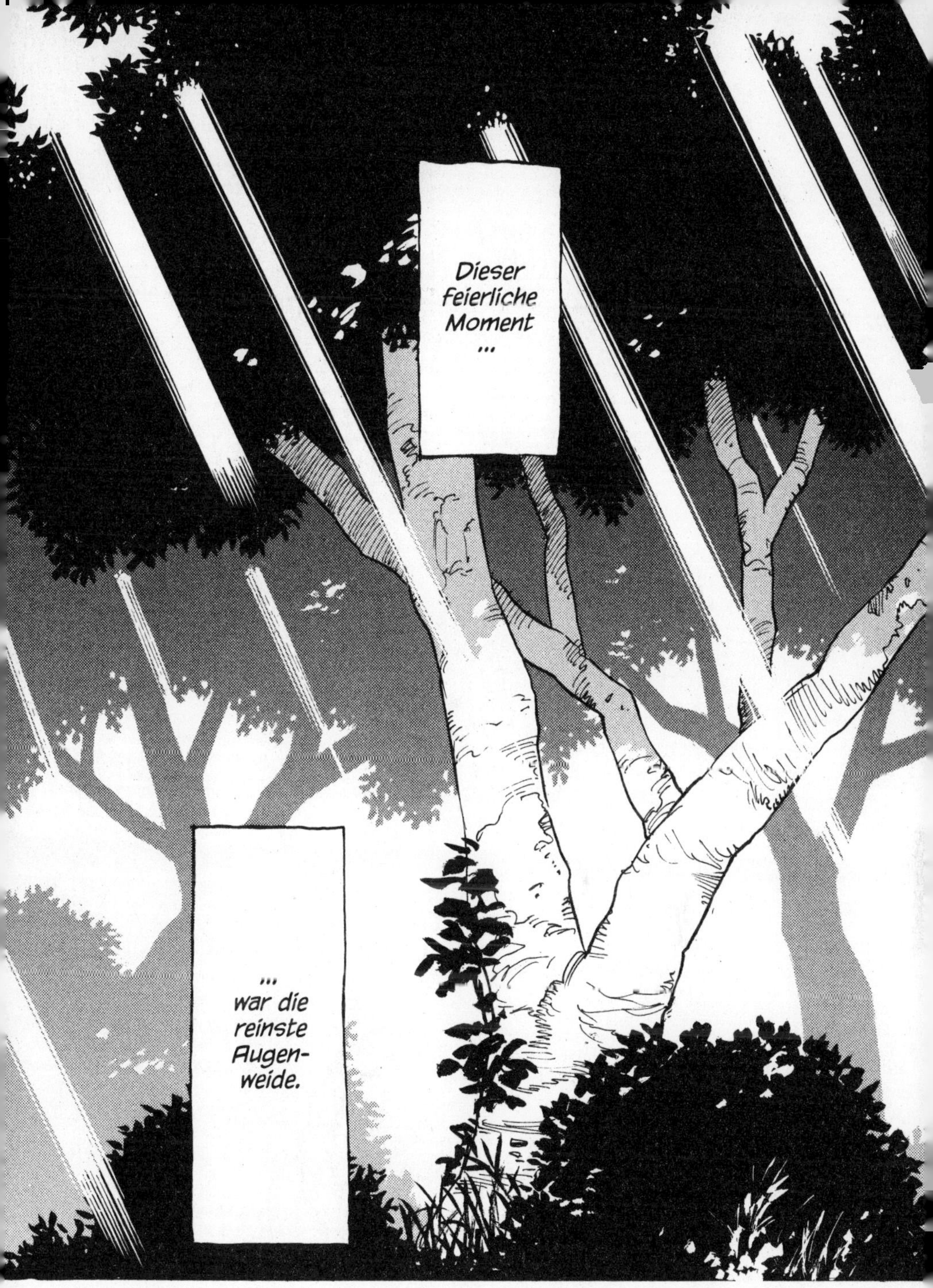
Dieser feierliche Moment ...
... war die reinste Augen-weide.

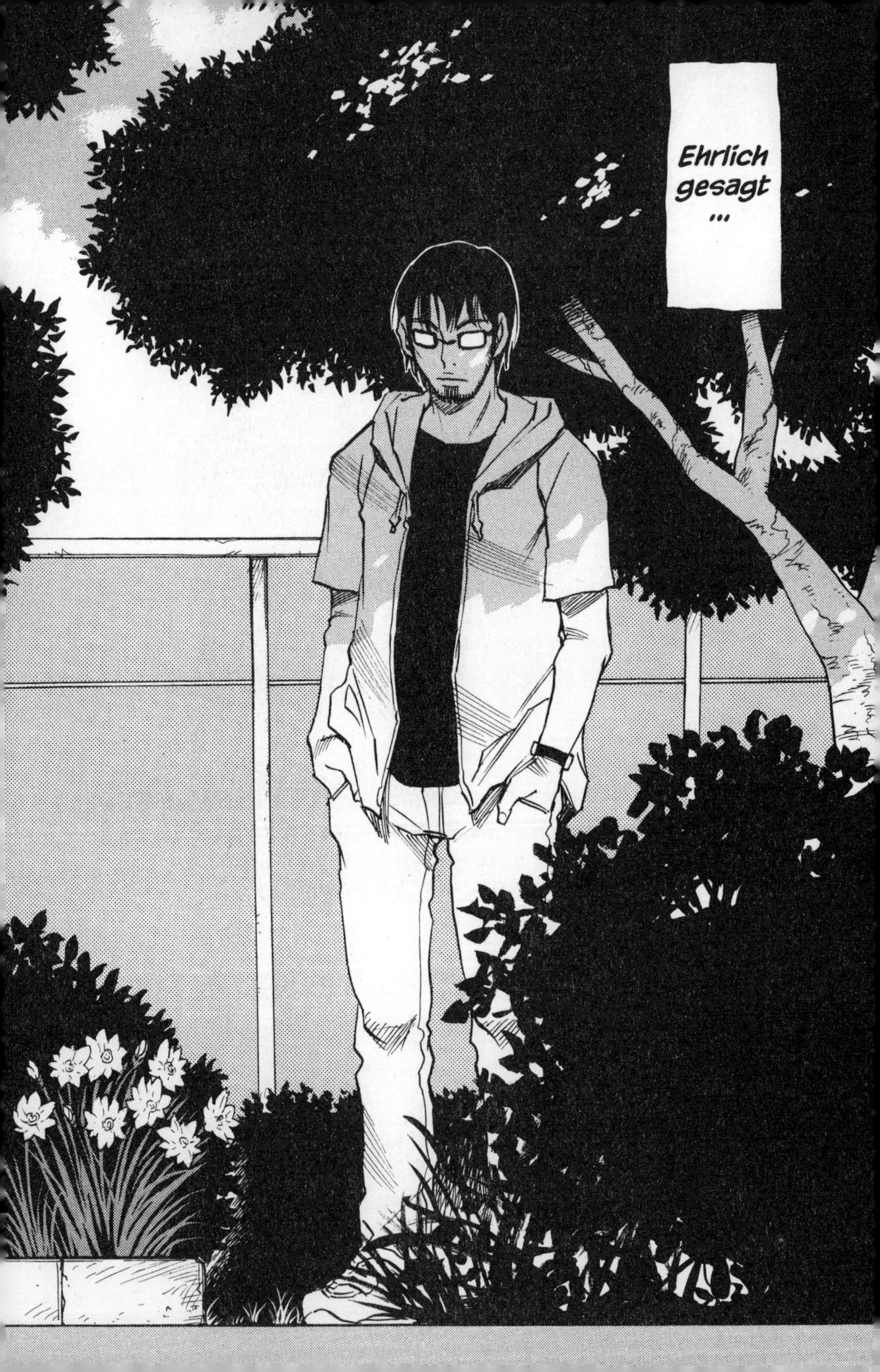
Ehrlich gesagt …

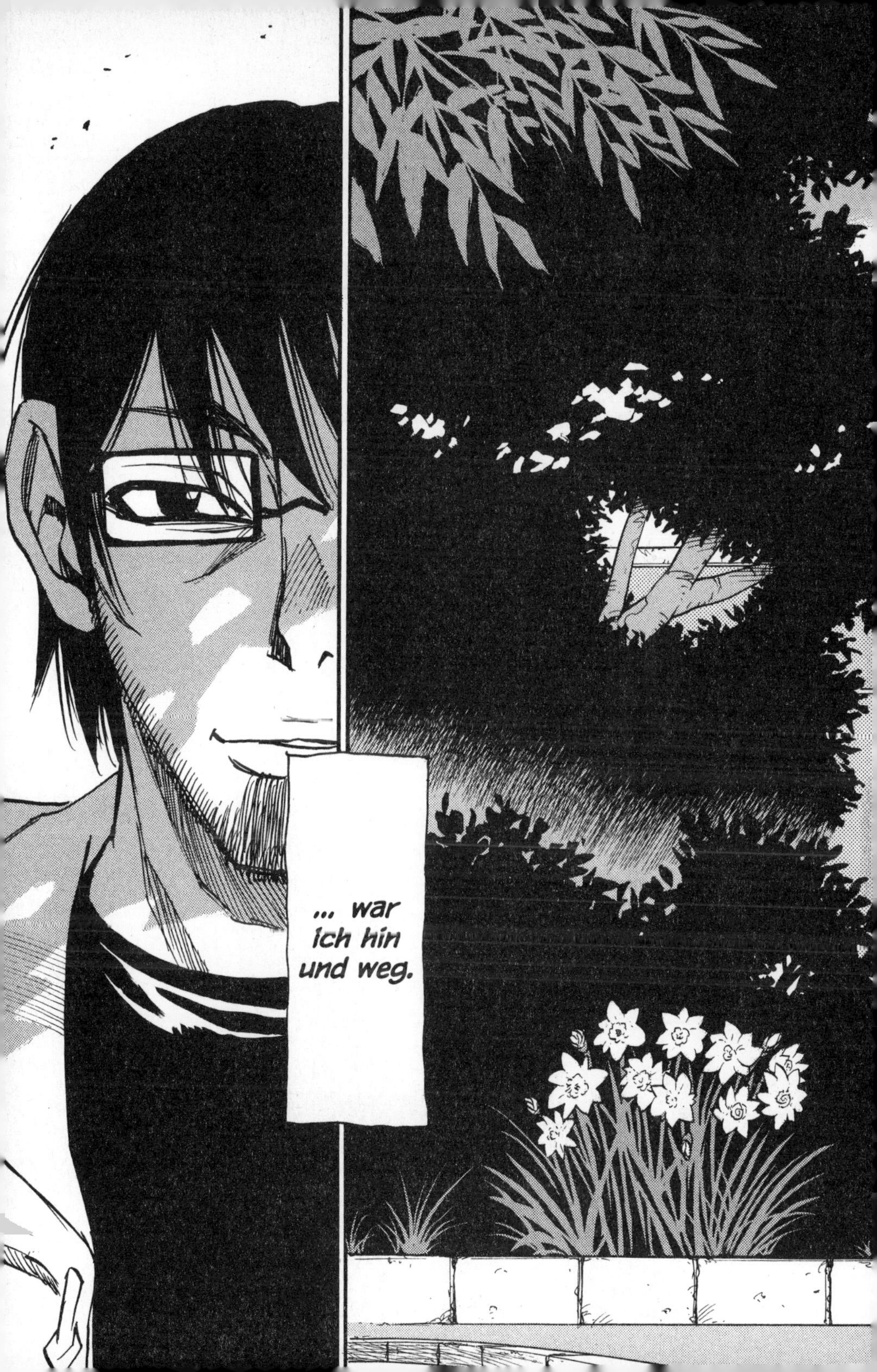
... war ich hin und weg.

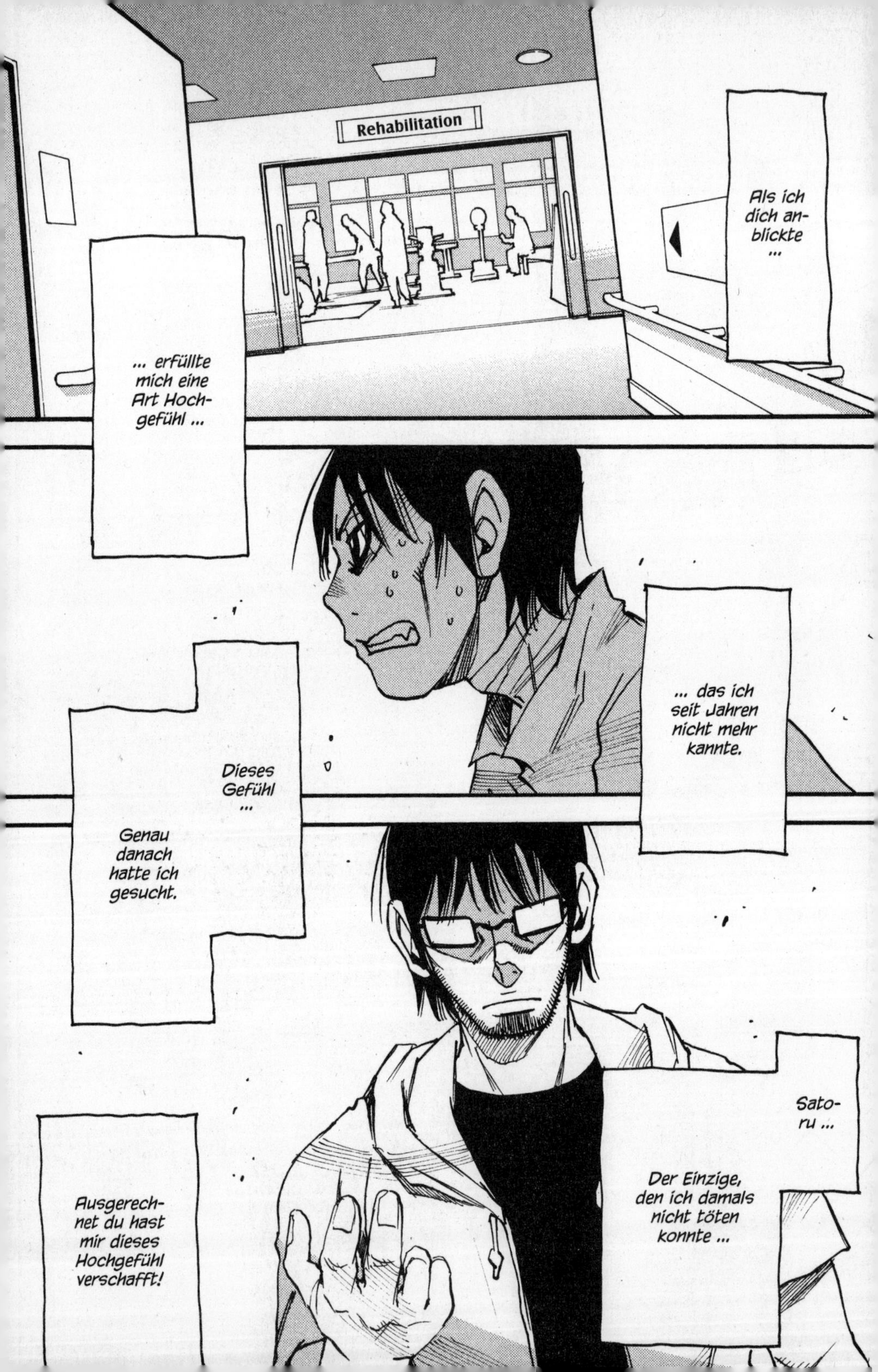
Rehabilitation
Als ich dich anblickte …
… erfüllte mich eine Art Hochgefühl …
… das ich seit Jahren nicht mehr kannte.
Dieses Gefühl …
Genau danach hatte ich gesucht.
Satoru …
Der Einzige, den ich damals nicht töten konnte …
Ausgerechnet du hast mir dieses Hochgefühl verschafft!

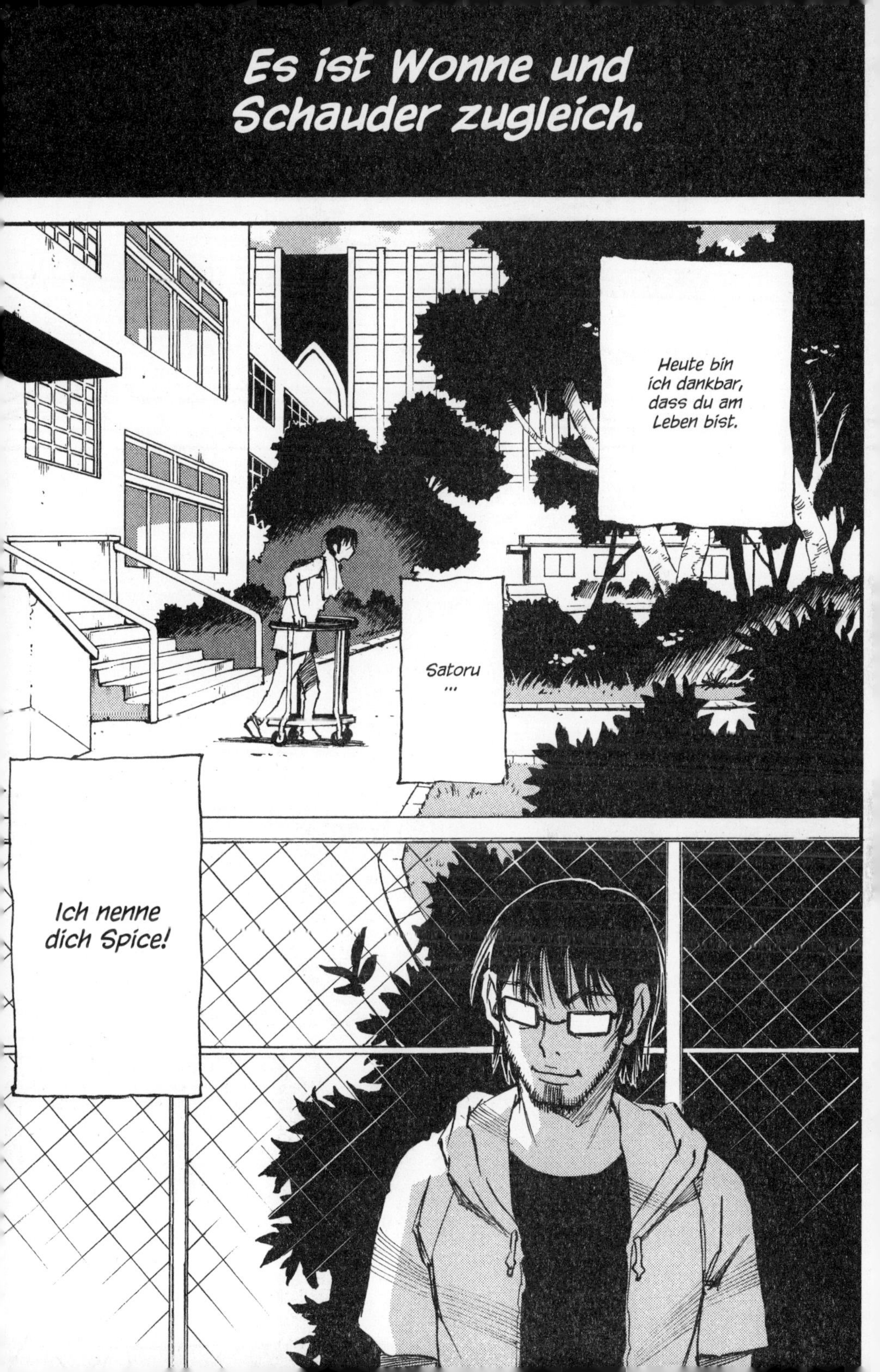
Es ist Wonne und Schauder zugleich.
Heute bin ich dankbar, dass du am Leben bist.
Satoru ...
Ich nenne dich Spice!

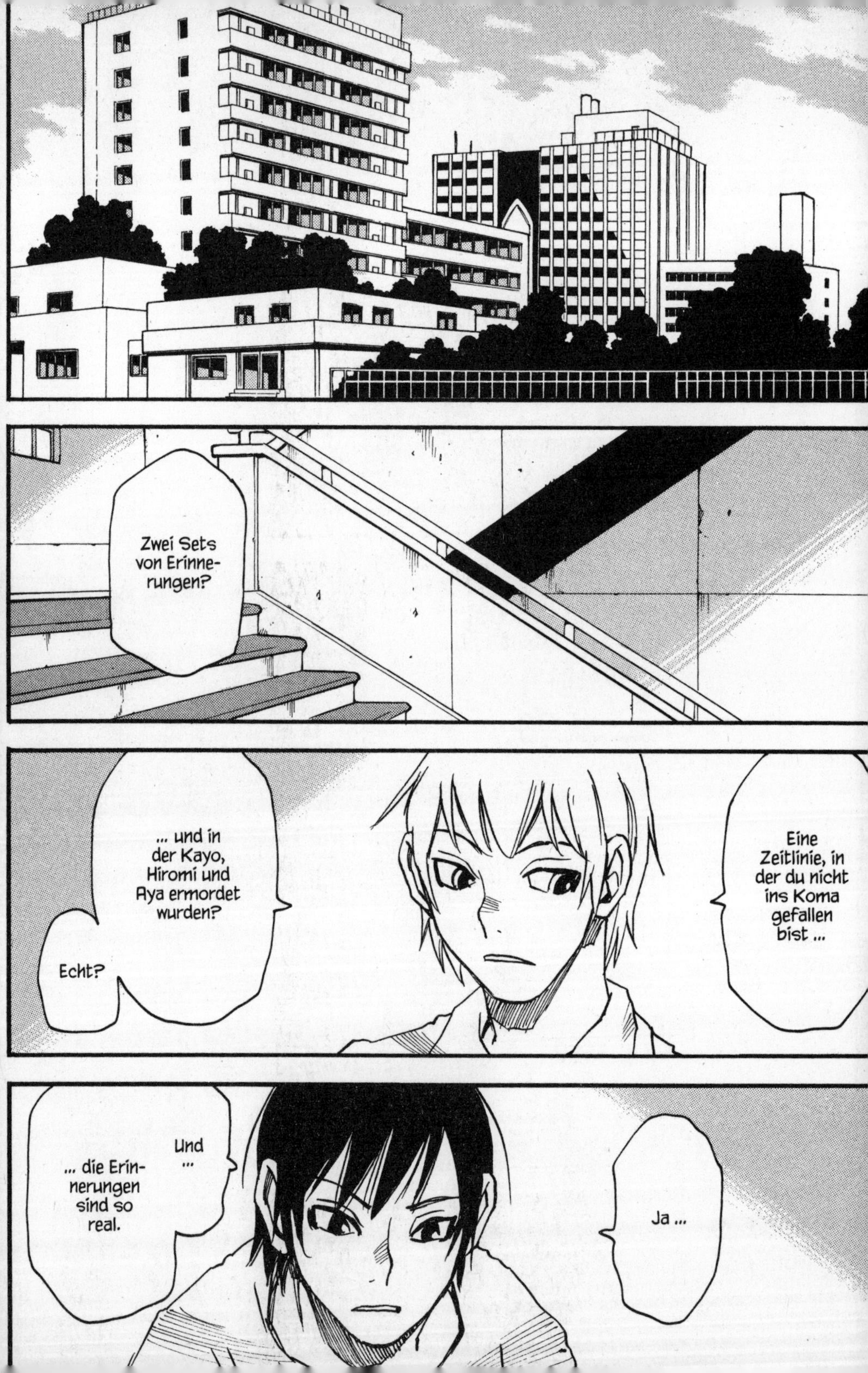
Zwei Sets von Erinnerungen?
Eine Zeitlinie, in der du nicht ins Koma gefallen bist ...
... und in der Kayo, Hiromi und Aya ermordet wurden?
Echt?
Ja ...
Und ...
... die Erinnerungen sind so real.

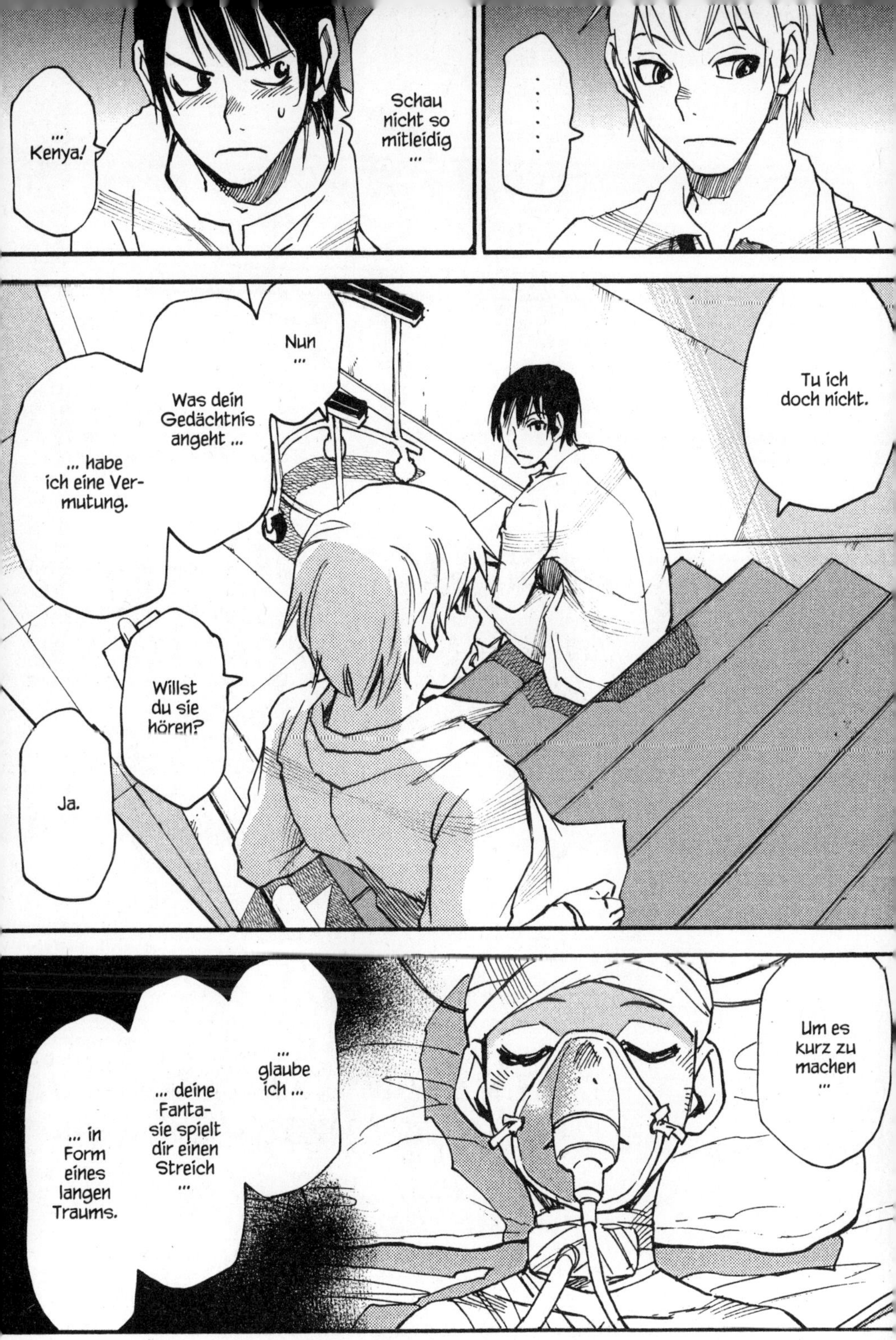

......
Schau nicht so mitleidig ...
... Kenya!
Tu ich doch nicht.
Nun ...
Was dein Gedächtnis angeht ...
... habe ich eine Vermutung.
Willst du sie hören?
Ja.
Um es kurz zu machen ...
... glaube ich ...
... deine Fantasie spielt dir einen Streich ...
... in Form eines langen Traums.

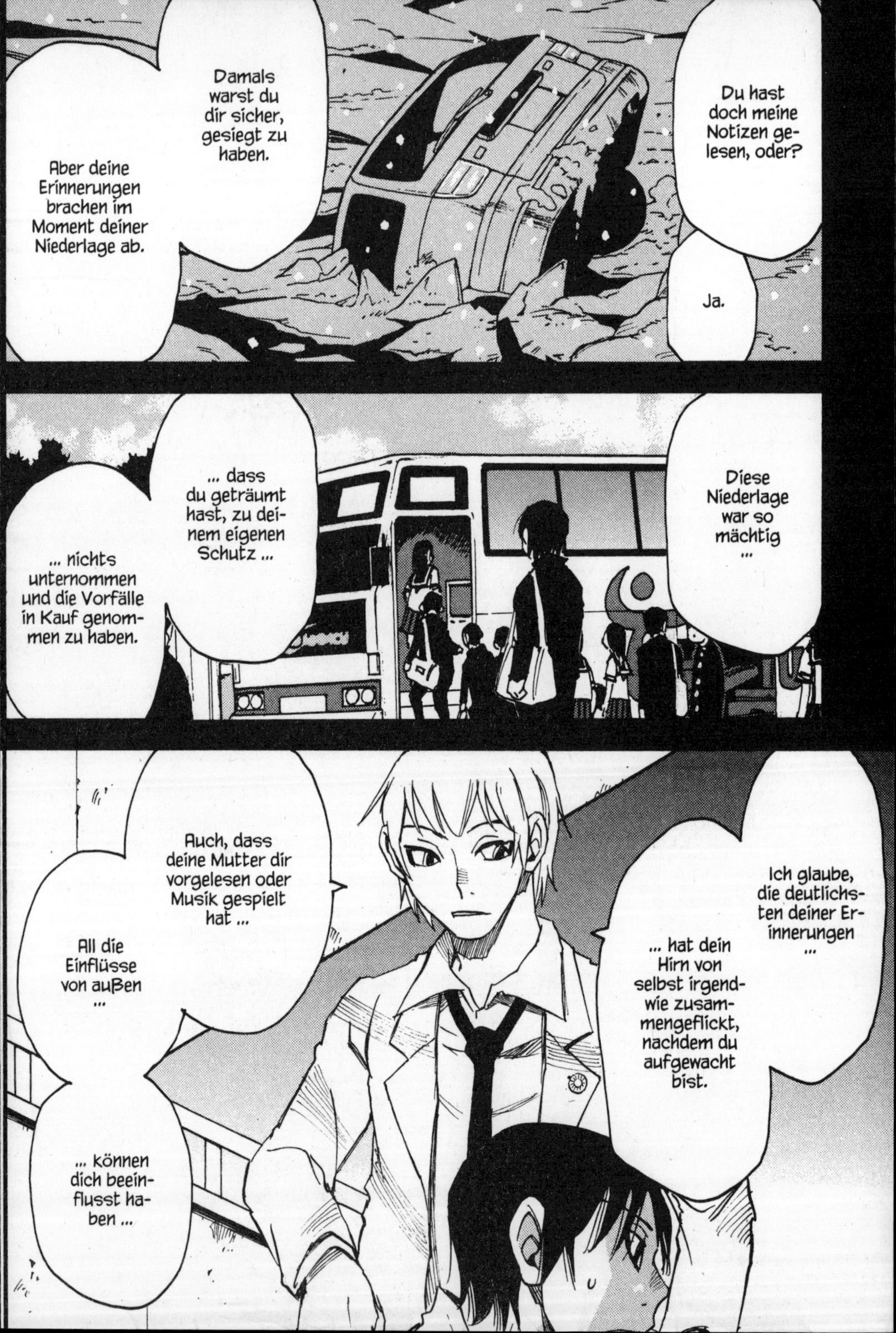
Du hast doch meine Notizen gelesen, oder?
Ja.
Damals warst du dir sicher, gesiegt zu haben.
Aber deine Erinnerungen brachen im Moment deiner Niederlage ab.
Diese Niederlage war so mächtig ...
... dass du geträumt hast, zu deinem eigenen Schutz ...
... nichts unternommen und die Vorfälle in Kauf genommen zu haben.
Ich glaube, die deutlichsten deiner Erinnerungen ...
... hat dein Hirn von selbst irgendwie zusammengeflickt, nachdem du aufgewacht bist.
Auch, dass deine Mutter dir vorgelesen oder Musik gespielt hat ...
All die Einflüsse von außen ...
... können dich beeinflusst haben ...

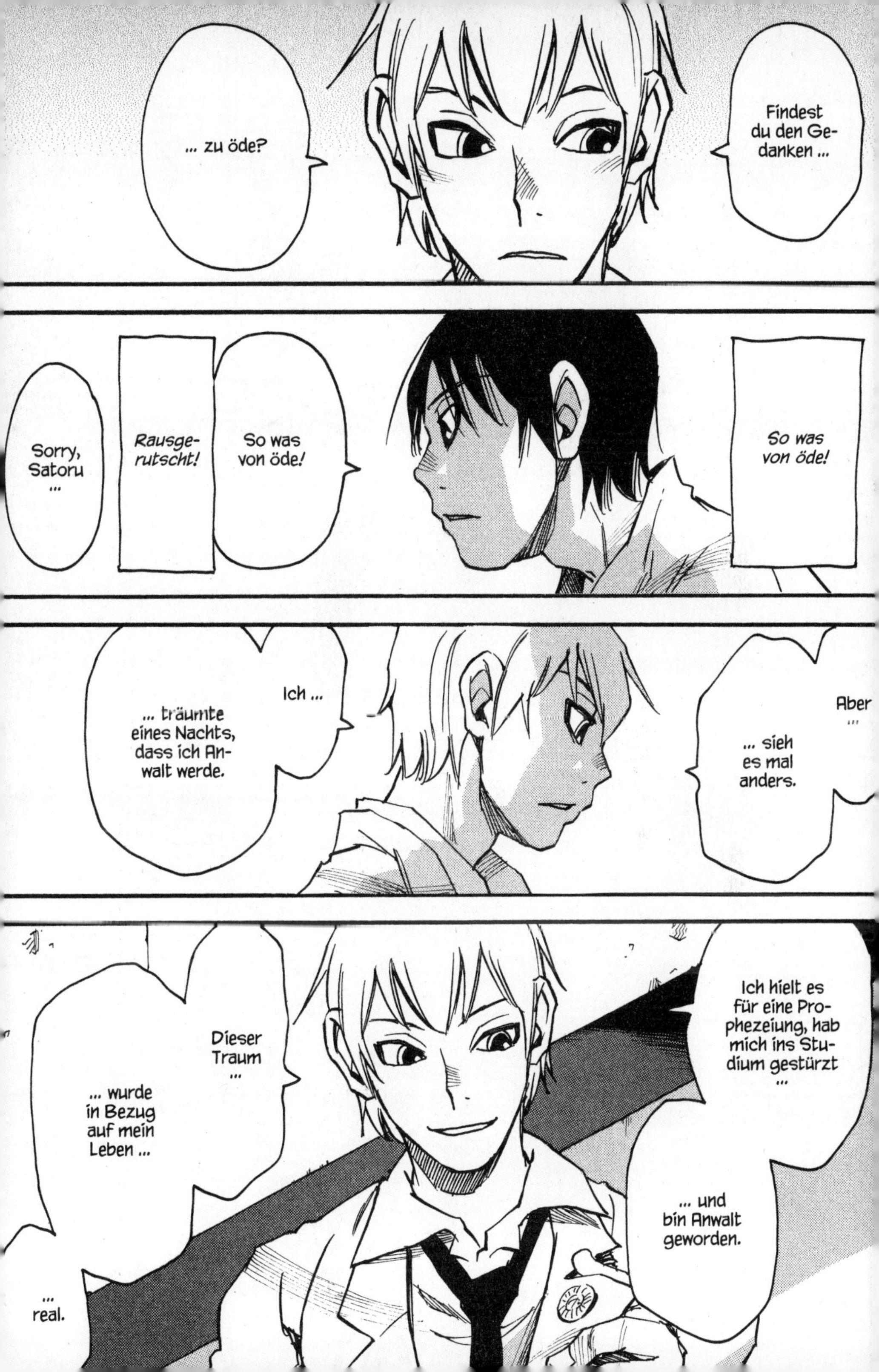
Findest du den Gedanken ...
... zu öde?
So was von öde!
So was von öde!
Rausgerutscht!
Sorry, Satoru ...
Aber ...
... sieh es mal anders.
Ich ...
... träumte eines Nachts, dass ich Anwalt werde.
Ich hielt es für eine Prophezeiung, hab mich ins Studium gestürzt ...
... und bin Anwalt geworden.
Dieser Traum ...
... wurde in Bezug auf mein Leben ...
... real.

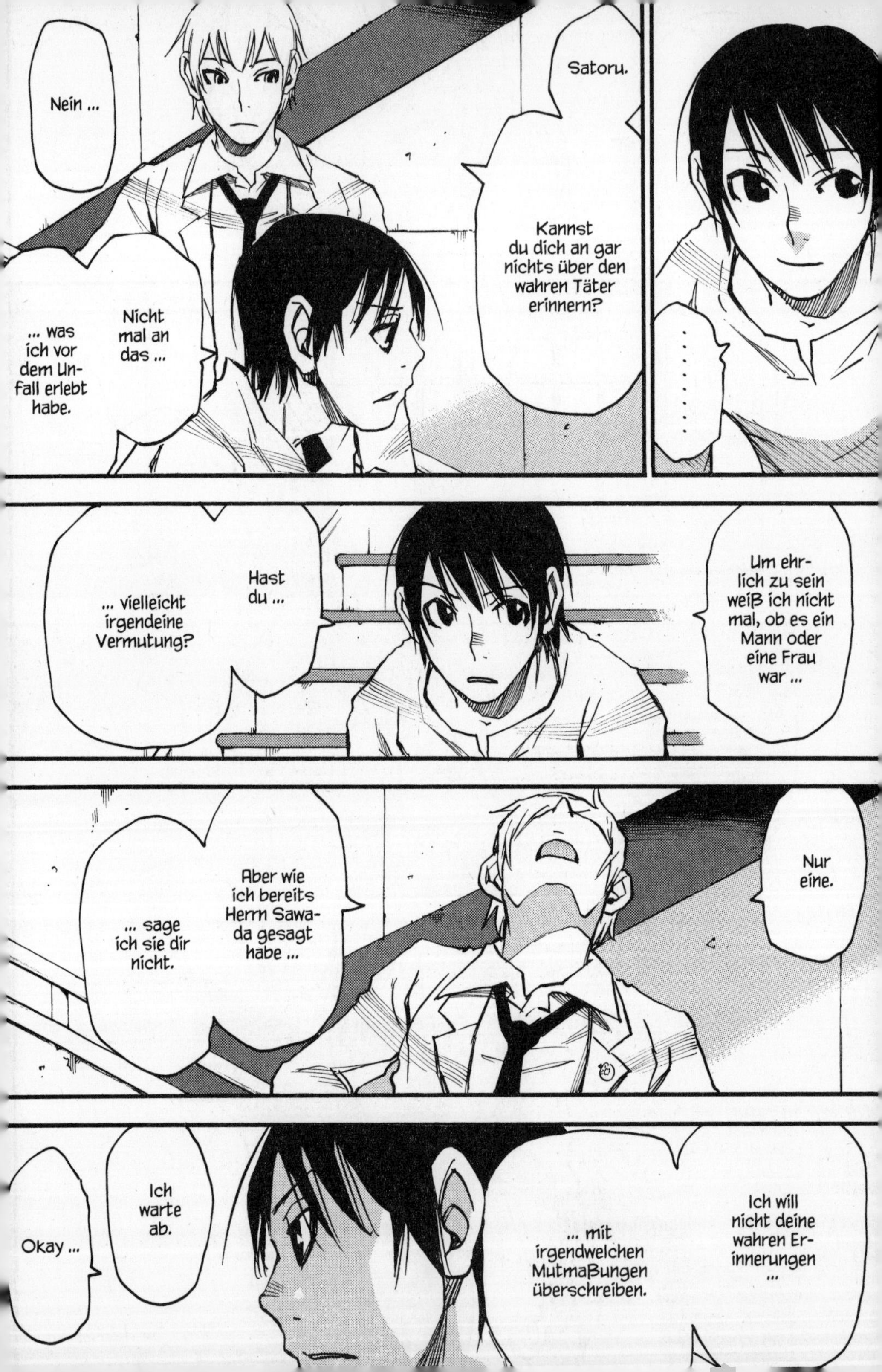
Satoru.
Kannst du dich an gar nichts über den wahren Täter erinnern?
....
Nein ...
Nicht mal an das ...
... was ich vor dem Unfall erlebt habe.
Um ehrlich zu sein weiß ich nicht mal, ob es ein Mann oder eine Frau war ...
Hast du ...
... vielleicht irgendeine Vermutung?
Nur eine.
Aber wie ich bereits Herrn Sawada gesagt habe ...
... sage ich sie dir nicht.
Ich will nicht deine wahren Erinnerungen ...
... mit irgendwelchen Mutmaßungen überschreiben.
Ich warte ab.
Okay ...

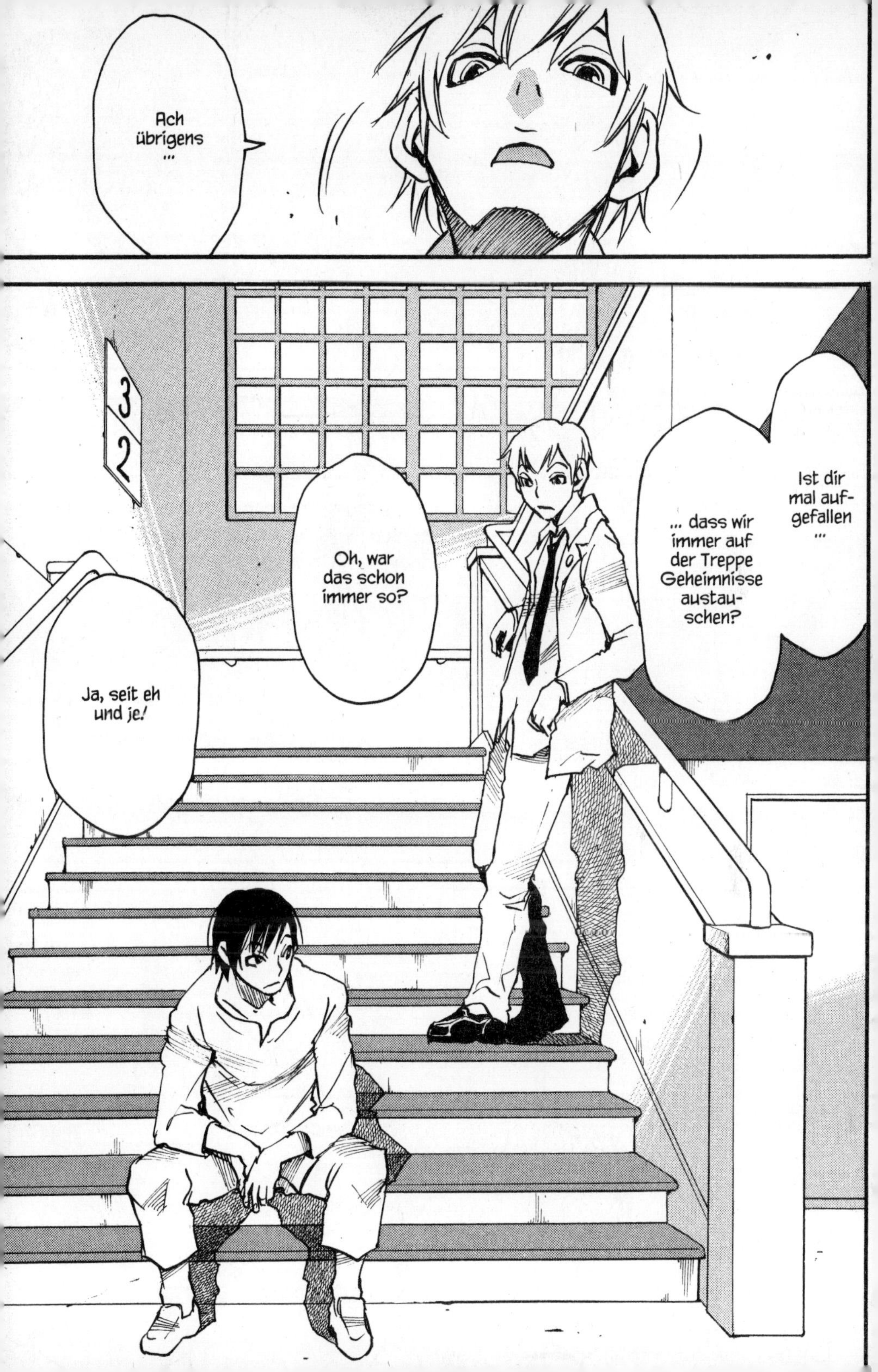
Ach übrigens ...
Ist dir mal aufgefallen ...
... dass wir immer auf der Treppe Geheimnisse austauschen?
Oh, war das schon immer so?
Ja, seit eh und je!

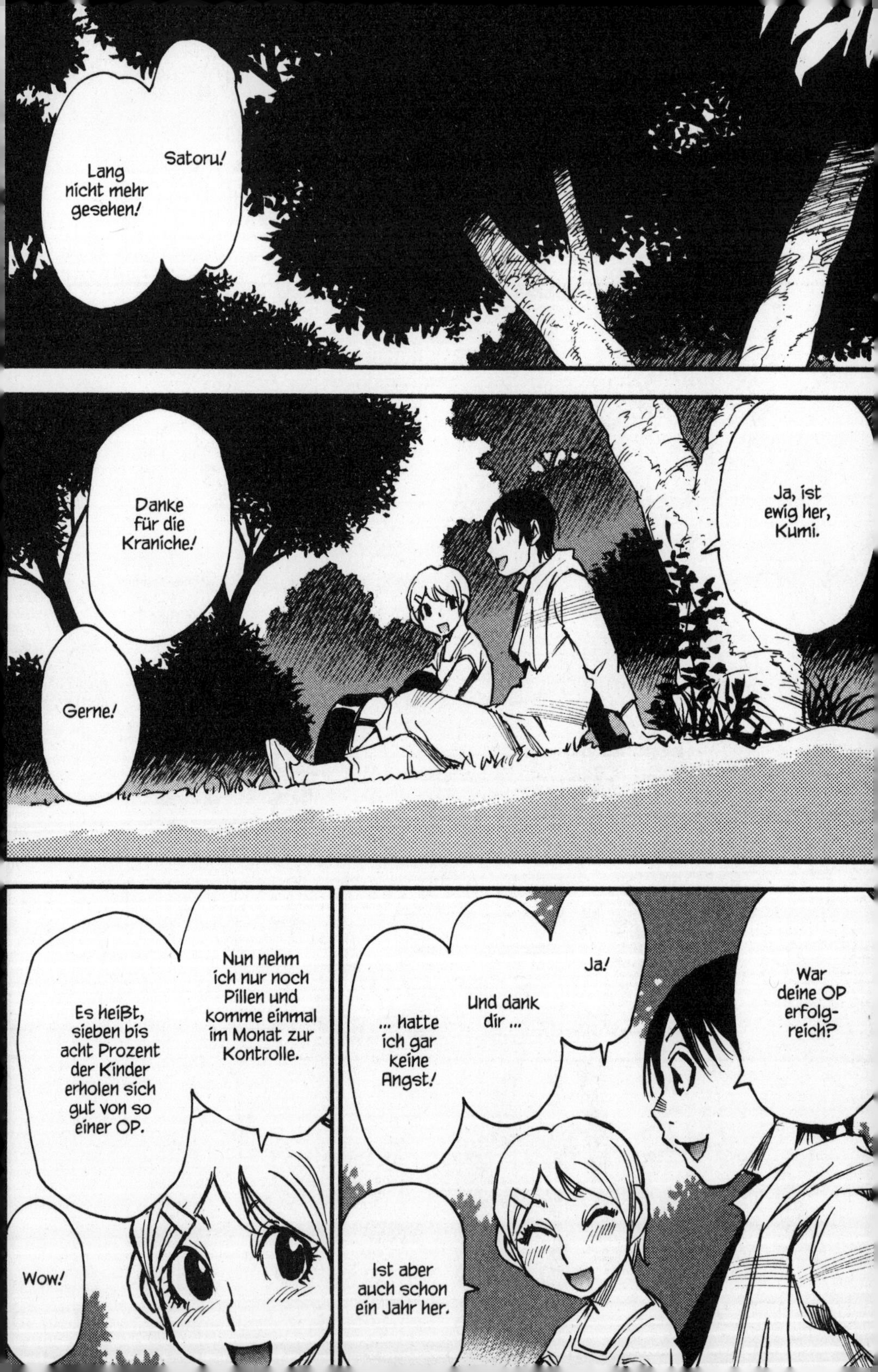
Satoru!
Lang nicht mehr gesehen!
Ja, ist ewig her, Kumi.
Danke für die Kraniche!
Gerne!
War deine OP erfolgreich?
Ja!
Und dank dir ...
... hatte ich gar keine Angst!
Ist aber auch schon ein Jahr her.
Nun nehm ich nur noch Pillen und komme einmal im Monat zur Kontrolle.
Es heißt, sieben bis acht Prozent der Kinder erholen sich gut von so einer OP.
Wow!

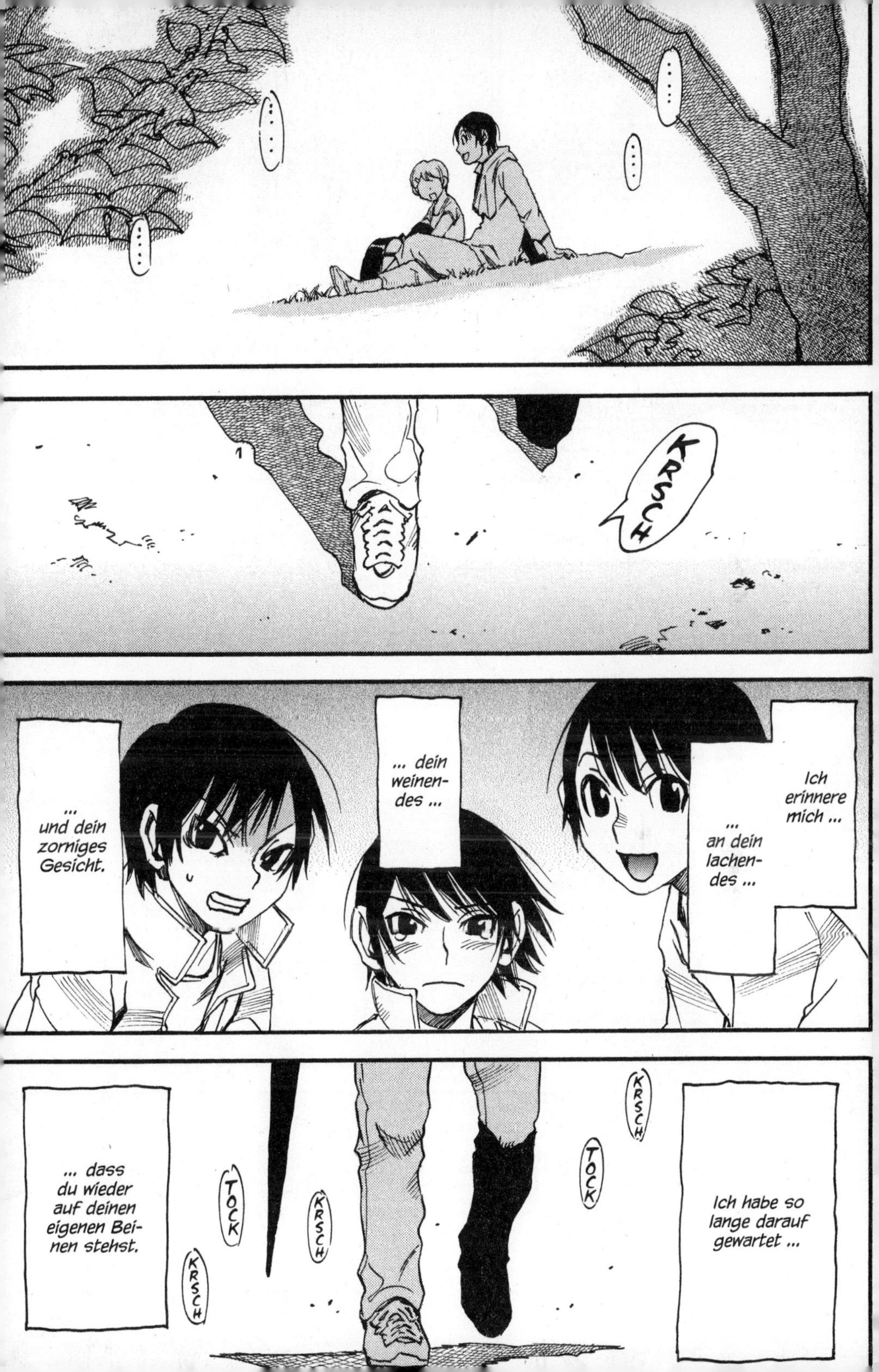

.....
.....
.....
.....
KRSCH
Ich erinnere mich ...
... an dein lachendes ...
... dein weinendes ...
... und dein zorniges Gesicht.
Ich habe so lange darauf gewartet ...
KRSCH
TOCK
KRSCH
TOCK
KRSCH
... dass du wieder auf deinen eigenen Beinen stehst.

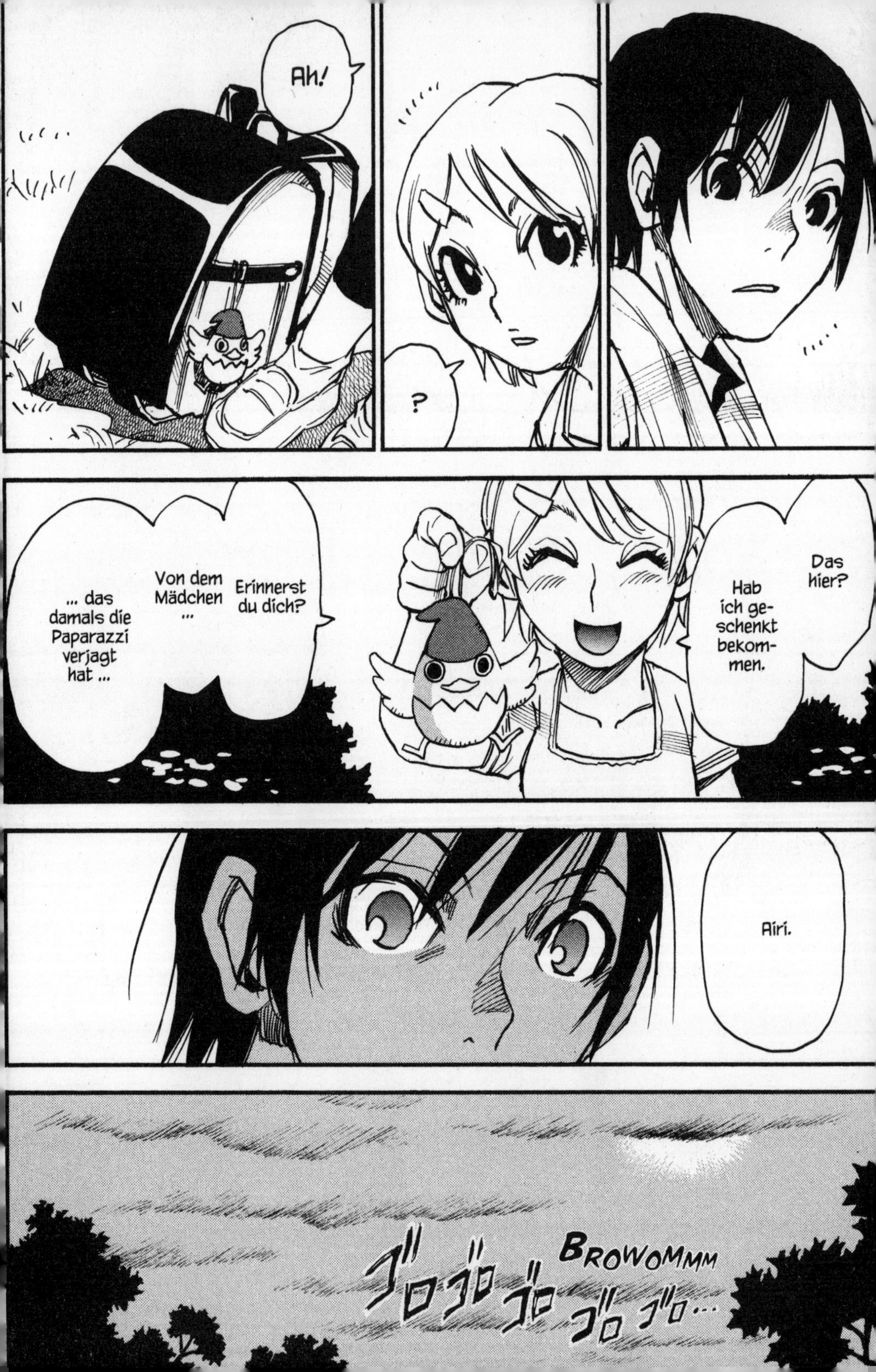
?
Ah!
Das hier?
Hab ich geschenkt bekommen.
Erinnerst du dich?
Von dem Mädchen ...
... das damals die Paparazzi verjagt hat ...
Airi.
BROWOMMM
ゴロゴロ ゴロ ゴロ ゴロ…

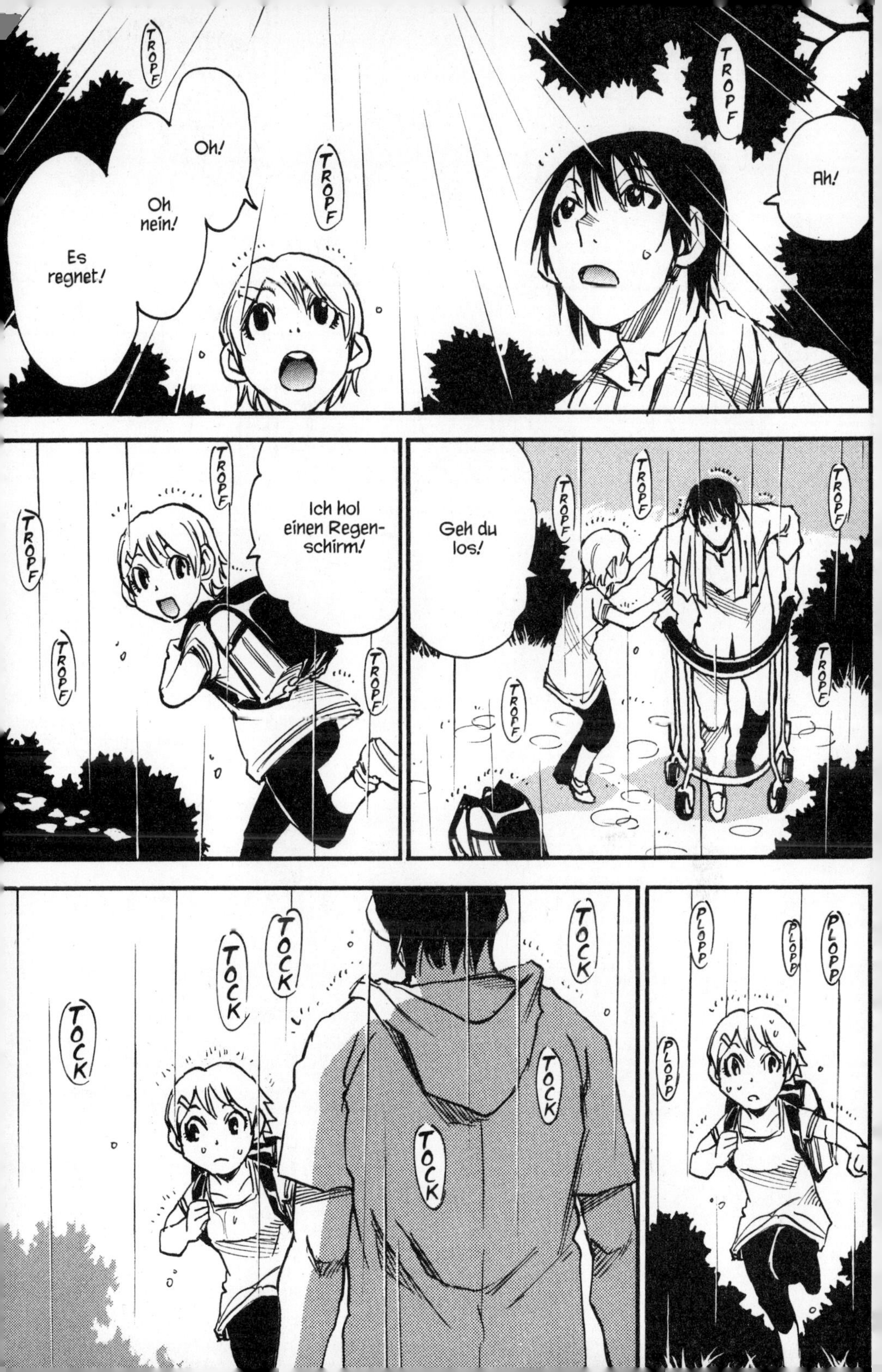
TROPF
Ah!
TROPF
Oh!
Oh nein!
Es regnet!
TROPF
TROPF
Geh du los!
TROPF
TROPF
TROPF
Ich hol einen Regenschirm!
TROPF
TROPF
TROPF
PLOPP
PLOPP
PLOPP
PLOPP
TOCK
TOCK
TOCK
TOCK
TOCK
TOCK

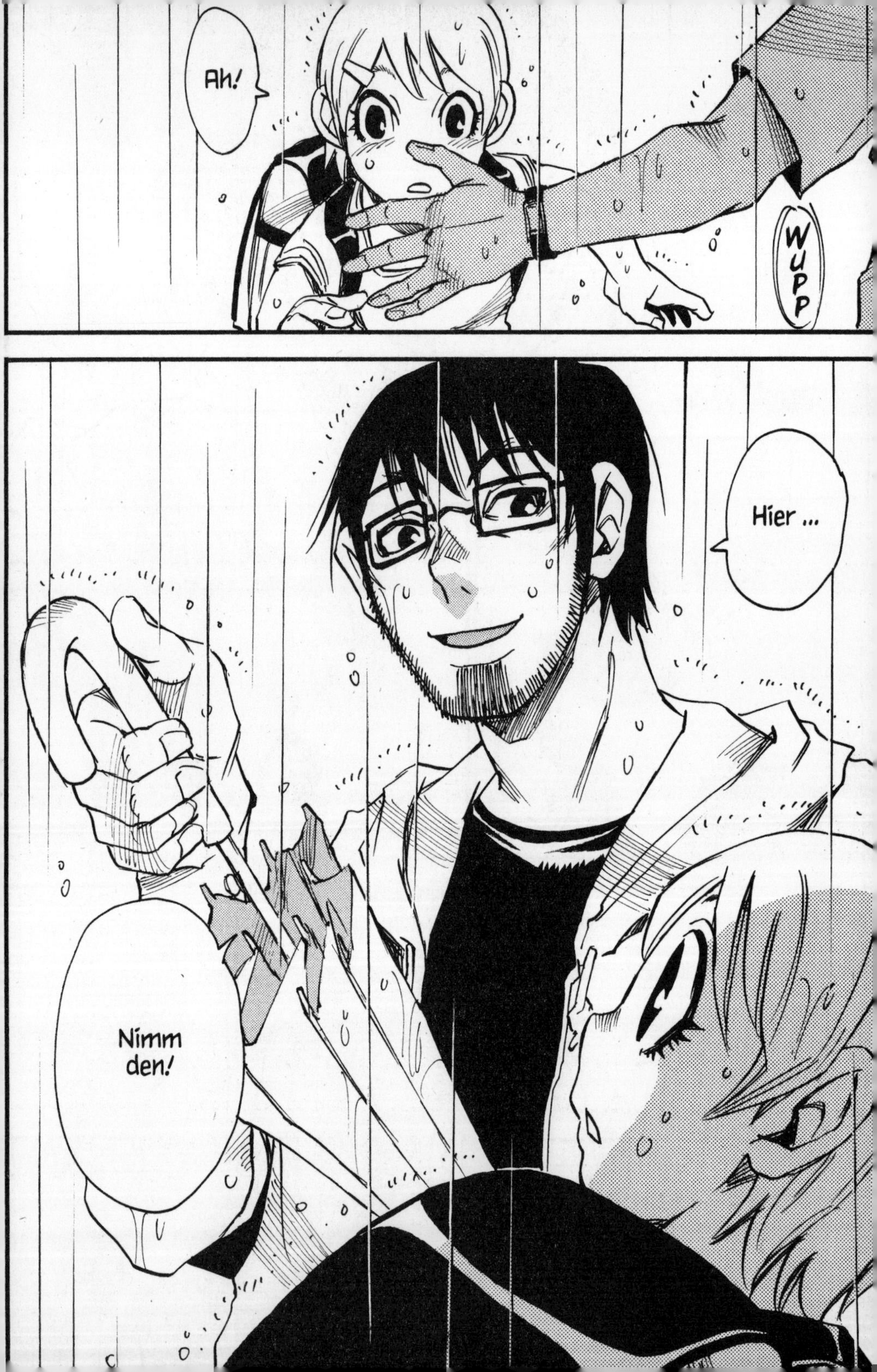
WUPP
Ah!
Hier ...
Nimm den!

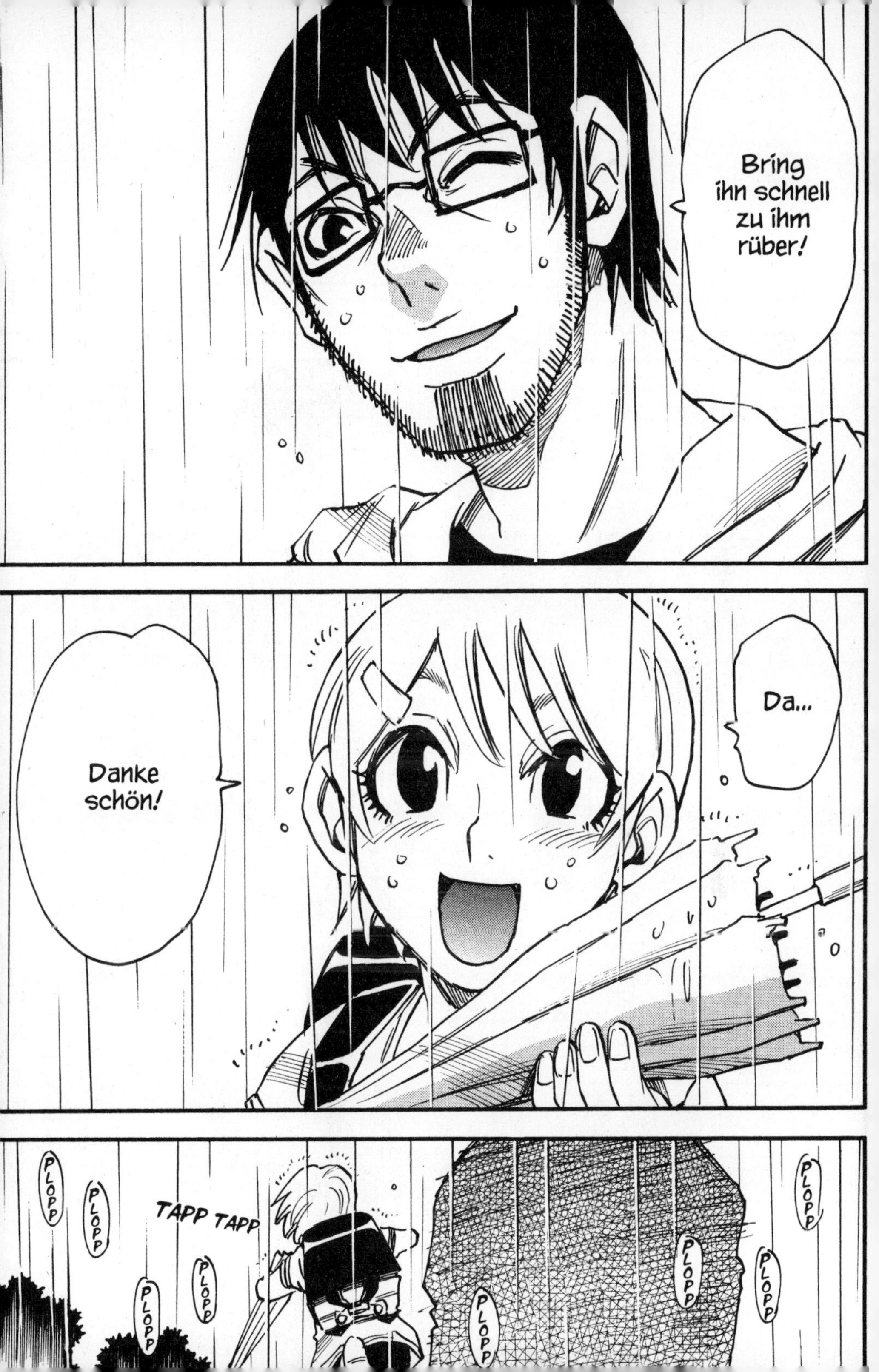
Bring ihn schnell zu ihm rüber!
Da...
Danke schön!
PLOPP
PLOPP
PLOPP
TAPP TAPP
PLOPP
PLOPP
PLOPP
PLOPP
PLOPP

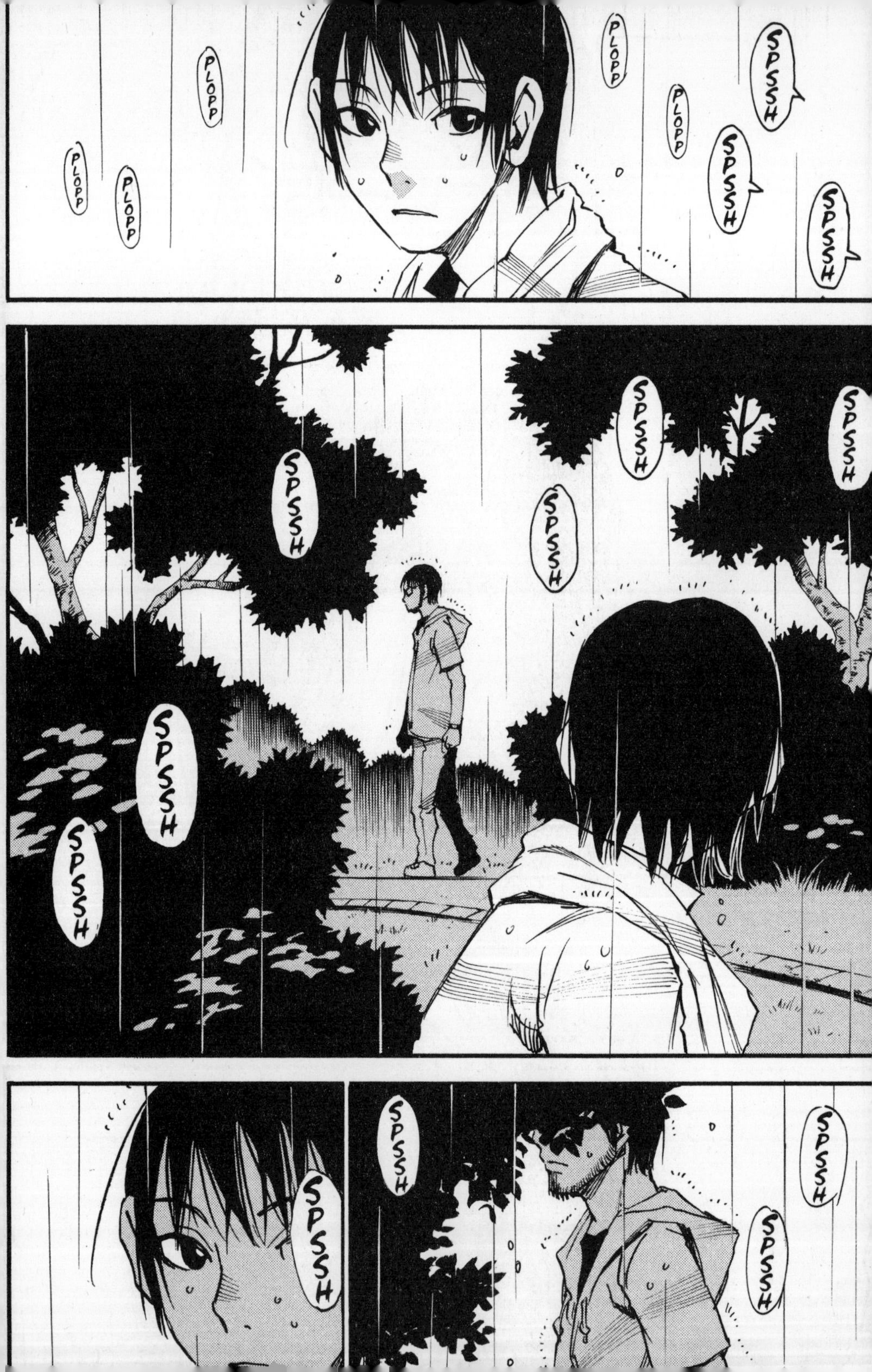
SPSSH
SPSSH
SPSSH
PLOPP
PLOPP
PLOPP
PLOPP
PLOPP
SPSSH
SPSSH
SPSSH
SPSSH
SPSSH
SPSSH
SPSSH
SPSSH
SPSSH
SPSSH

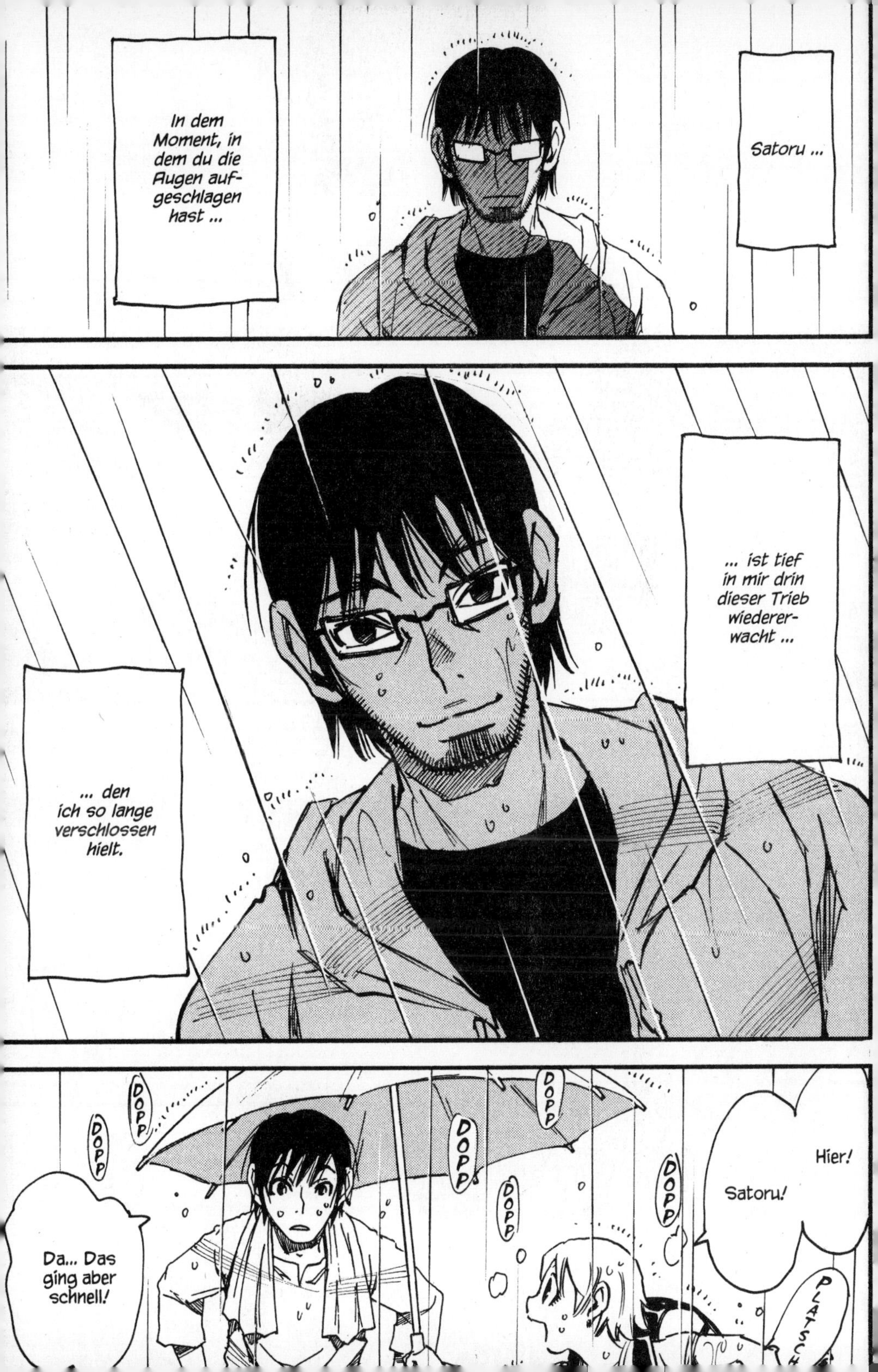

Satoru ...
In dem Moment, in dem du die Augen aufgeschlagen hast ...
... ist tief in mir drin dieser Trieb wiedererwacht ...
... den ich so lange verschlossen hielt.
Satoru! Hier!
PLATSCH
DOPP
DOPP
DOPP
DOPP
DOPP
DOPP
DOPP
Da... Das ging aber schnell!

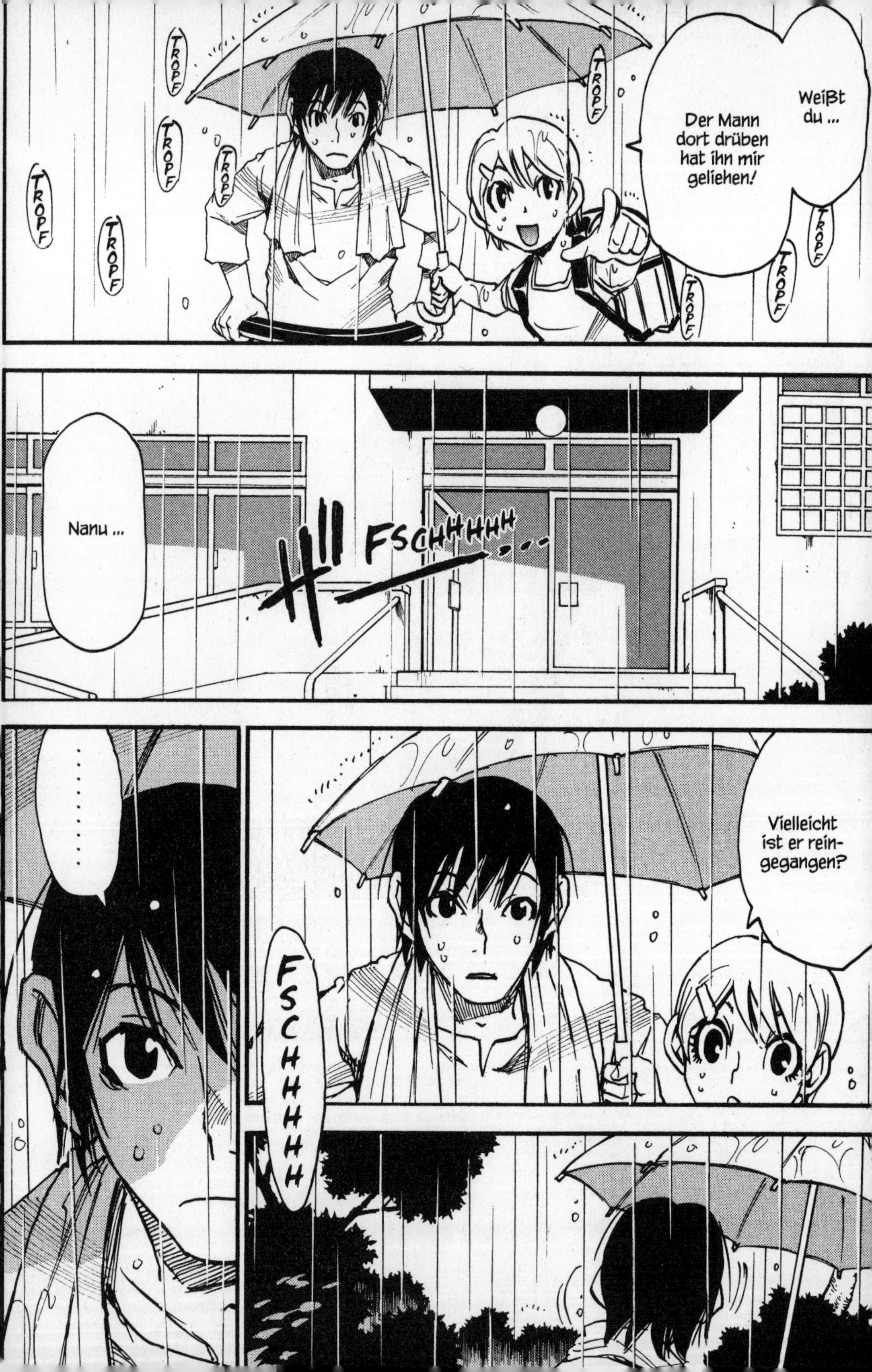
Weißt du ...
Der Mann dort drüben hat ihn mir geliehen!
TROPF TROPF TROPF TROPF TROPF TROPF TROPF TROPF TROPF
FSCHHHHH ...
Nanu ...
Vielleicht ist er rein-gegangen?
FSCHHHHHH
....

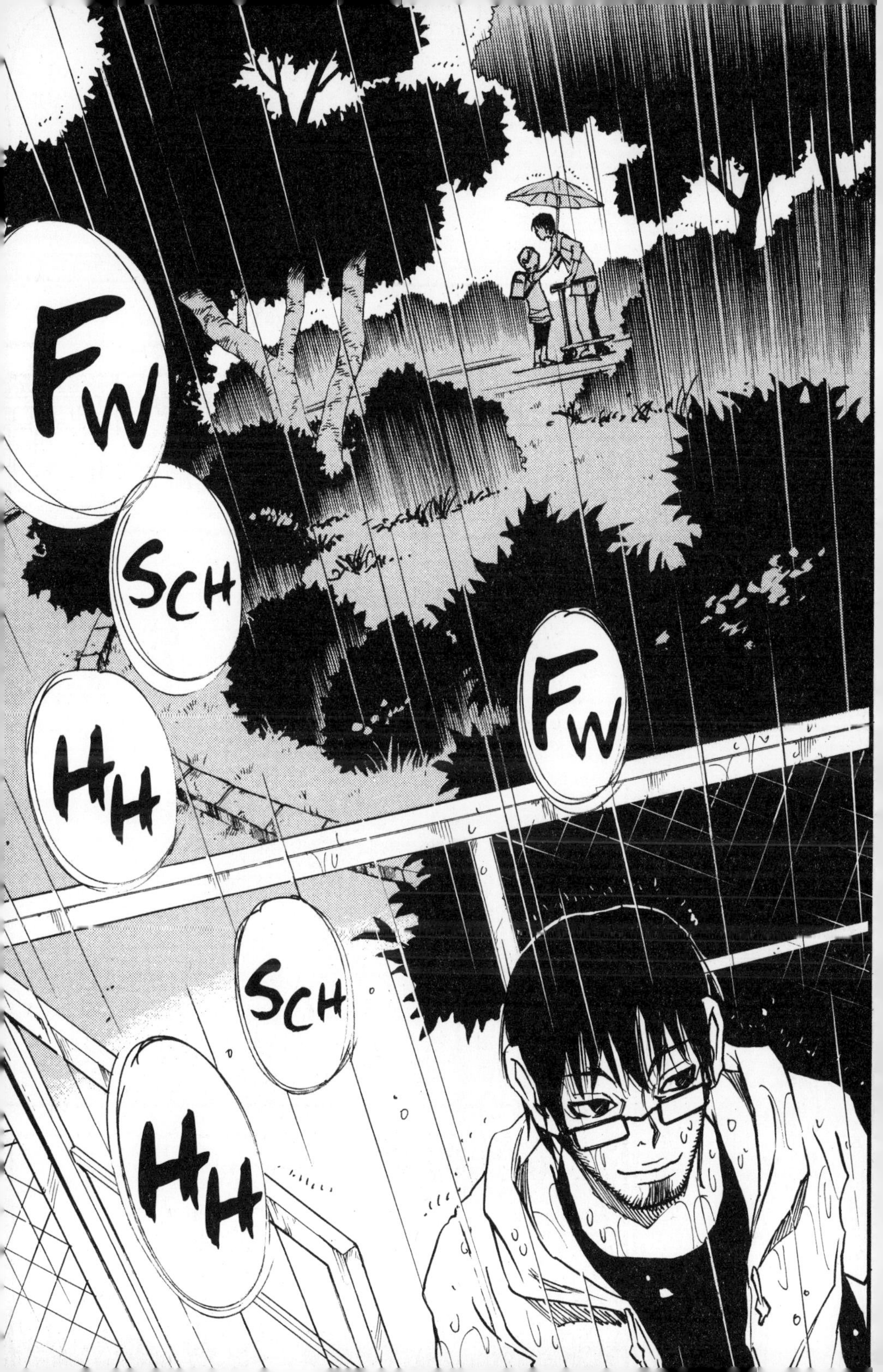
FW
SCH
HH
FW
SCH
HH

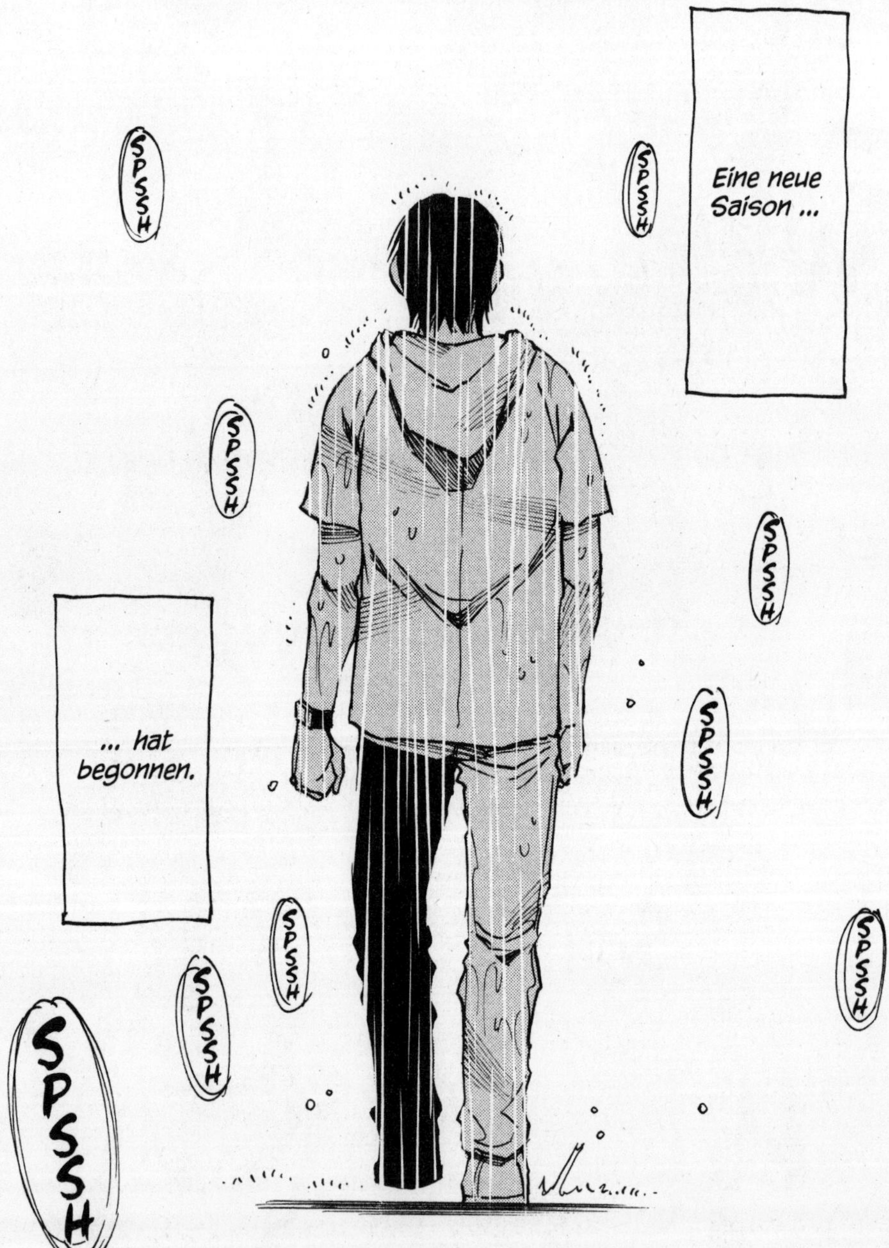

Eine neue Saison ...
SPSSH
SPSSH
... hat begonnen.
SPSSH
SPSSH
SPSSH
SPSSH
SPSSH
SPSSH
SPSSH

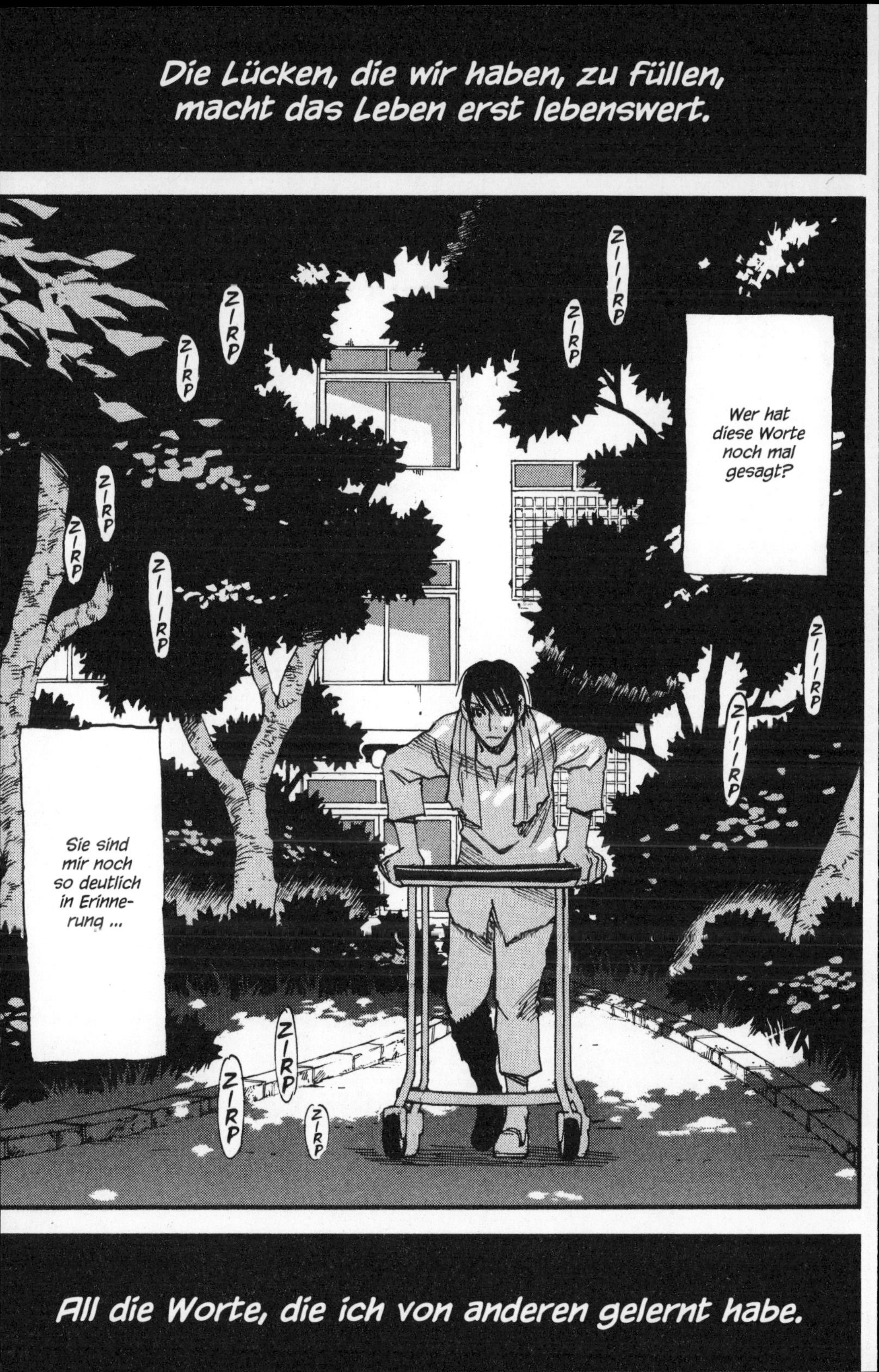
Die Lücken, die wir haben, zu füllen, macht das Leben erst lebenswert.
ZIIIRP
ZIRP
ZIRP
ZIRP
Wer hat diese Worte noch mal gesagt?
ZIIIRP
ZIIIRP
ZIRP
ZIRP
ZIIIRP
Sie sind mir noch so deutlich in Erinnerung ...
ZIRP
ZIRP
ZIRP
All die Worte, die ich von anderen gelernt habe.

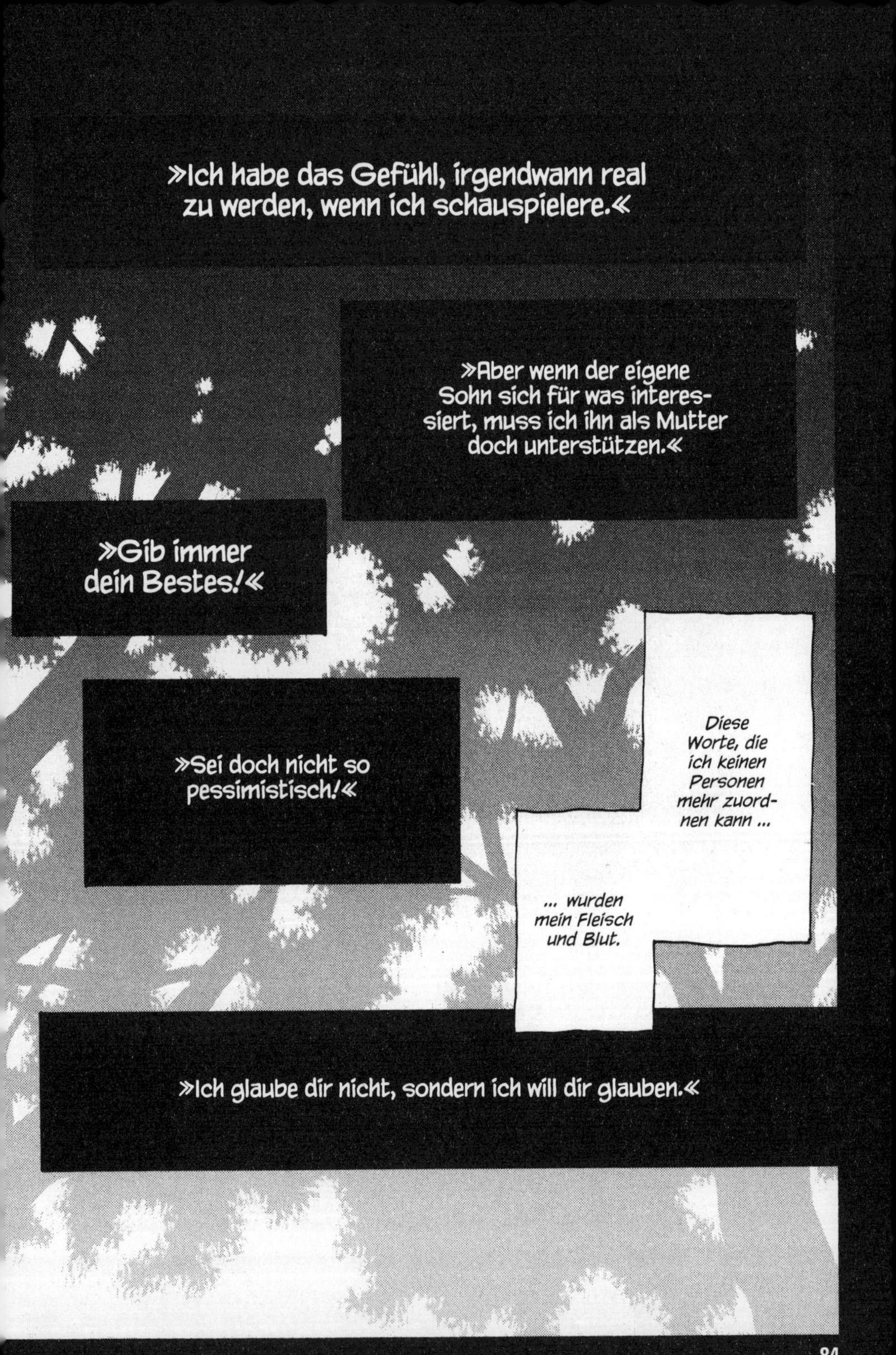
»Ich habe das Gefühl, irgendwann real zu werden, wenn ich schauspielere.«
»Aber wenn der eigene Sohn sich für was interessiert, muss ich ihn als Mutter doch unterstützen.«
»Gib immer dein Bestes!«
»Sei doch nicht so pessimistisch!«
Diese Worte, die ich keinen Personen mehr zuordnen kann …
… wurden mein Fleisch und Blut.
»Ich glaube dir nicht, sondern ich will dir glauben.«

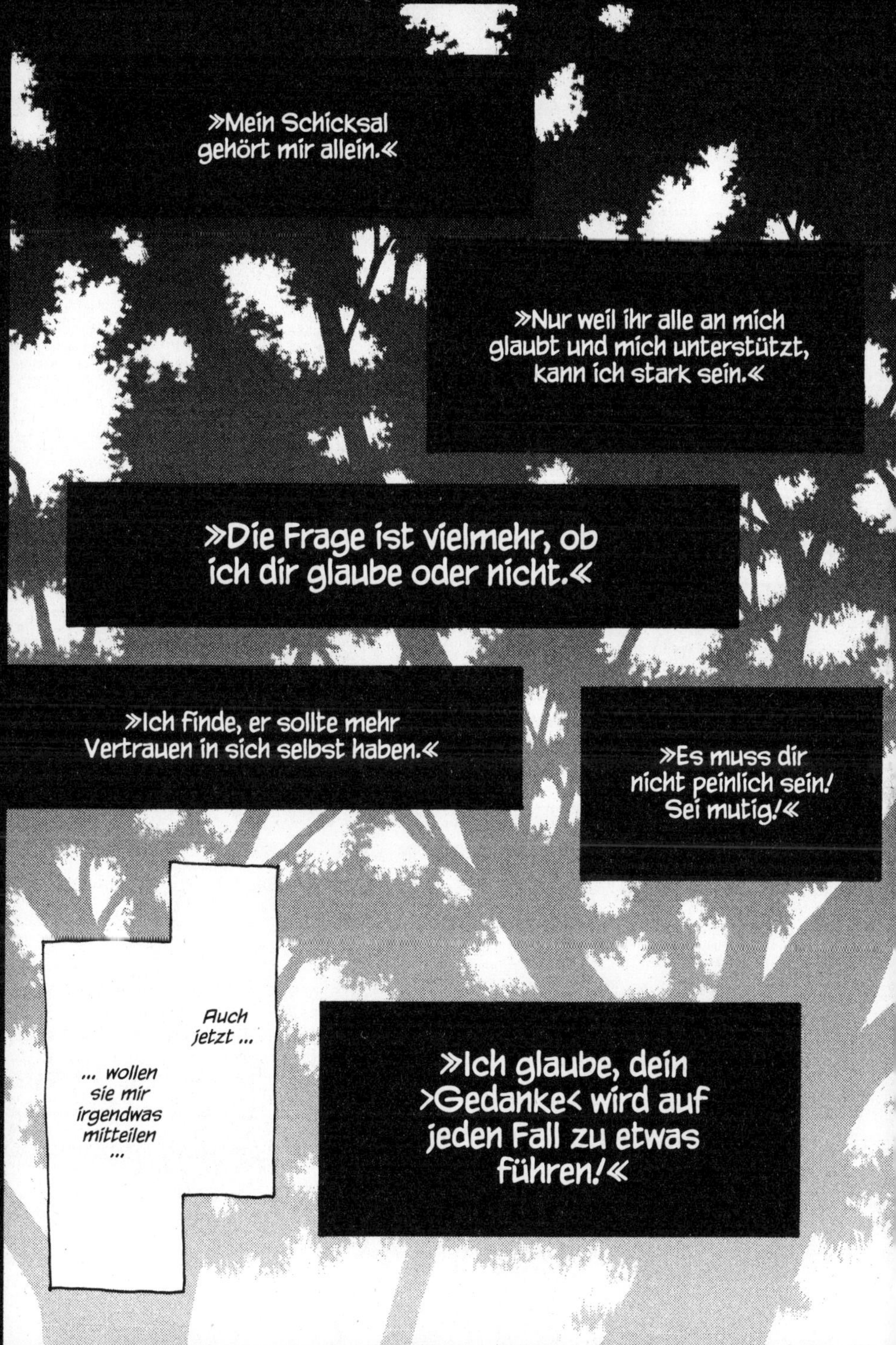
»Mein Schicksal gehört mir allein.«
»Nur weil ihr alle an mich glaubt und mich unterstützt, kann ich stark sein.«
»Die Frage ist vielmehr, ob ich dir glaube oder nicht.«
»Es muss dir nicht peinlich sein! Sei mutig!«
»Ich finde, er sollte mehr Vertrauen in sich selbst haben.«
»Ich glaube, dein >Gedanke< wird auf jeden Fall zu etwas führen!«
Auch jetzt …
… wollen sie mir irgendwas mitteilen …

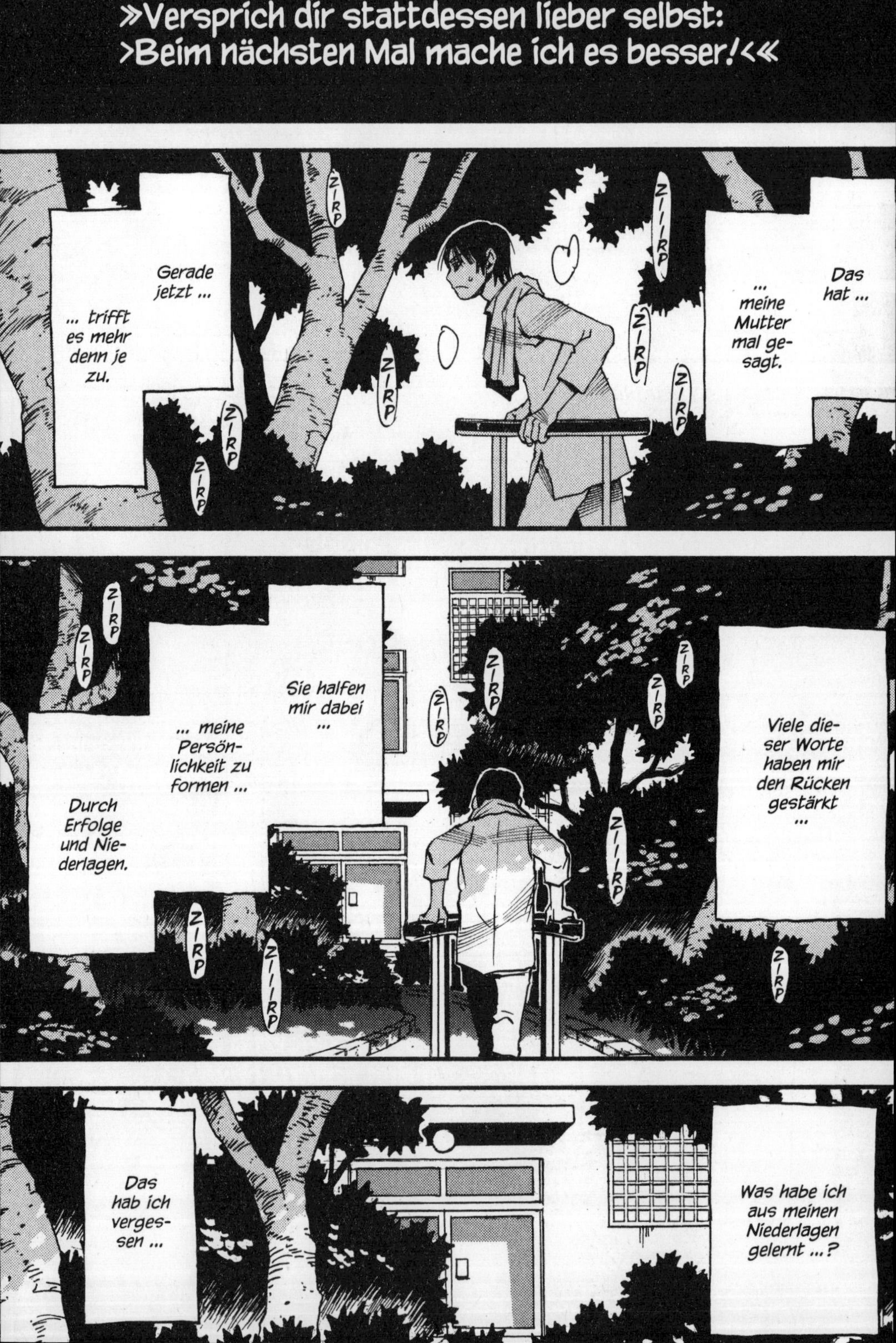
»Versprich dir stattdessen lieber selbst: >Beim nächsten Mal mache ich es besser!<«
Das hat ...
... meine Mutter mal gesagt.
Gerade jetzt ...
... trifft es mehr denn je zu.
ZIIIRP
ZIRP
Viele dieser Worte haben mir den Rücken gestärkt ...
Sie halfen mir dabei ...
... meine Persönlichkeit zu formen ...
Durch Erfolge und Niederlagen.
ZIRP
ZIIIRP
Was habe ich aus meinen Niederlagen gelernt ...?
Das hab ich vergessen ...

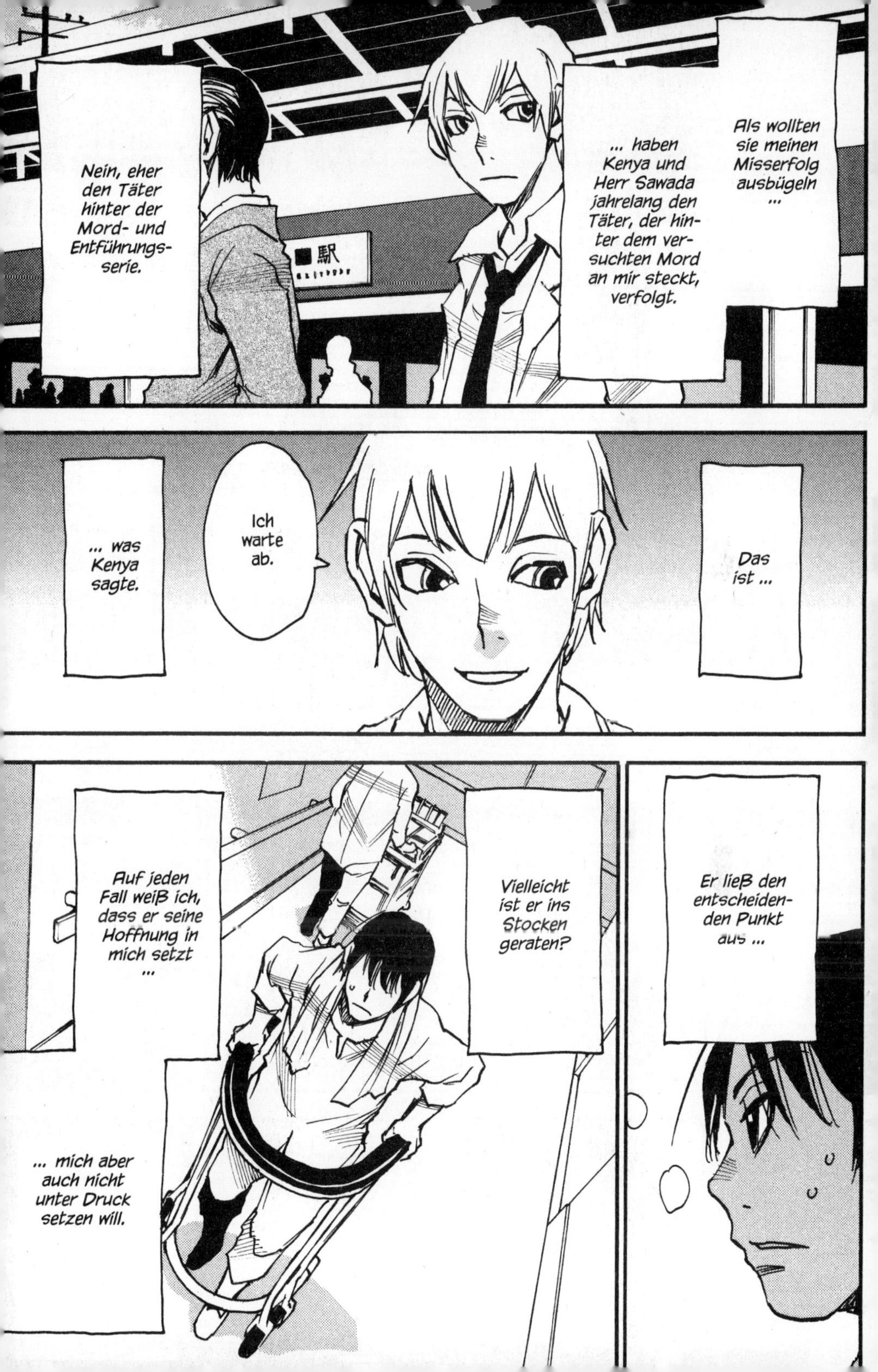
Als wollten sie meinen Misserfolg ausbügeln ...
... haben Kenya und Herr Sawada jahrelang den Täter, der hinter dem versuchten Mord an mir steckt, verfolgt.
Nein, eher den Täter hinter der Mord- und Entführungsserie.
Das ist ...
Ich warte ab.
... was Kenya sagte.
Er ließ den entscheidenden Punkt aus ...
Vielleicht ist er ins Stocken geraten?
Auf jeden Fall weiß ich, dass er seine Hoffnung in mich setzt ...
... mich aber auch nicht unter Druck setzen will.

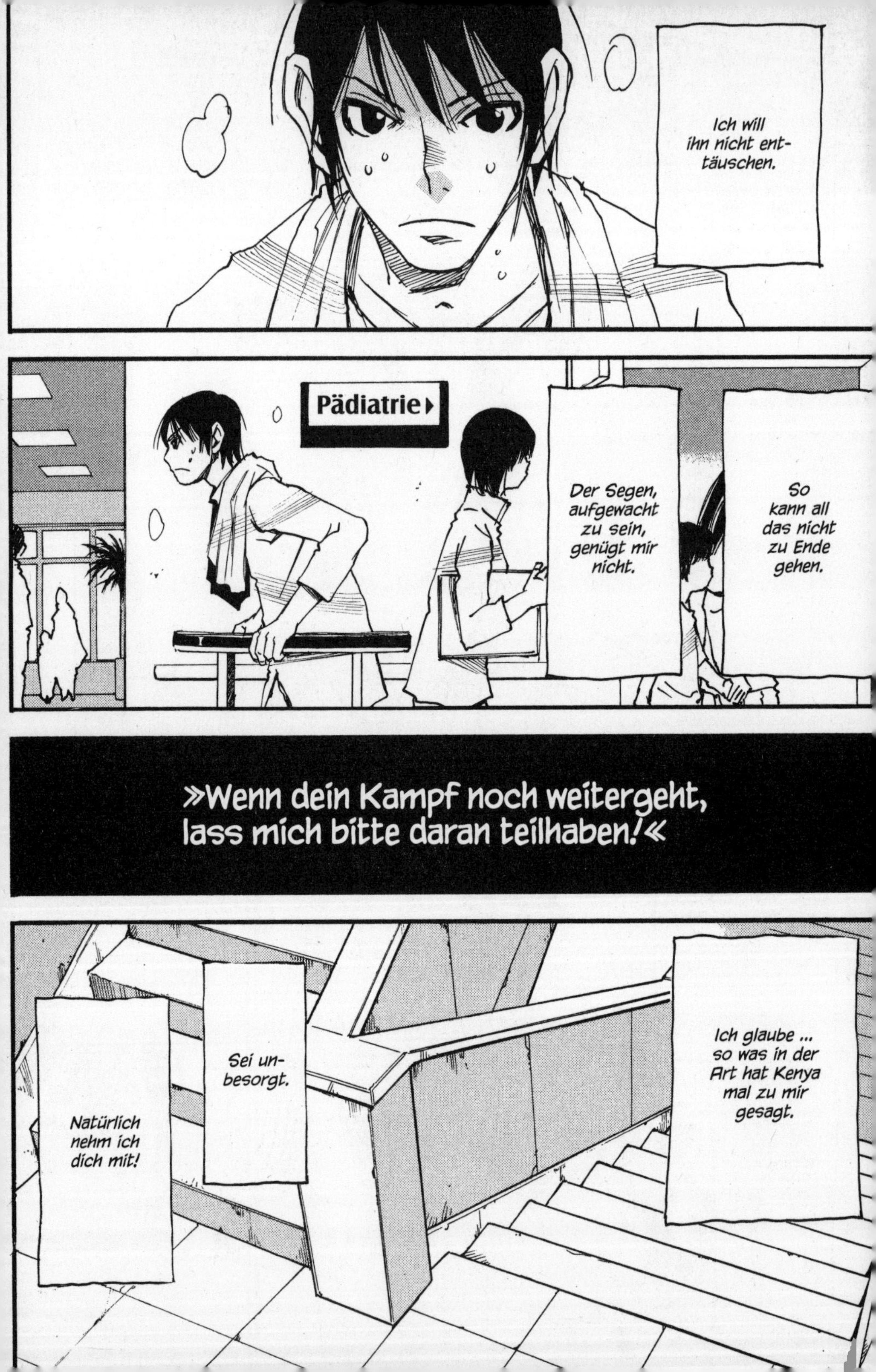
Ich will ihn nicht enttäuschen.
Pädiatrie
So kann all das nicht zu Ende gehen.
Der Segen, aufgewacht zu sein, genügt mir nicht.
»Wenn dein Kampf noch weitergeht, lass mich bitte daran teilhaben!«
Ich glaube ... so was in der Art hat Kenya mal zu mir gesagt.
Sei unbesorgt.
Natürlich nehm ich dich mit!

Beim nächsten Mal mache ich es besser!

#38 Mut, August 2005

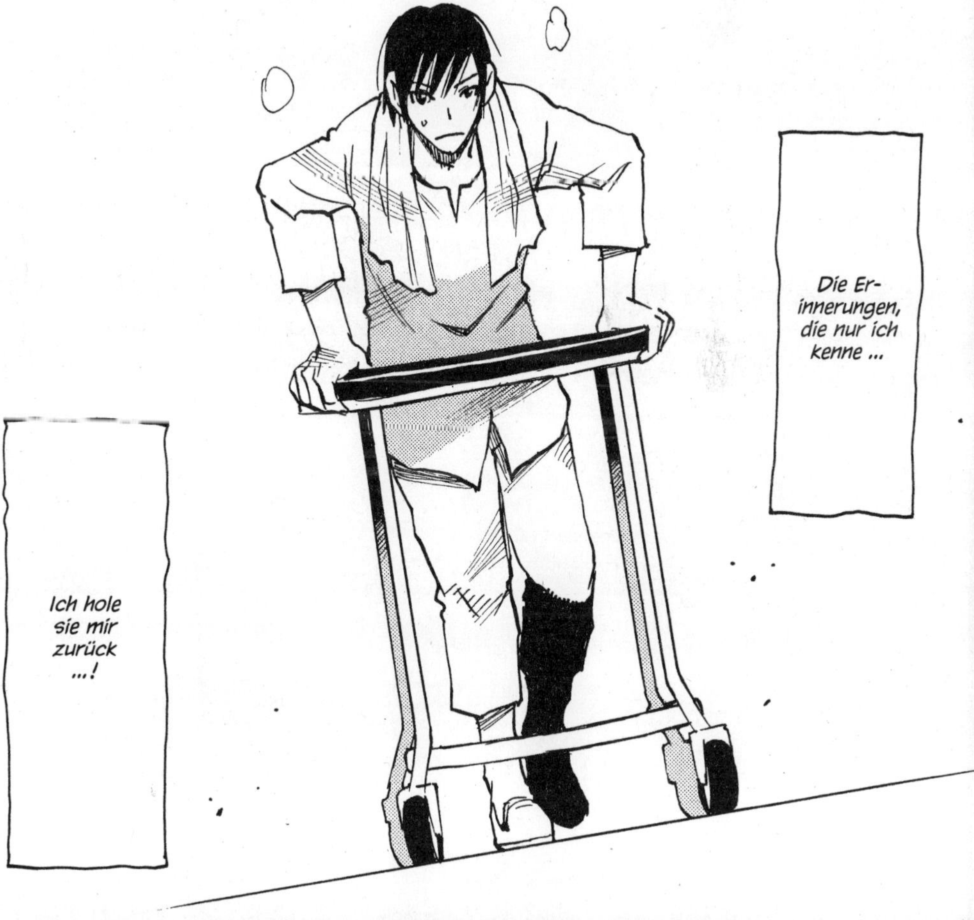

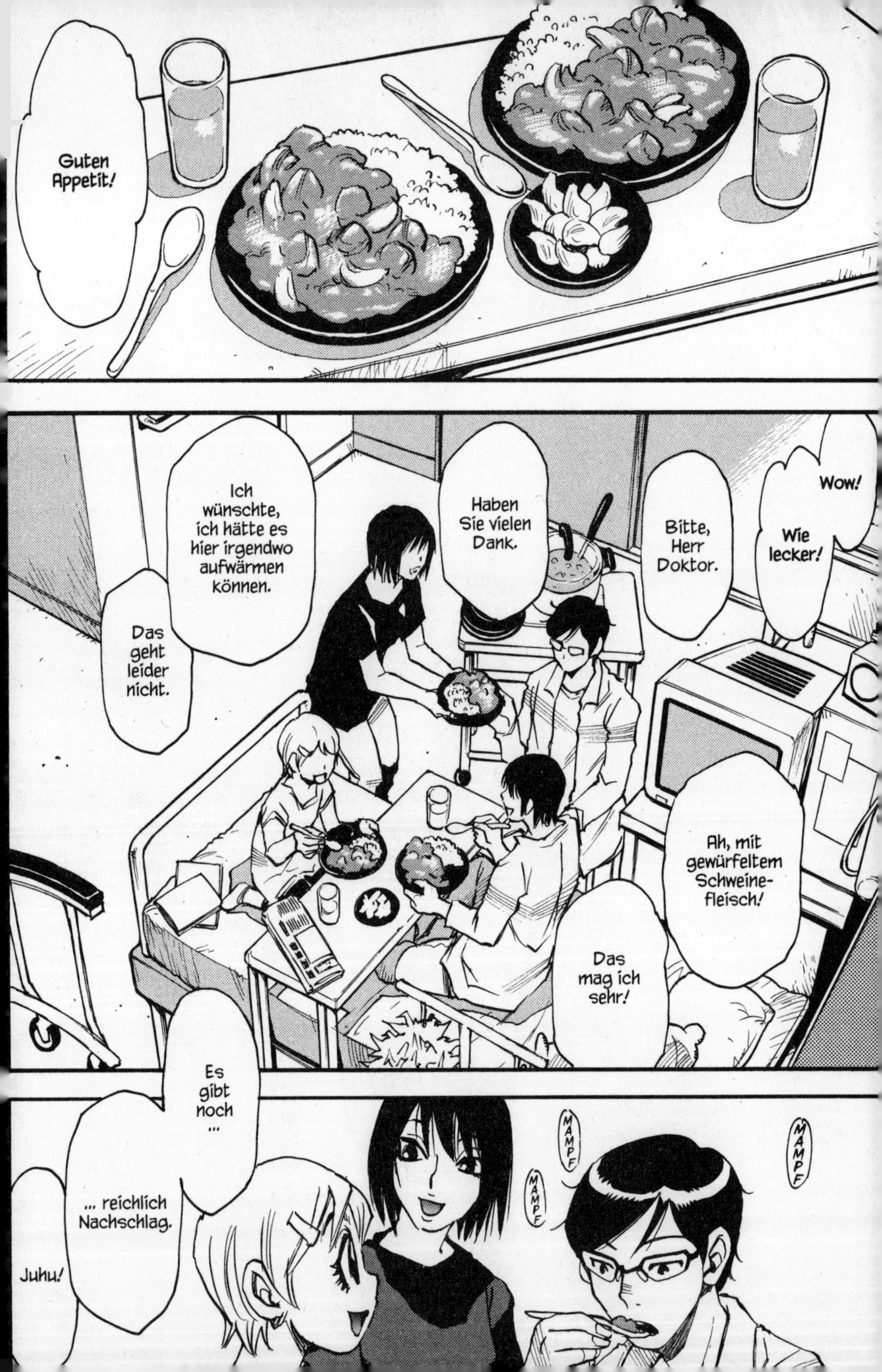
Guten Appetit!
Wow!
Wie lecker!
Bitte, Herr Doktor.
Haben Sie vielen Dank.
Ich wünschte, ich hätte es hier irgendwo aufwärmen können.
Das geht leider nicht.
Ah, mit gewürfeltem Schweinefleisch!
Das mag ich sehr!
MAMPF
MAMPF
MAMPF
Es gibt noch …
… reichlich Nachschlag.
Juhu!

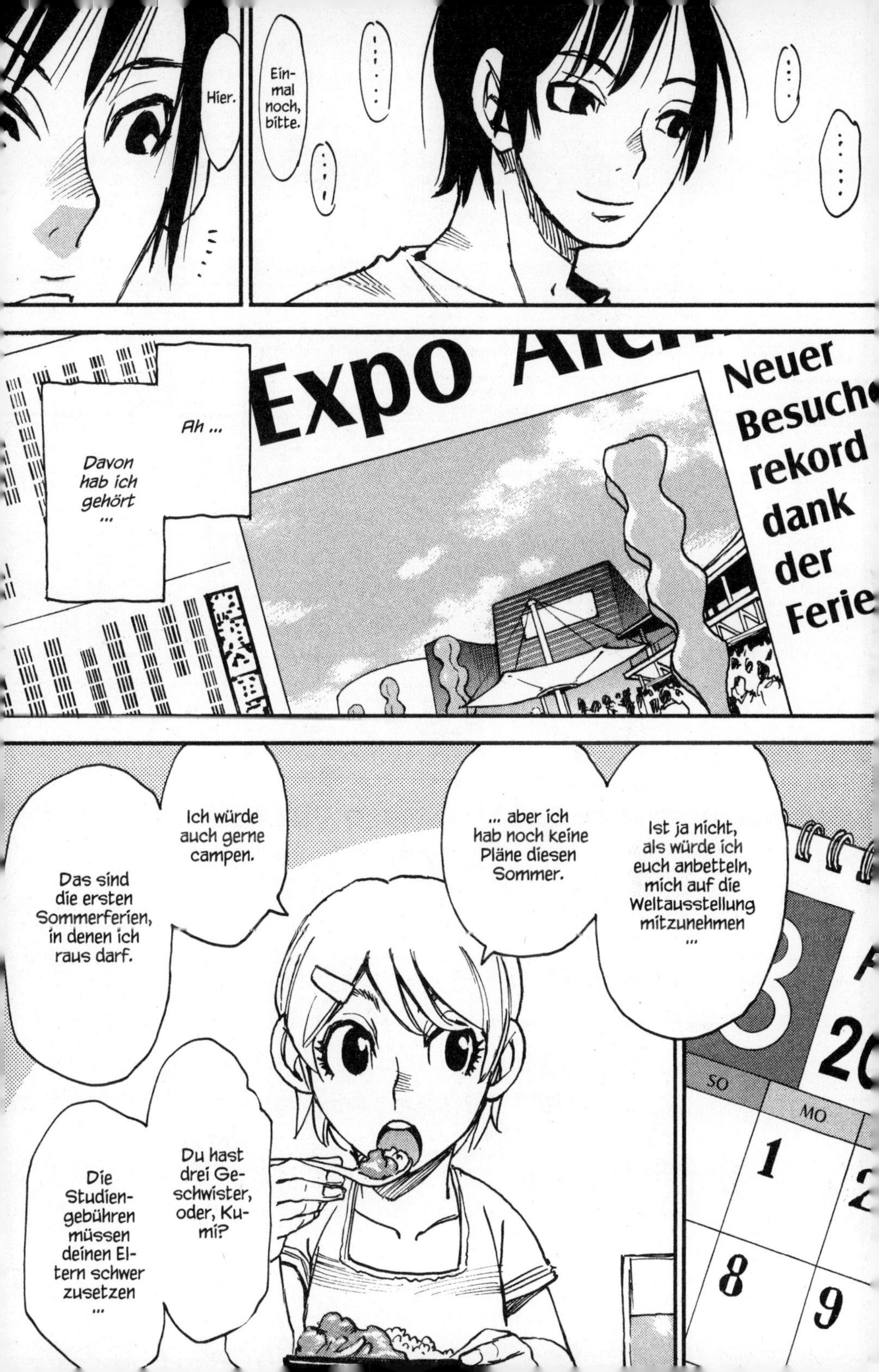
……
……
……
Einmal noch, bitte.
Hier.
……
Ah ...
Davon hab ich gehört ...
Expo
Neuer
rekord
dank
der
Ist ja nicht, als würde ich euch anbetteln, mich auf die Weltausstellung mitzunehmen ...
... aber ich hab noch keine Pläne diesen Sommer.
Ich würde auch gerne campen.
Das sind die ersten Sommerferien, in denen ich raus darf.
SO
MO
1
8
9
Du hast drei Geschwister, oder, Kumi?
Die Studiengebühren müssen deinen Eltern schwer zusetzen ...

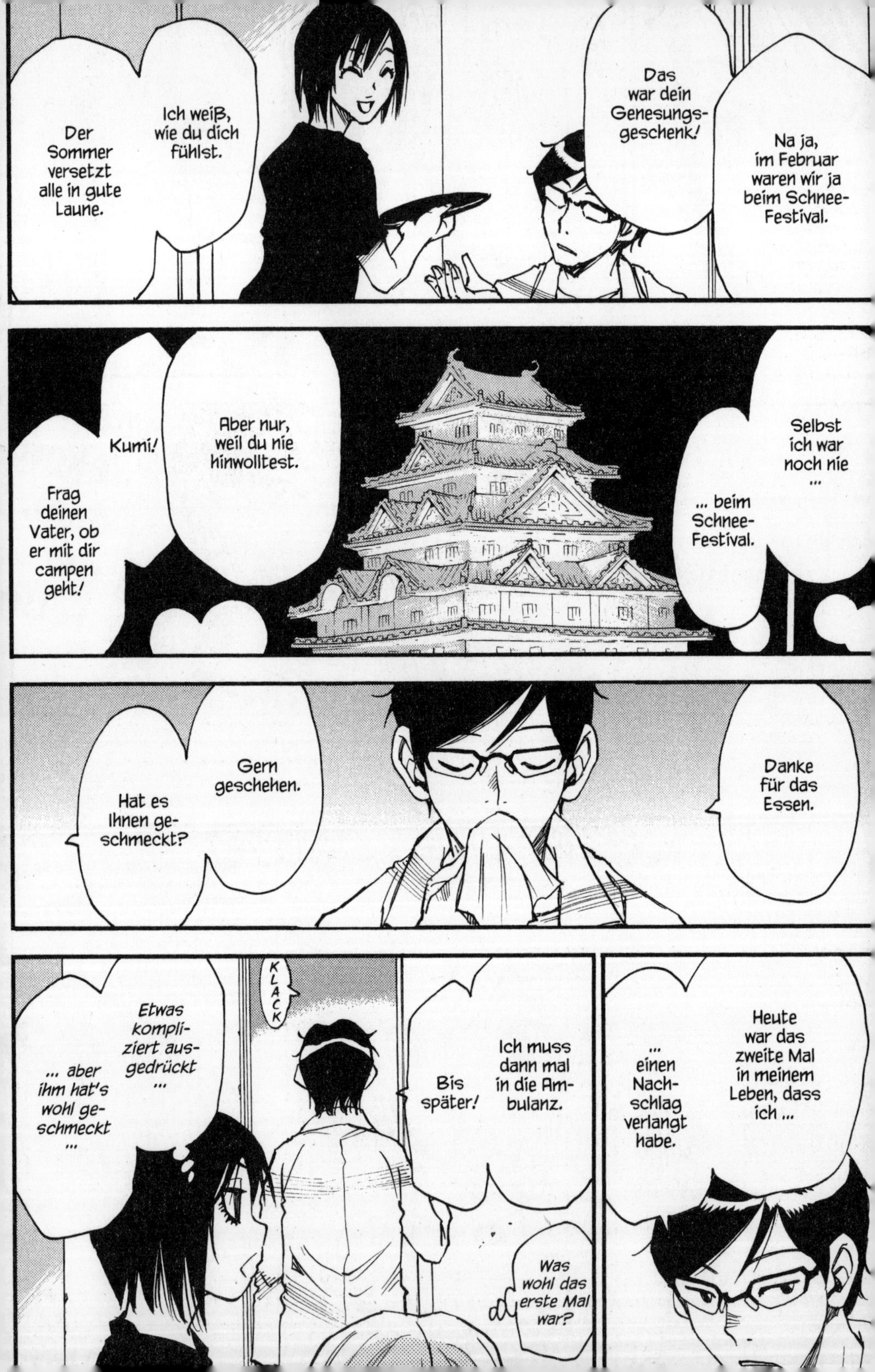
Na ja, im Februar waren wir ja beim Schnee-Festival.
Das war dein Genesungsgeschenk!
Ich weiß, wie du dich fühlst.
Der Sommer versetzt alle in gute Laune.
Selbst ich war noch nie ...
... beim Schnee-Festival.
Aber nur, weil du nie hinwolltest.
Kumi!
Frag deinen Vater, ob er mit dir campen geht!
Danke für das Essen.
Gern geschehen.
Hat es Ihnen geschmeckt?
Heute war das zweite Mal in meinem Leben, dass ich ...
... einen Nachschlag verlangt habe.
Ich muss dann mal in die Ambulanz.
Bis später!
KLACK
Was wohl das erste Mal war?
Etwas kompliziert ausgedrückt ...
... aber ihm hat's wohl geschmeckt ...

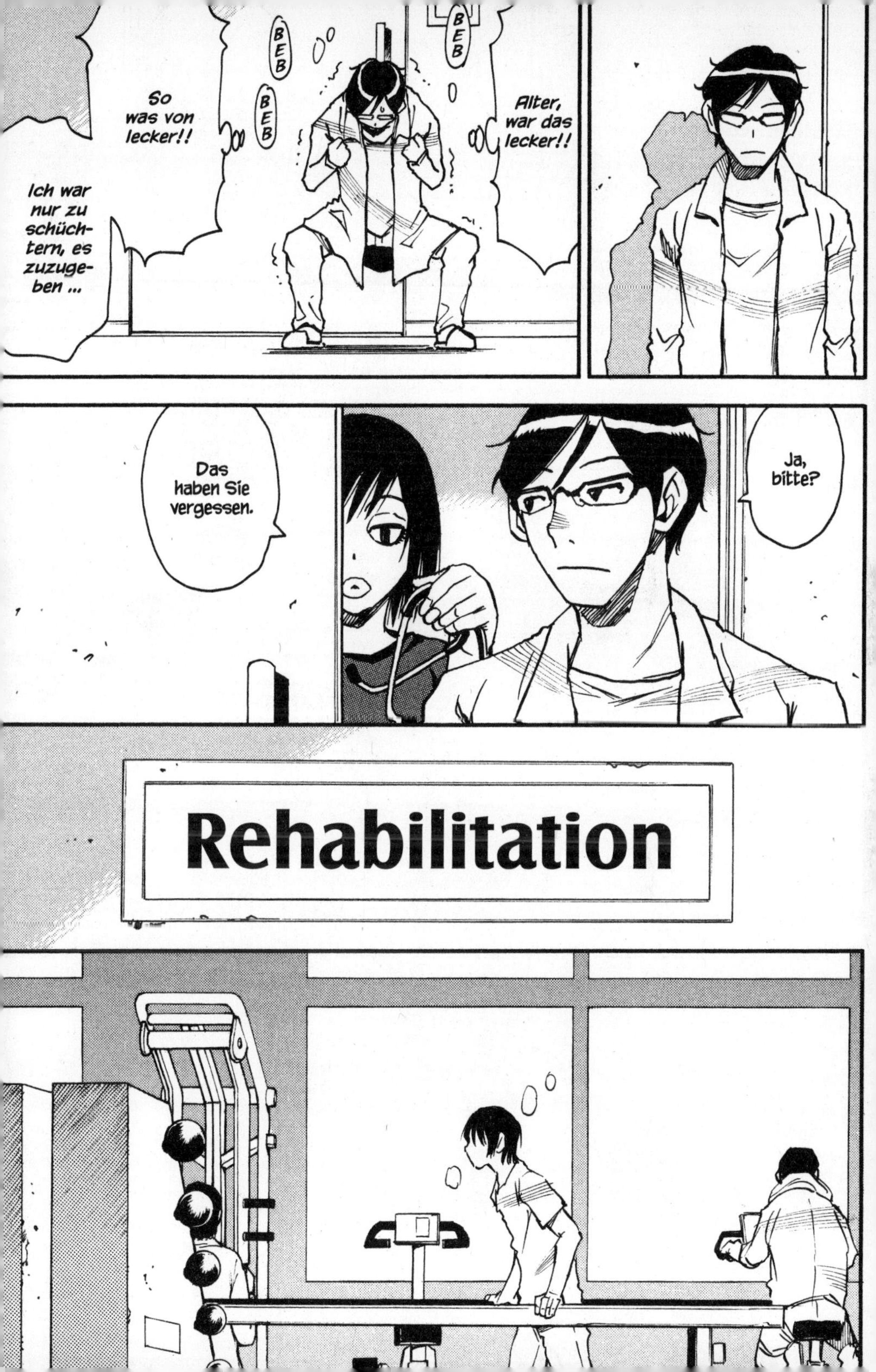
Alter, war das lecker!!
BEB
BEB
BEB
So was von lecker!!
Ich war nur zu schüchtern, es zuzugeben ...
Ja, bitte?
Das haben Sie vergessen.
Rehabilitation

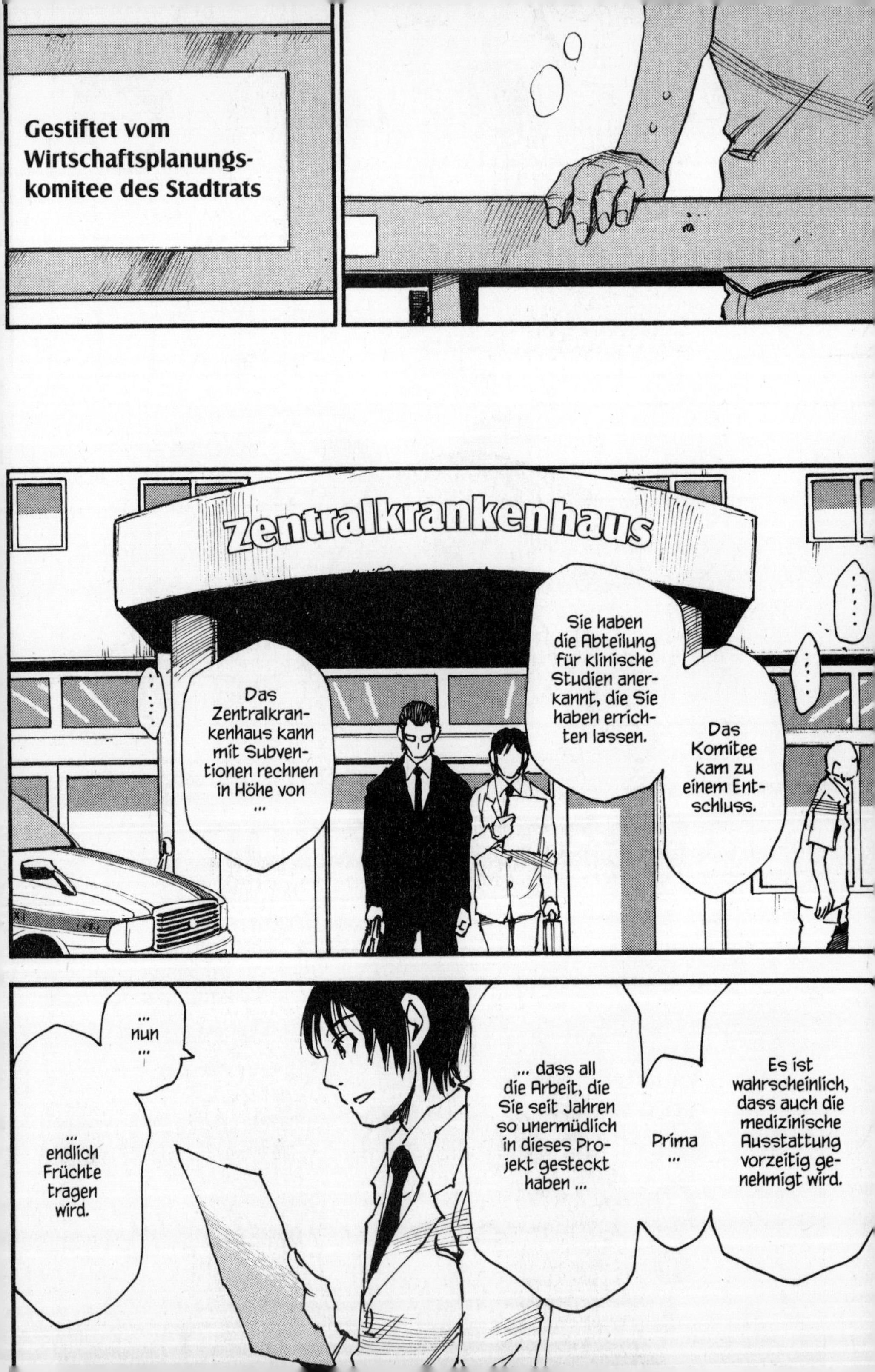
Gestiftet vom Wirtschaftsplanungskomitee des Stadtrats
Zentralkrankenhaus
…
…
Das Komitee kam zu einem Entschluss.
Sie haben die Abteilung für klinische Studien anerkannt, die Sie haben errichten lassen.
Das Zentralkrankenhaus kann mit Subventionen rechnen in Höhe von …
…
Es ist wahrscheinlich, dass auch die medizinische Ausstattung vorzeitig genehmigt wird.
Prima …
… dass all die Arbeit, die Sie seit Jahren so unermüdlich in dieses Projekt gesteckt haben …
… nun …
… endlich Früchte tragen wird.

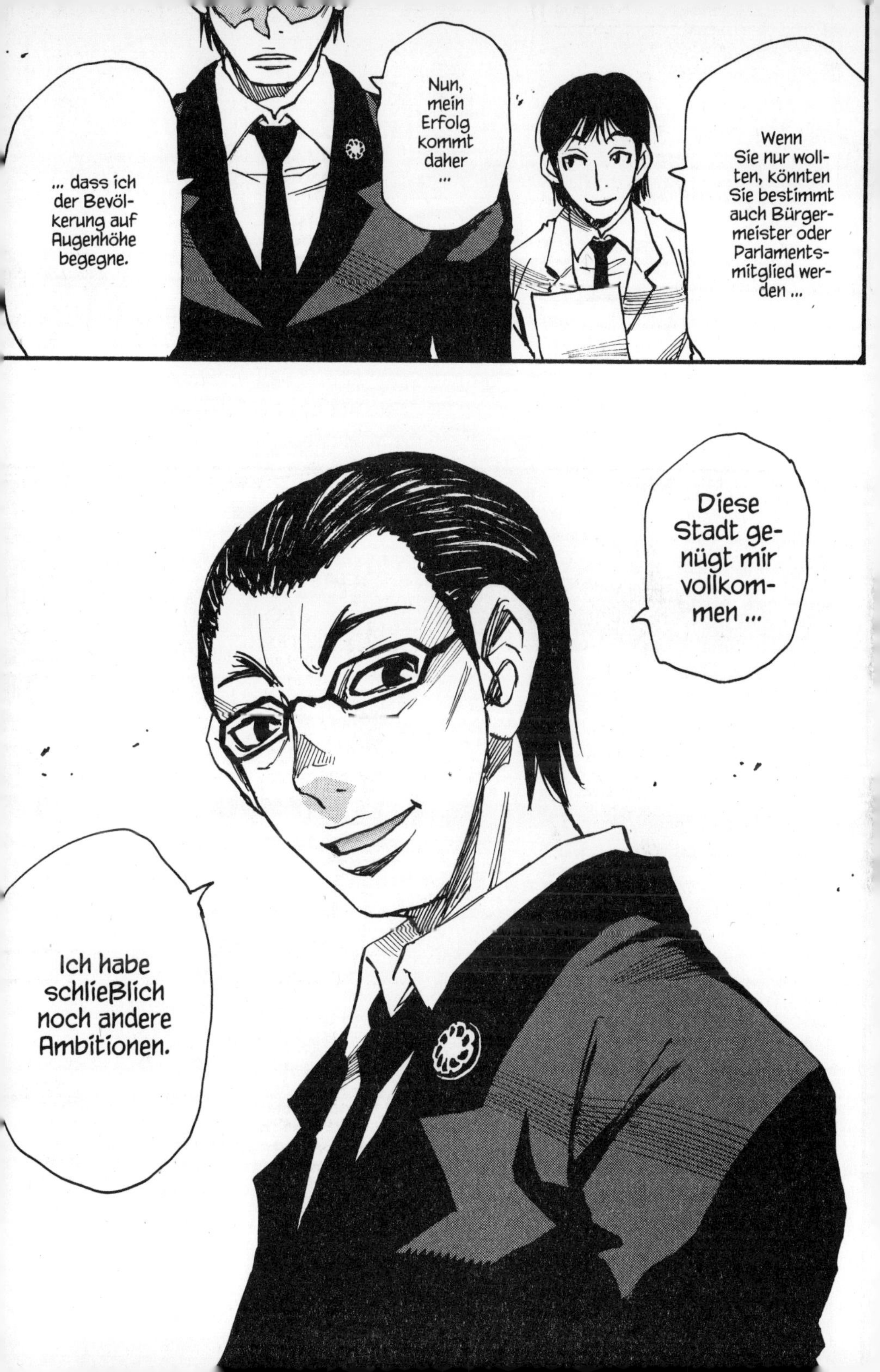
Wenn Sie nur wollten, könnten Sie bestimmt auch Bürgermeister oder Parlamentsmitglied werden ...
Nun, mein Erfolg kommt daher ...
... dass ich der Bevölkerung auf Augenhöhe begegne.
Diese Stadt genügt mir vollkommen ...
Ich habe schließlich noch andere Ambitionen.

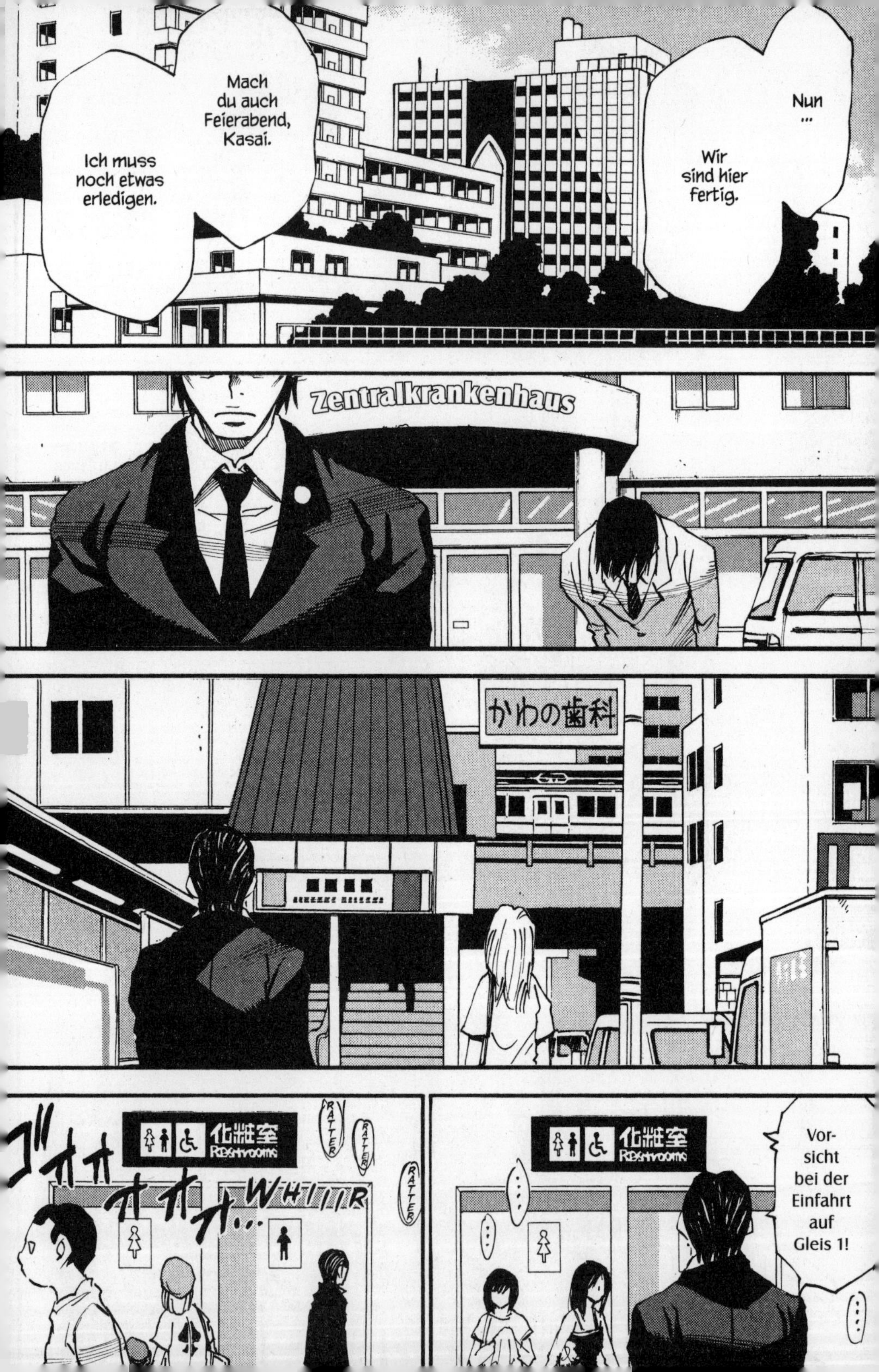
Nun …
Wir sind hier fertig.
Mach du auch Feierabend, Kasai.
Ich muss noch etwas erledigen.
Zentralkrankenhaus
かわの歯科
化粧室 Restrooms
RATTER
RATTER
RATTER
ゴォォォォォォ… WHIIIR
化粧室 Restrooms
Vorsicht bei der Einfahrt auf Gleis 1!
…
…
…

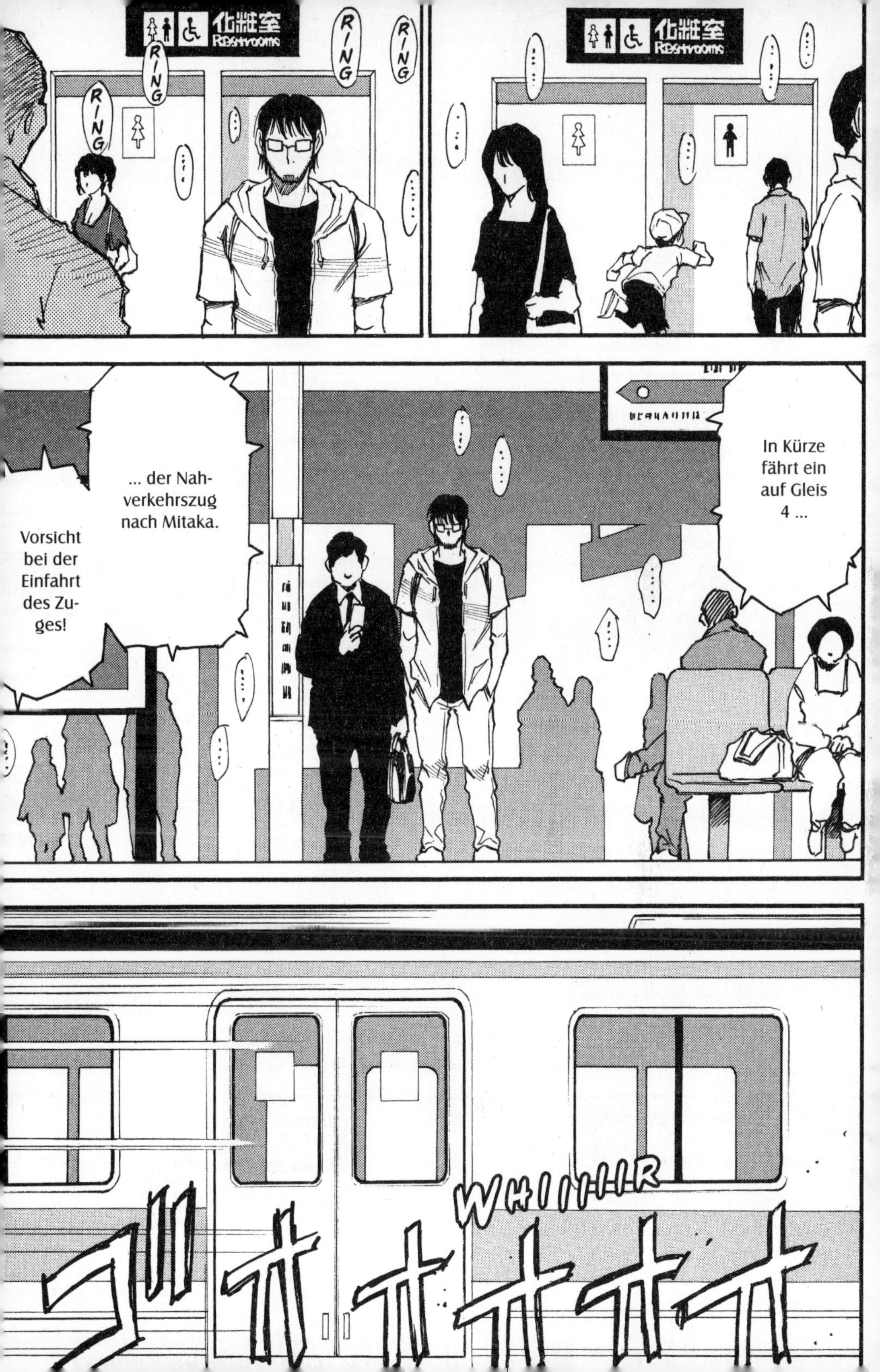
化粧室
Restrooms
RING
RING
RING
RING
化粧室
Restrooms
In Kürze fährt ein auf Gleis 4 …
… der Nahverkehrszug nach Mitaka.
Vorsicht bei der Einfahrt des Zuges!
WHIIIIIR

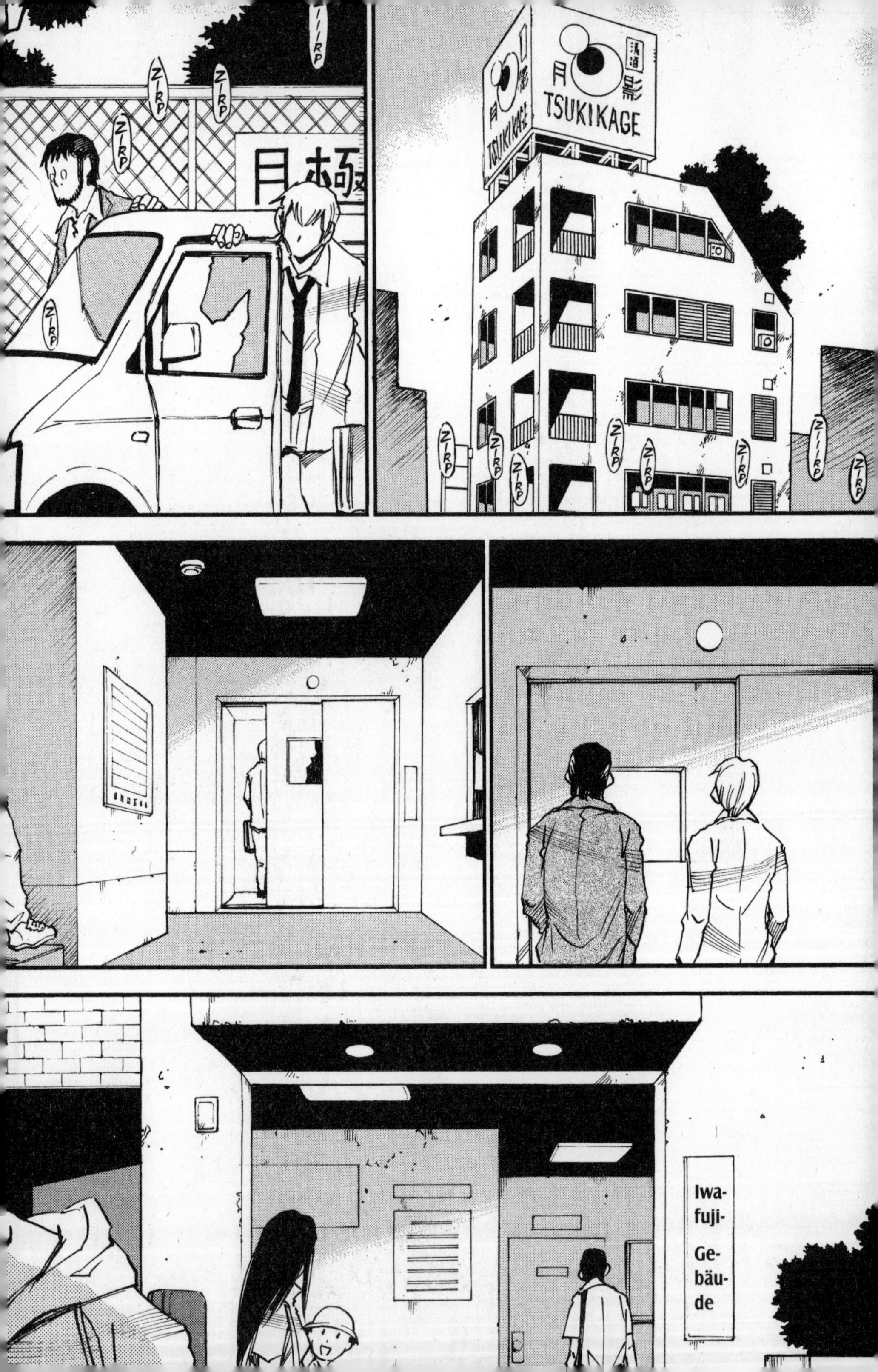
月影
TSUKIKAGE
ZIIIRP
ZIRP
ZIRP
ZIRP
ZIRP
ZIRP
ZIIIRP
ZIRP
ZIIIRP
ZIRP
ZIRP
ZIRP
ZIRP
ZIRP
Iwa-fuji-Gebäude

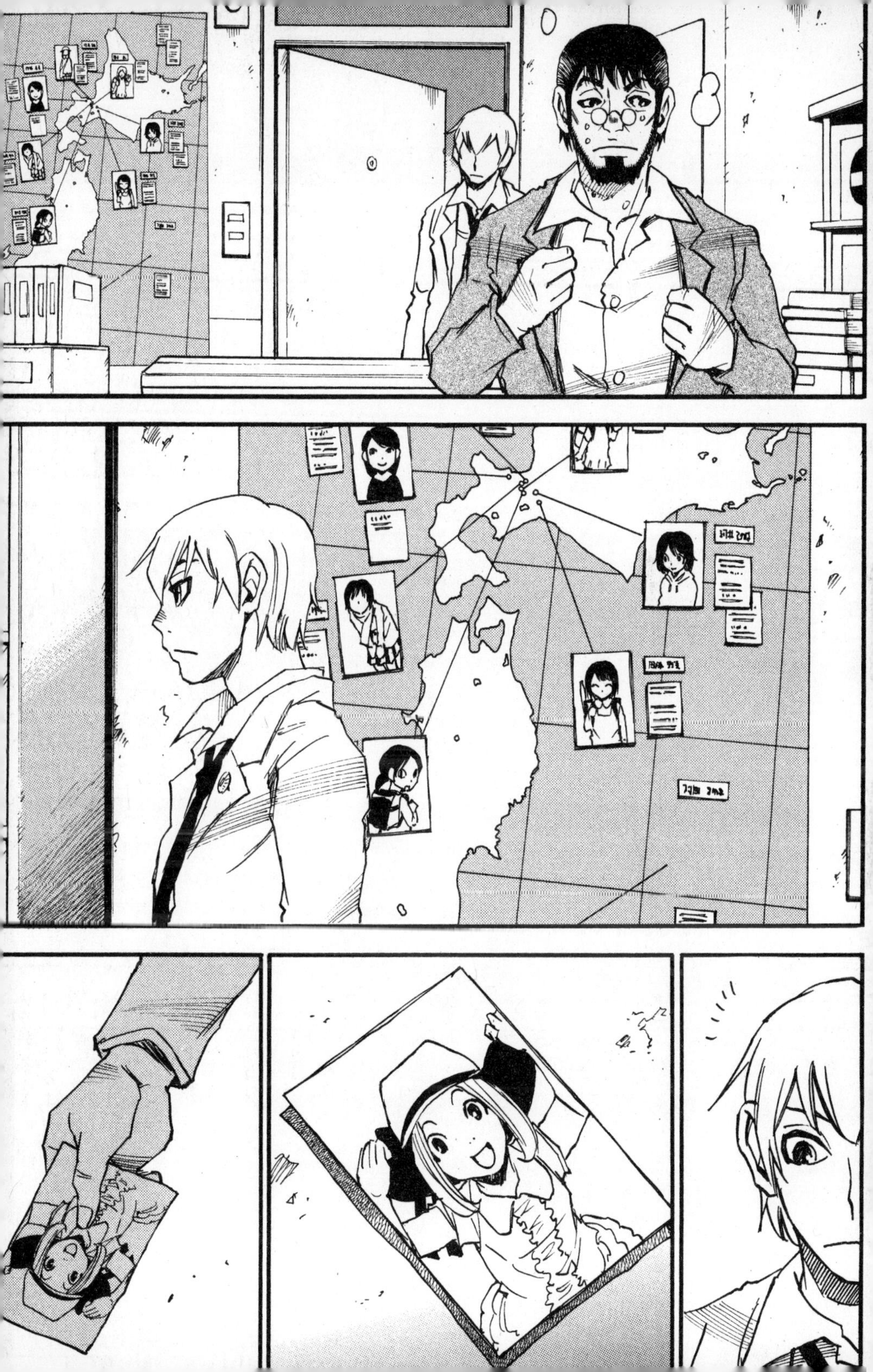

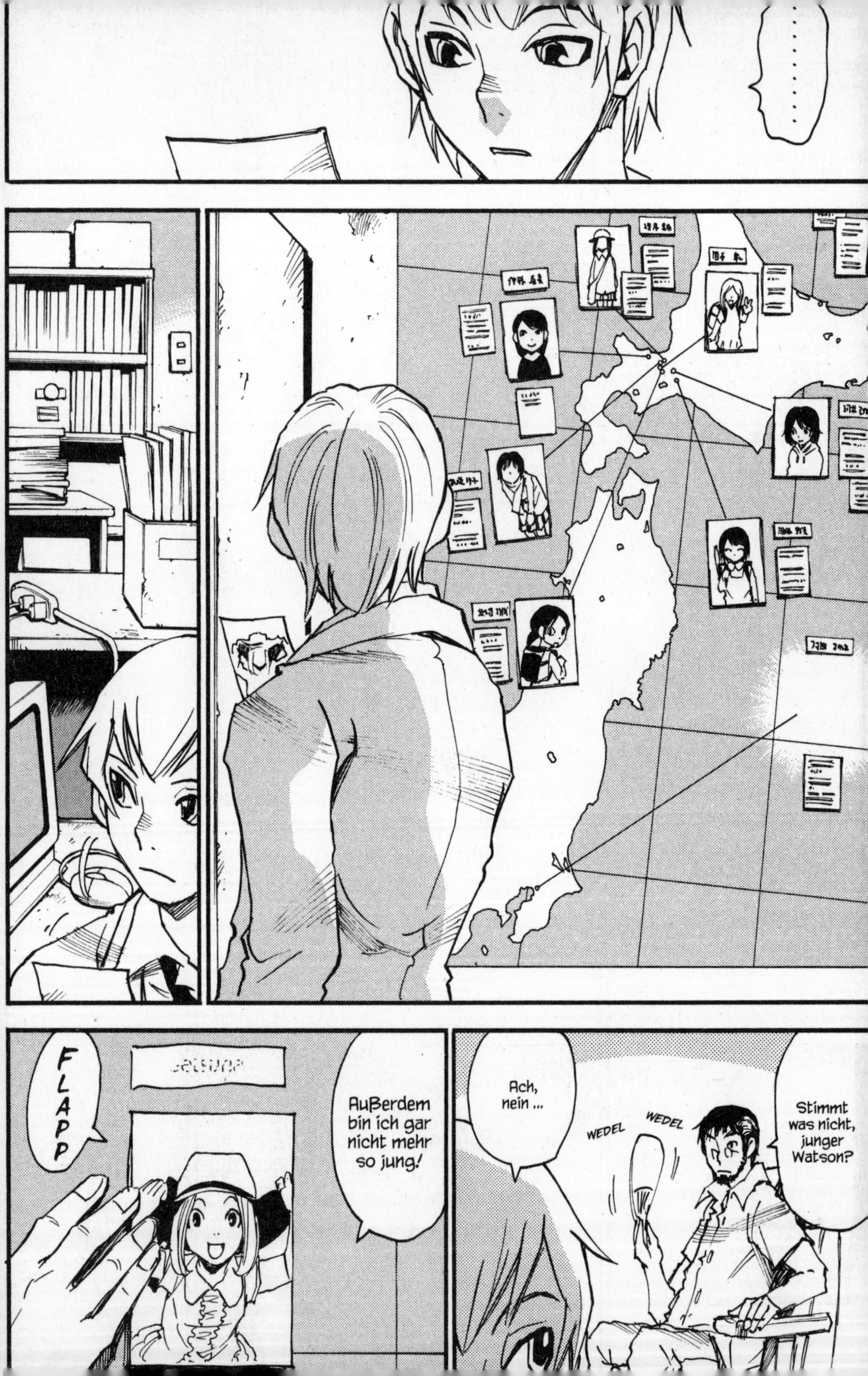

......
Stimmt was nicht, junger Watson?
WEDEL
WEDEL
Ach, nein ...
Außerdem bin ich gar nicht mehr so jung!
FLAPP

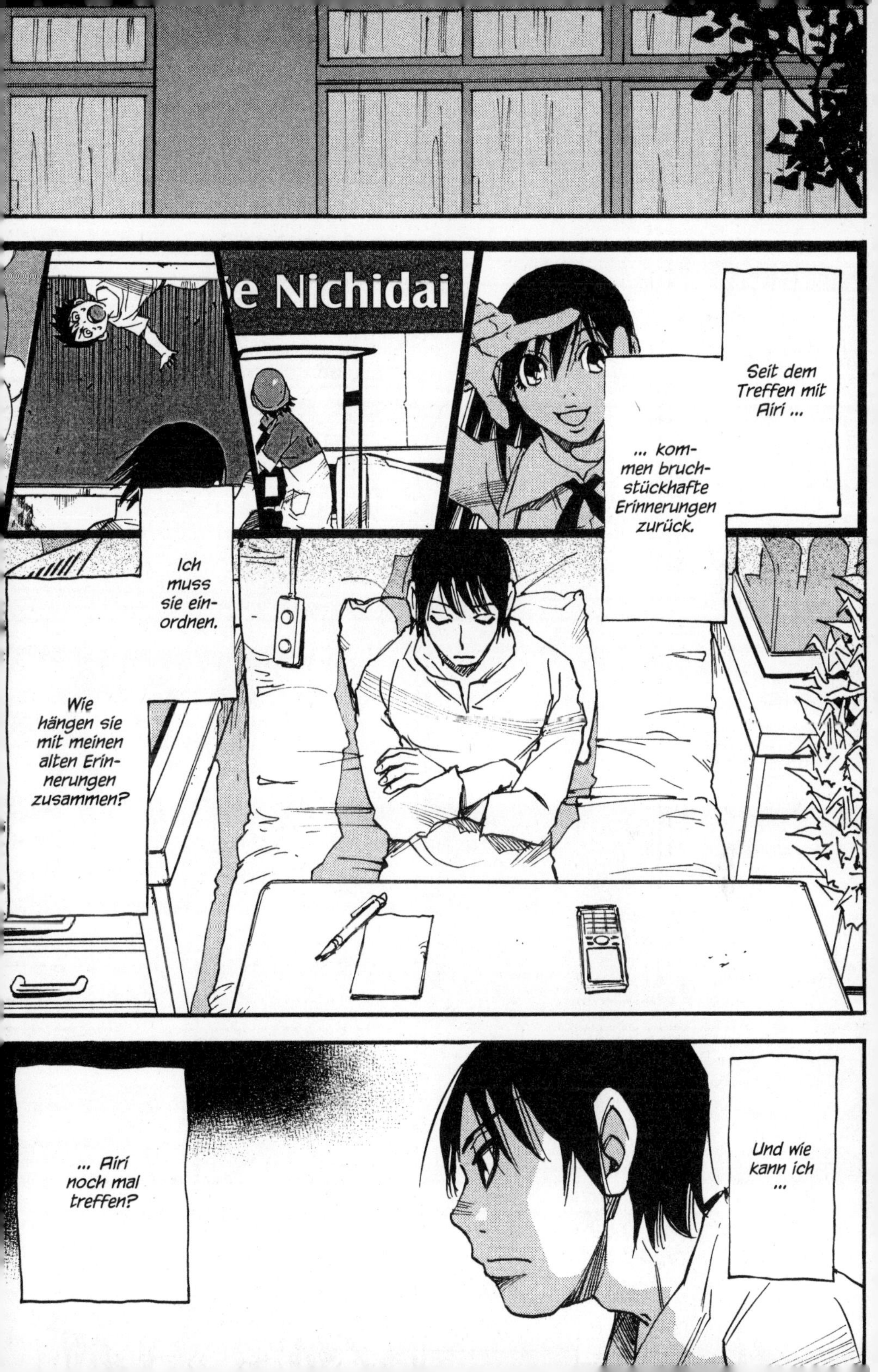

...e Nichidai
Seit dem Treffen mit Airi ...
... kommen bruchstückhafte Erinnerungen zurück.
Ich muss sie einordnen.
Wie hängen sie mit meinen alten Erinnerungen zusammen?
Und wie kann ich ...
... Airi noch mal treffen?

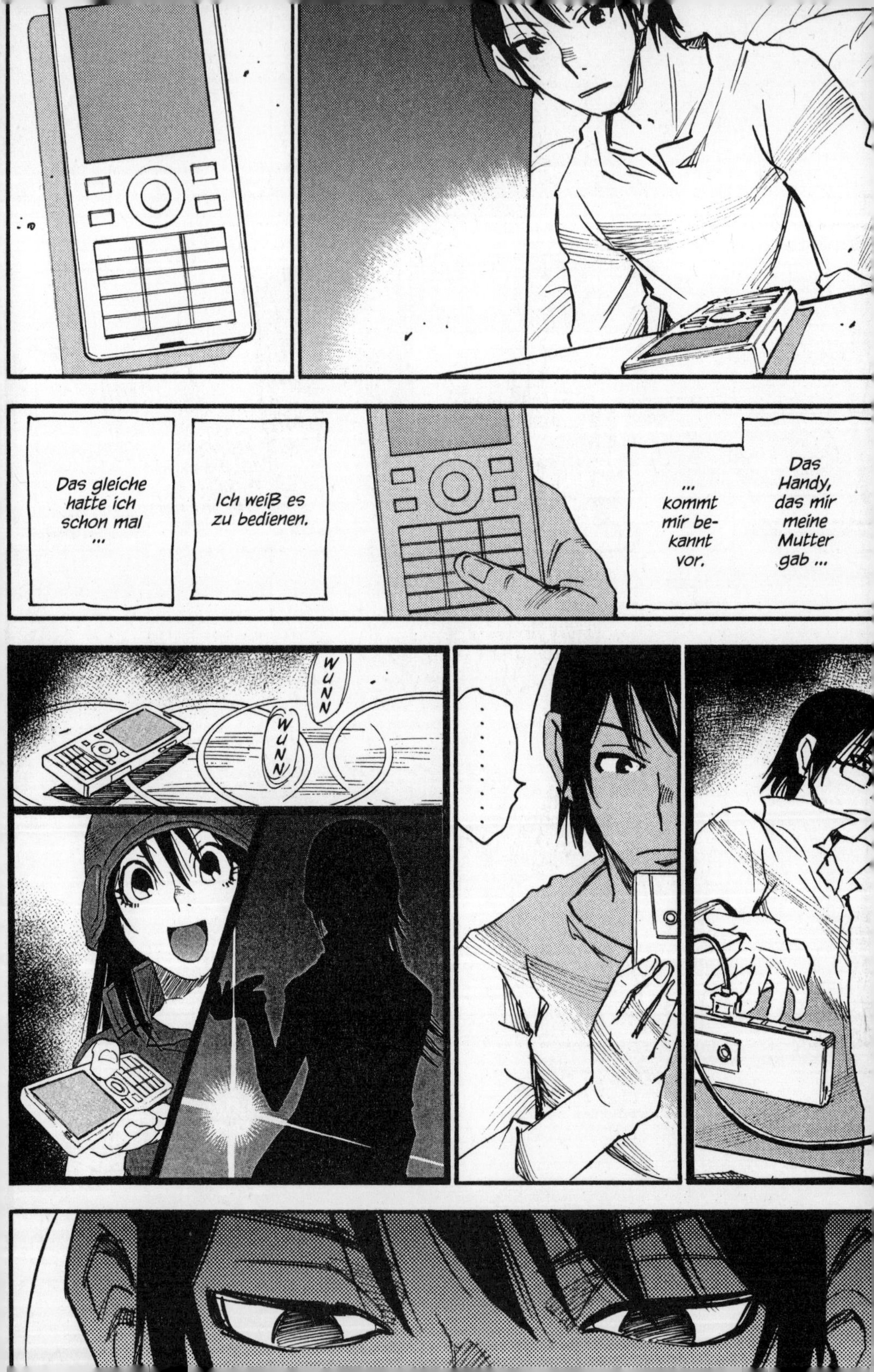
Das Handy, das mir meine Mutter gab ...
... kommt mir bekannt vor.
Ich weiß es zu bedienen.
Das gleiche hatte ich schon mal ...
......
WUNN
WUNN

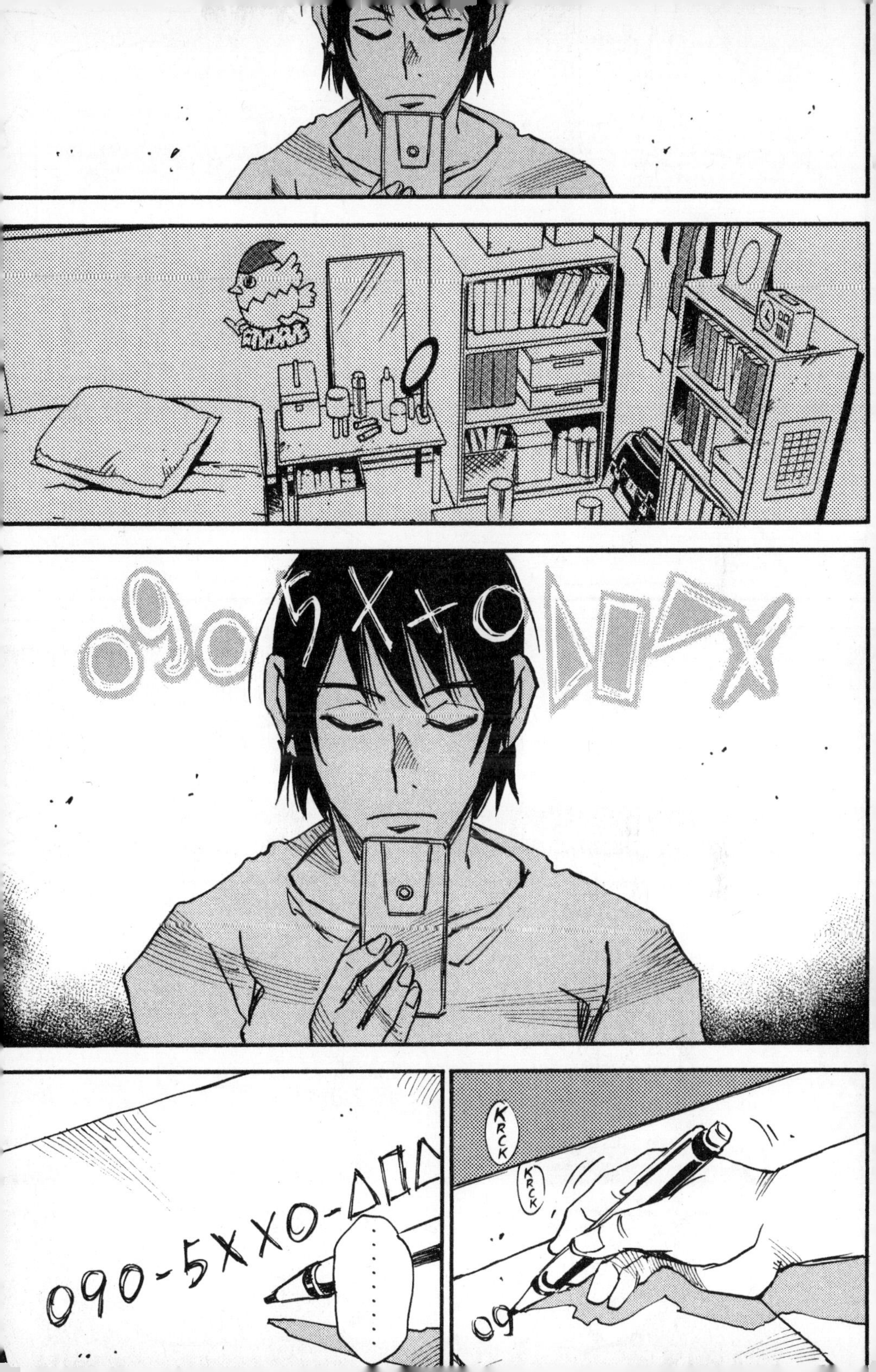
KRCK
KRCK

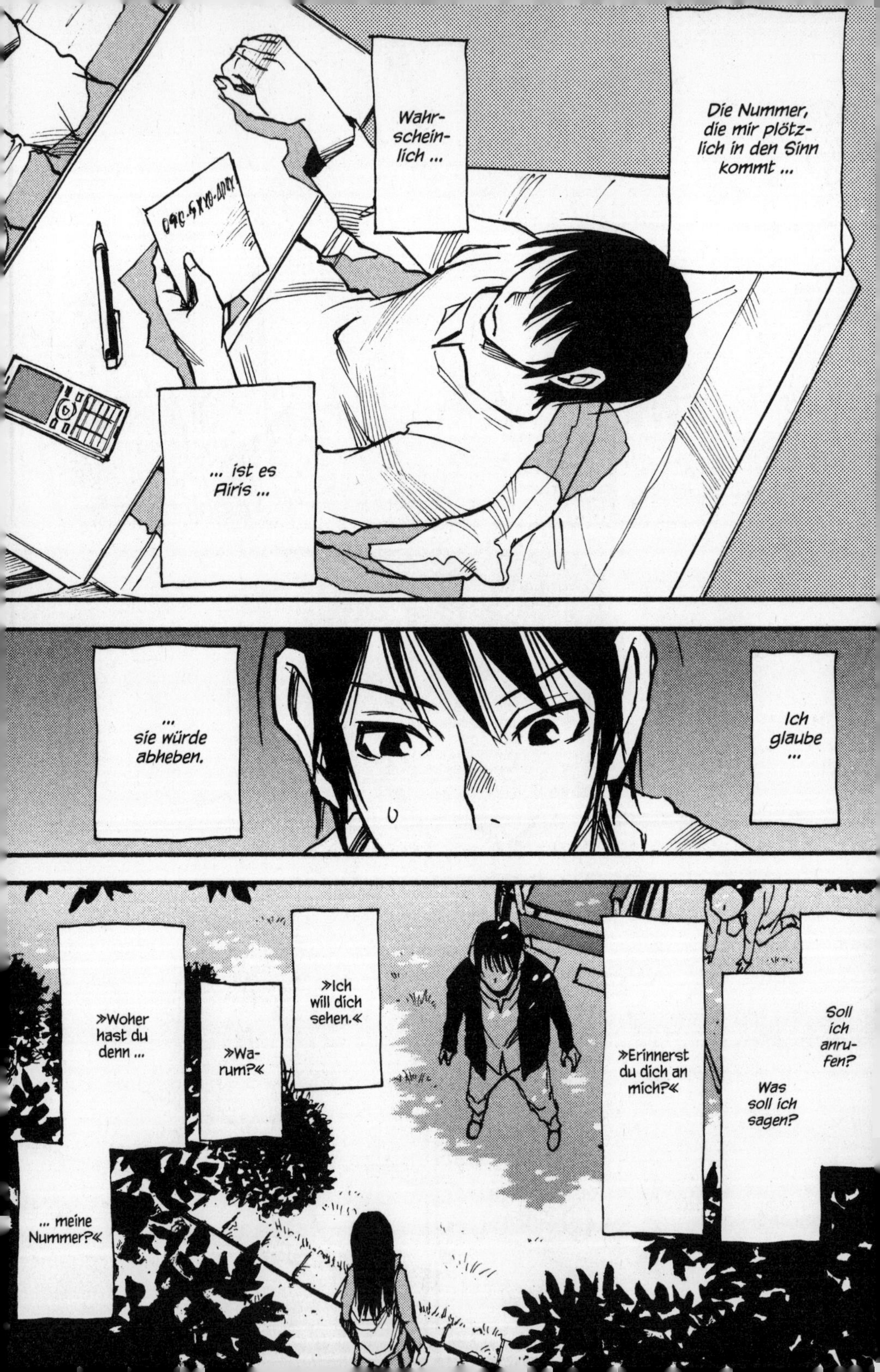

Die Nummer, die mir plötzlich in den Sinn kommt ...
Wahrscheinlich ...
... ist es Airis ...
Ich glaube ...
... sie würde abheben.
Soll ich anrufen?
Was soll ich sagen?
»Erinnerst du dich an mich?«
»Ich will dich sehen.«
»Warum?«
»Woher hast du denn ...
... meine Nummer?«

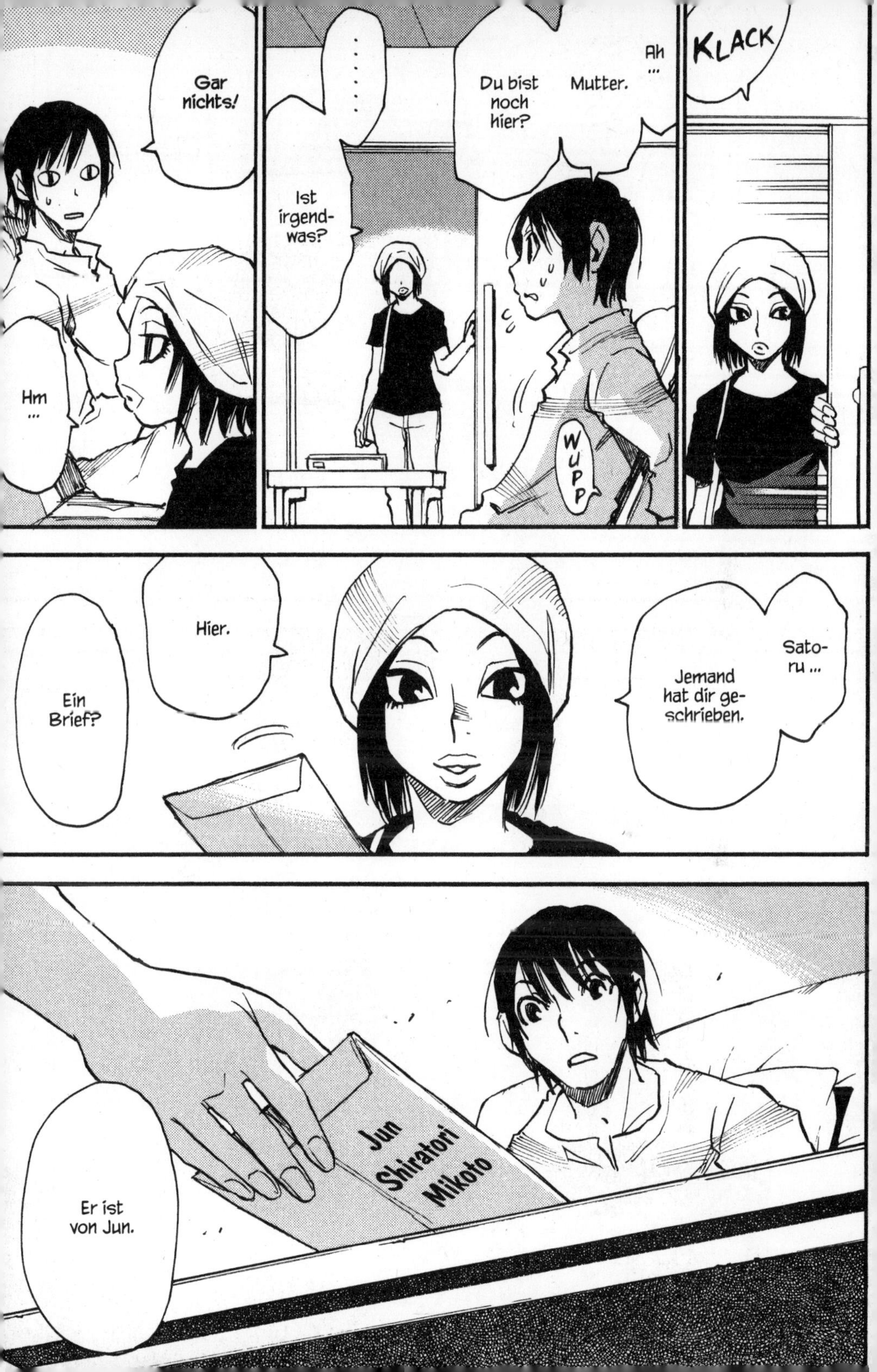
KLACK
Ah ...
Mutter.
Du bist noch hier?
WUPP
......
Ist irgendwas?
Gar nichts!
Hm ...
Satoru ...
Jemand hat dir geschrieben.
Hier.
Ein Brief?
Jun Shiratori Mikoto
Er ist von Jun.

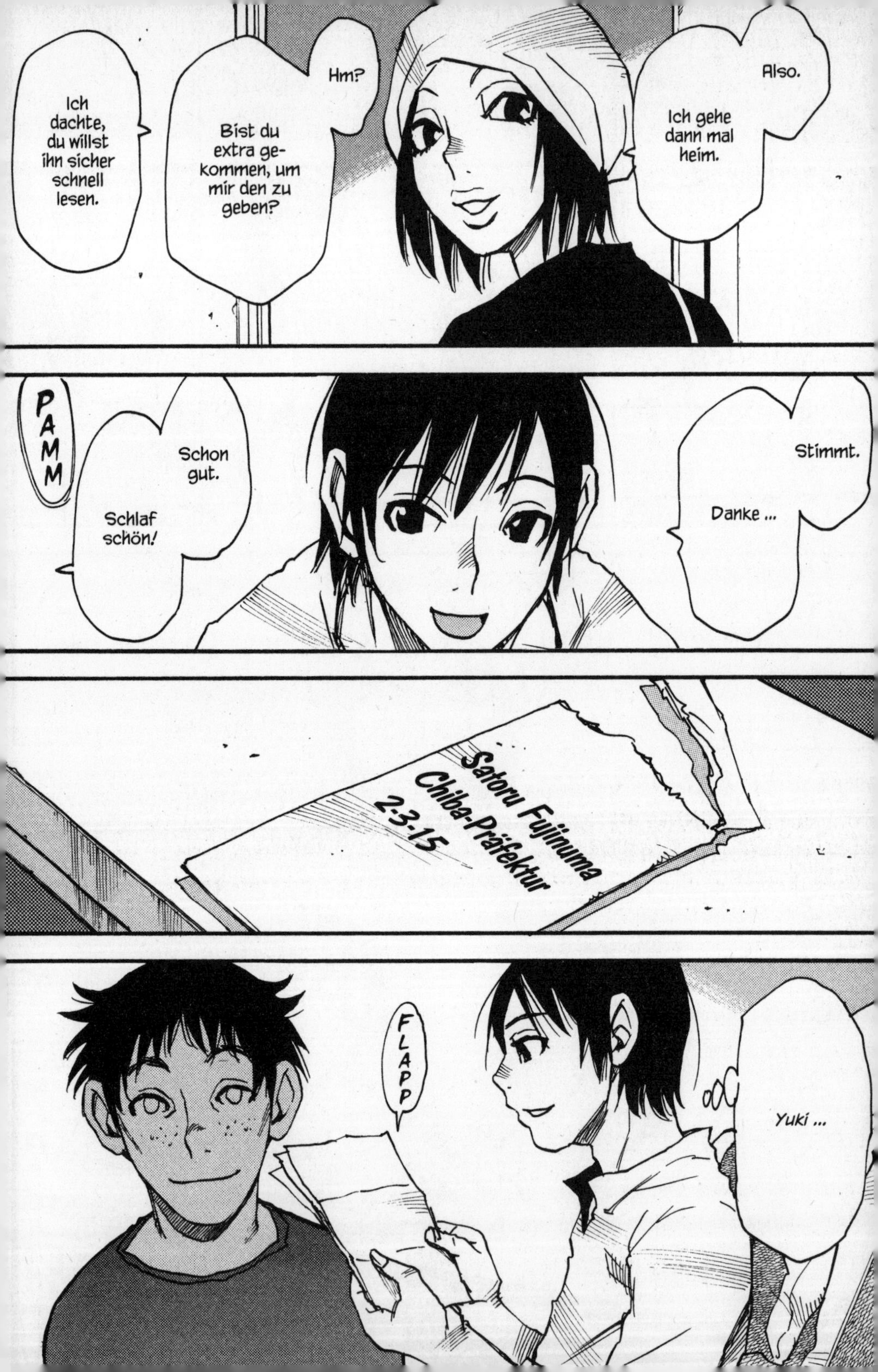
Also.
Ich gehe dann mal heim.
Hm?
Bist du extra gekommen, um mir den zu geben?
Ich dachte, du willst ihn sicher schnell lesen.
Stimmt.
Danke ...
Schon gut.
Schlaf schön!
PAMM
Satoru Fujinuma
Chiba-Präfektur
2-3-15
Yuki ...
FLAPP

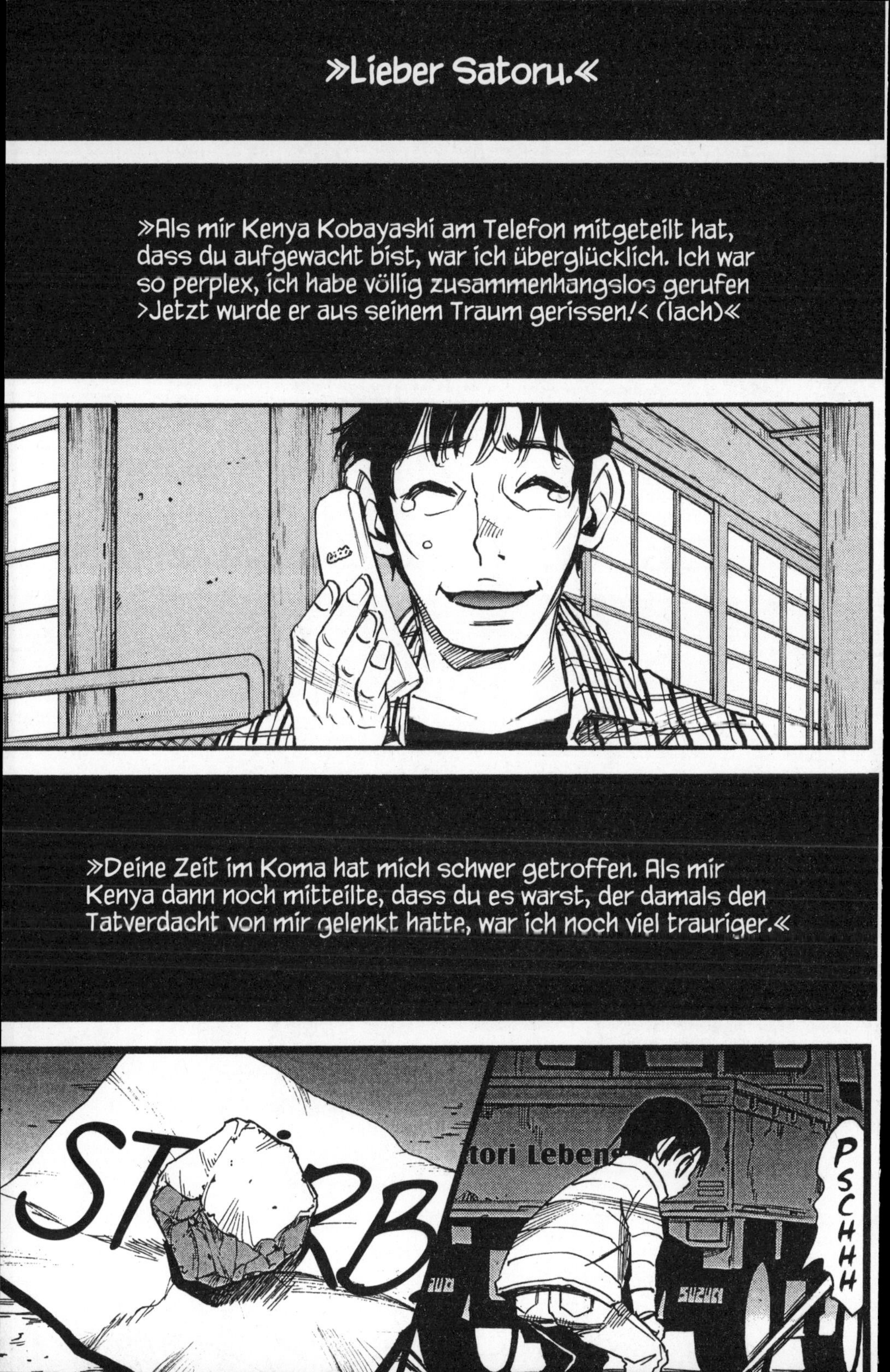
»Lieber Satoru.«
»Als mir Kenya Kobayashi am Telefon mitgeteilt hat, dass du aufgewacht bist, war ich überglücklich. Ich war so perplex, ich habe völlig zusammenhangslos gerufen >Jetzt wurde er aus seinem Traum gerissen!< (lach)«
»Deine Zeit im Koma hat mich schwer getroffen. Als mir Kenya dann noch mitteilte, dass du es warst, der damals den Tatverdacht von mir gelenkt hatte, war ich noch viel trauriger.«
PSCHHH

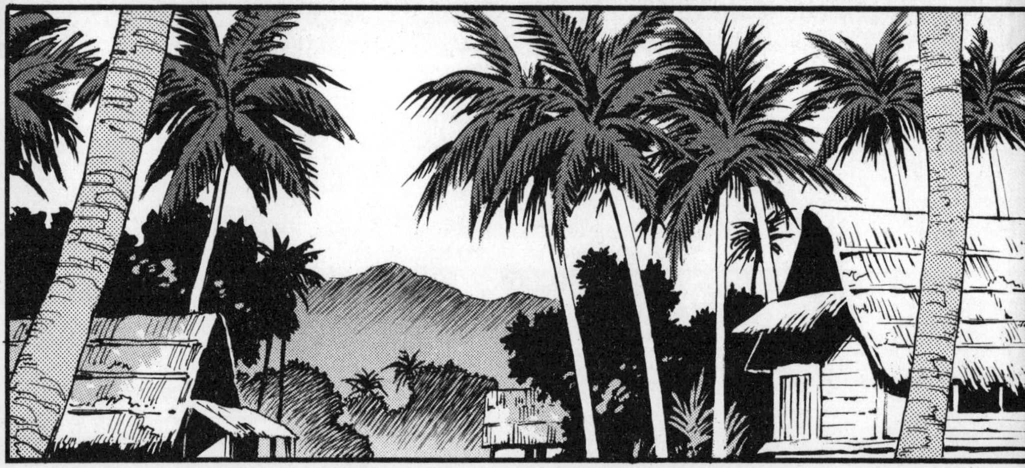

»Entschuldige, dass ich mich jetzt erst melde. Weißt du, es ist viel passiert und unser Familienbetrieb musste dicht machen. Die letzten acht Jahre habe ich in einer großen Lebensmittelfabrik eines japanischen Konzerns in Südostasien gearbeitet. Erst Anfang dieses Jahres (2005) bin ich nach Japan zurückgekehrt.«

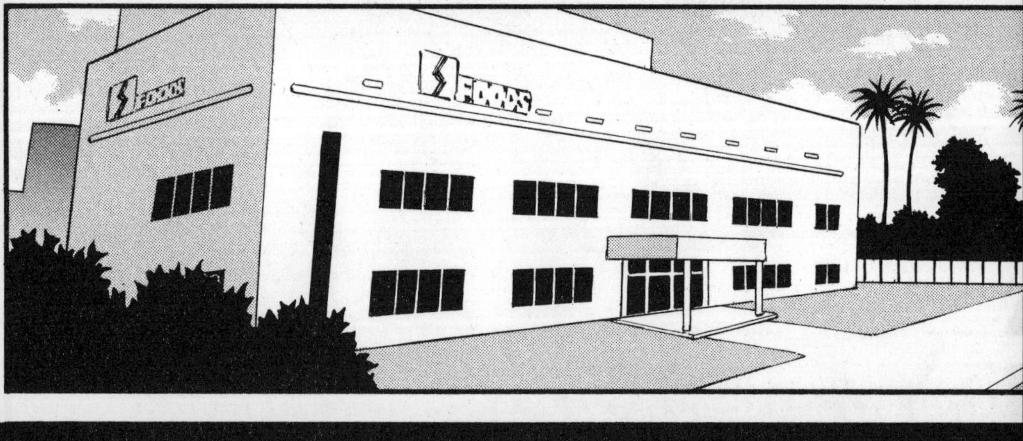

»Inzwischen habe ich unseren Betrieb neueröffnet.«

»Meine Frau habe ich im Ausland kennengelernt und als unser Sohn in die Grundschule kam ...

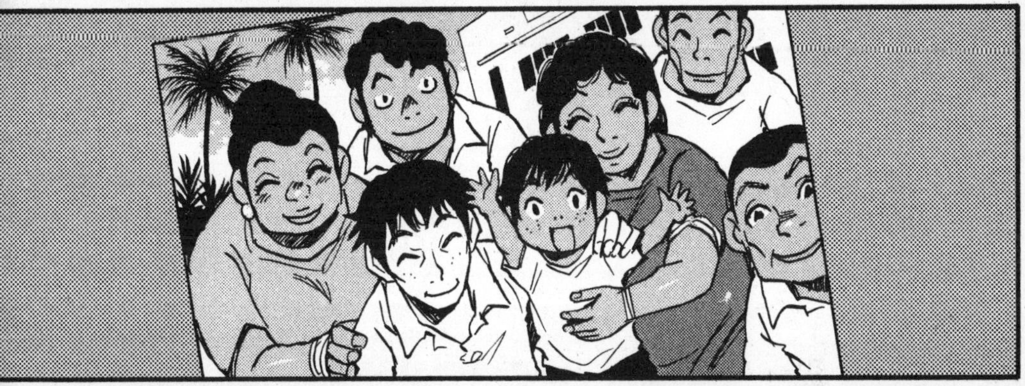

... war es Zeit, den nächsten Schritt zu gehen.«

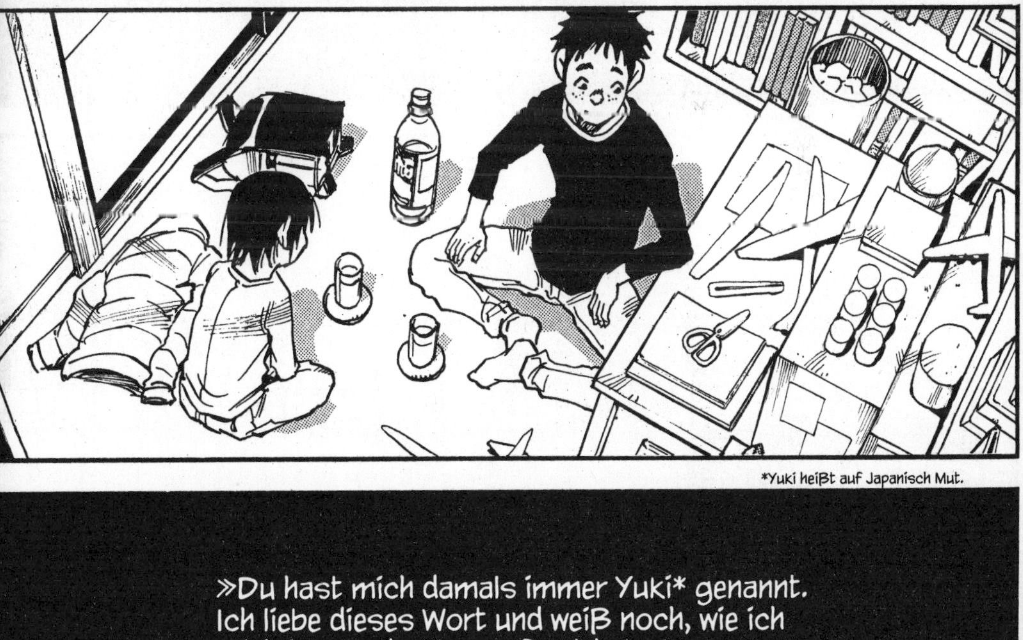

*Yuki heißt auf Japanisch Mut.

»Du hast mich damals immer Yuki* genannt. Ich liebe dieses Wort und weiß noch, wie ich mich immer darüber gefreut habe.«

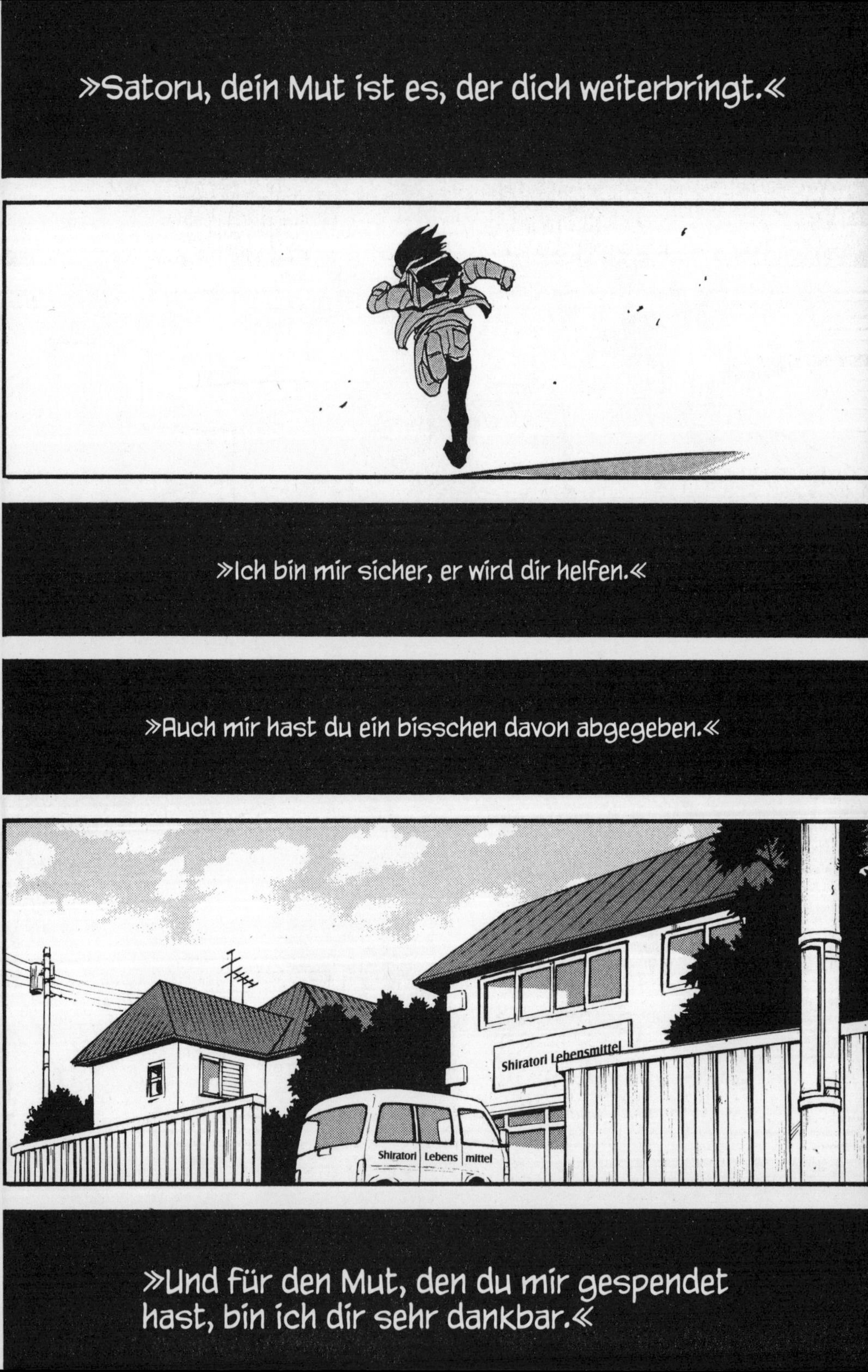
»Satoru, dein Mut ist es, der dich weiterbringt.«
»Ich bin mir sicher, er wird dir helfen.«
»Auch mir hast du ein bisschen davon abgegeben.«
Shiratori Lebensmittel
Shiratori Lebens mittel
»Und für den Mut, den du mir gespendet hast, bin ich dir sehr dankbar.«

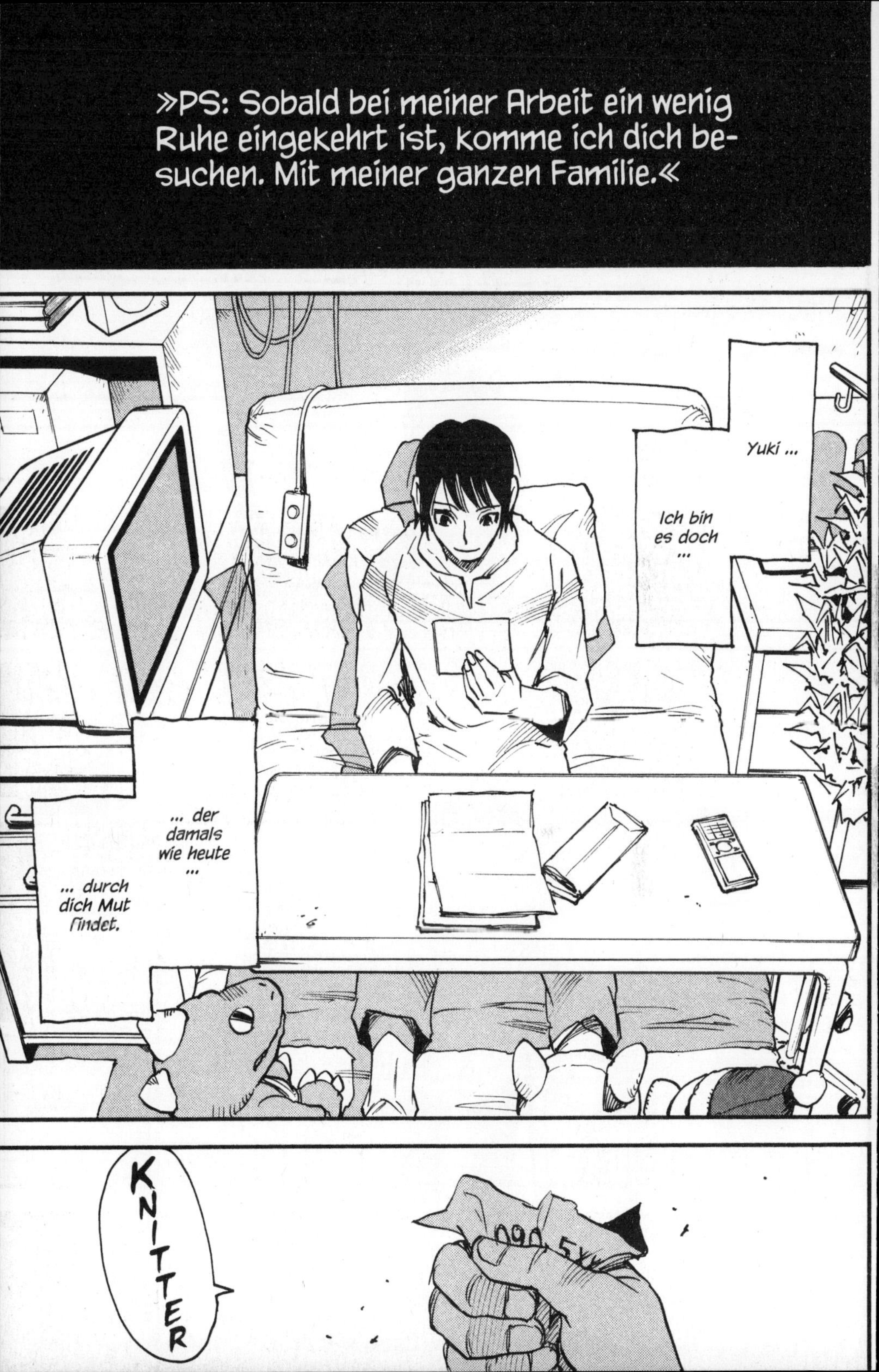
»PS: Sobald bei meiner Arbeit ein wenig Ruhe eingekehrt ist, komme ich dich besuchen. Mit meiner ganzen Familie.«
Yuki ...
Ich bin es doch ...
... der damals wie heute ...
... durch dich Mut findet.
KNITTER

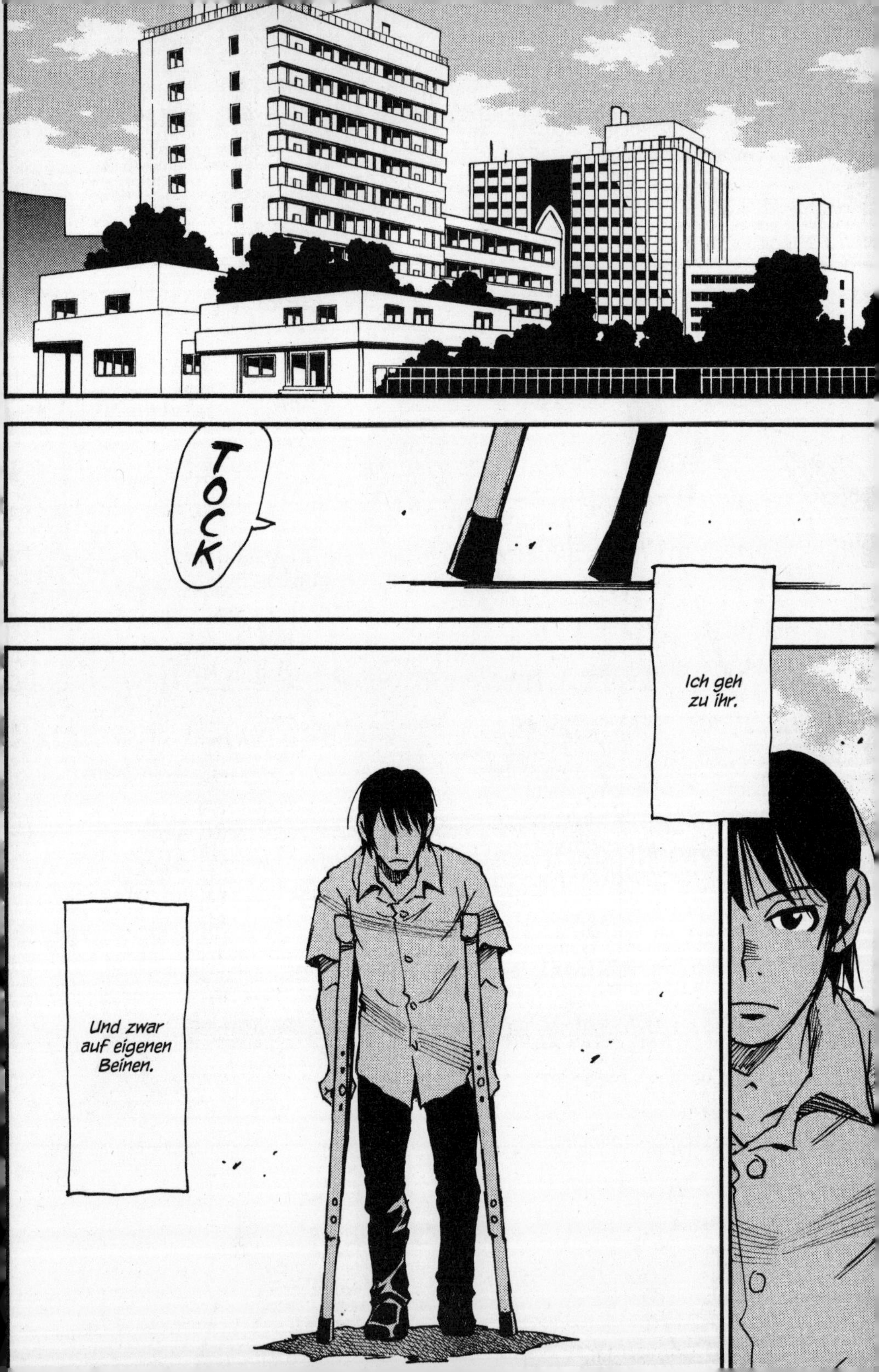
TOCK
Ich geh zu ihr.
Und zwar auf eigenen Beinen.

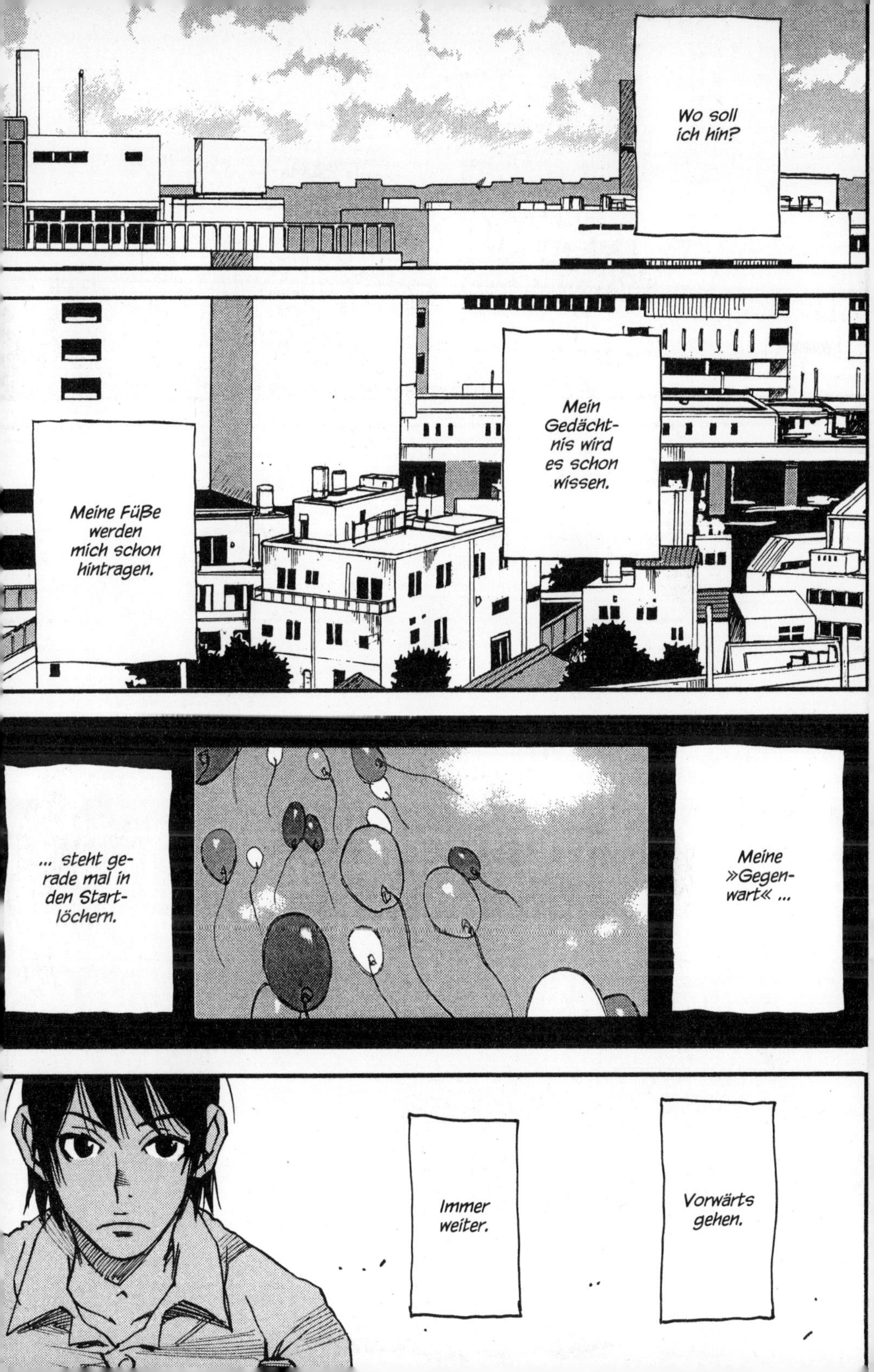
Wo soll ich hin?
Mein Gedächt-nis wird es schon wissen.
Meine Füße werden mich schon hintragen.
Meine »Gegen-wart« ...
... steht ge-rade mal in den Start-löchern.
Vorwärts gehen.
Immer weiter.

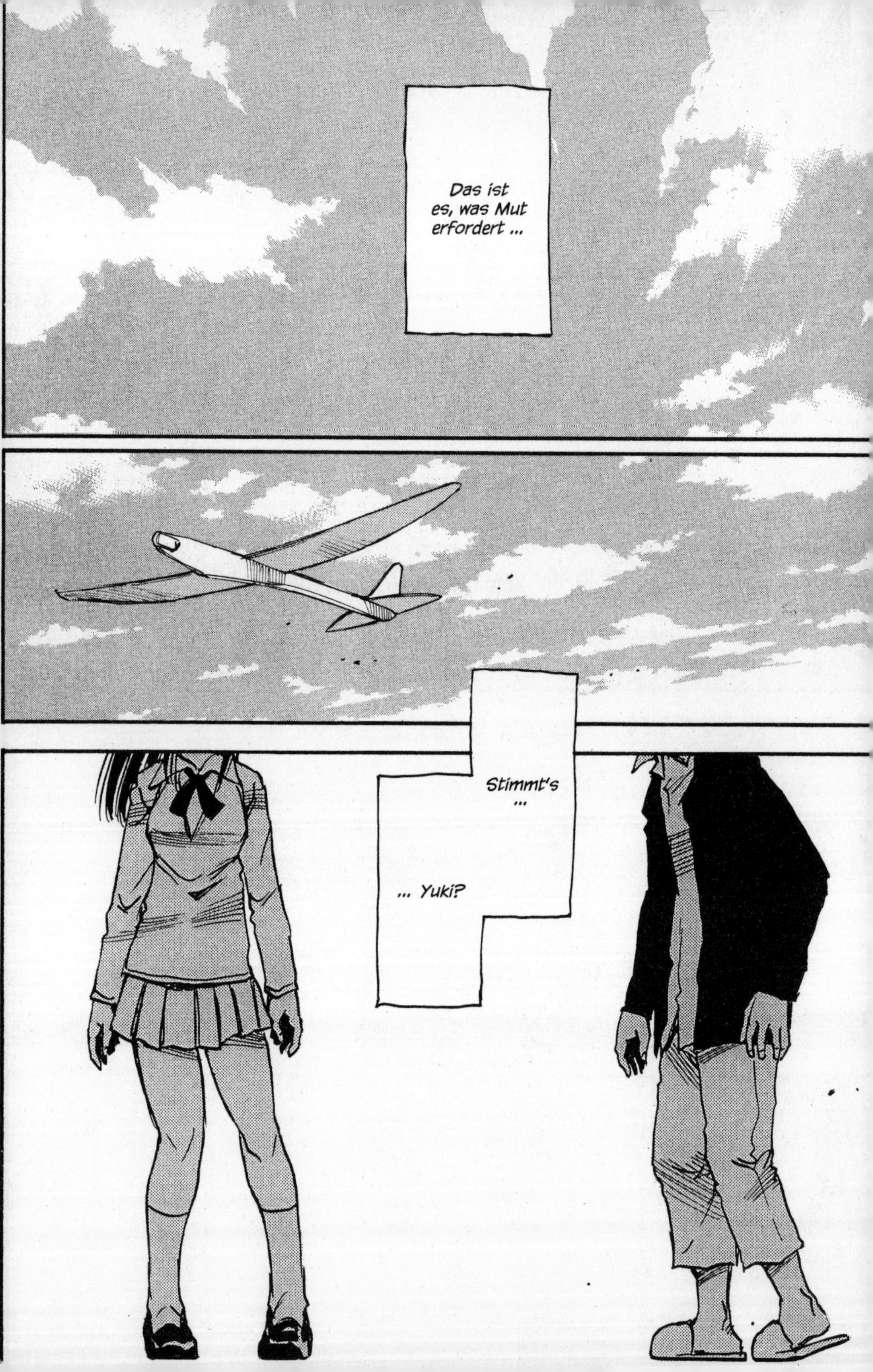
Das ist es, was Mut erfordert ...
Stimmt's ...
... Yuki?

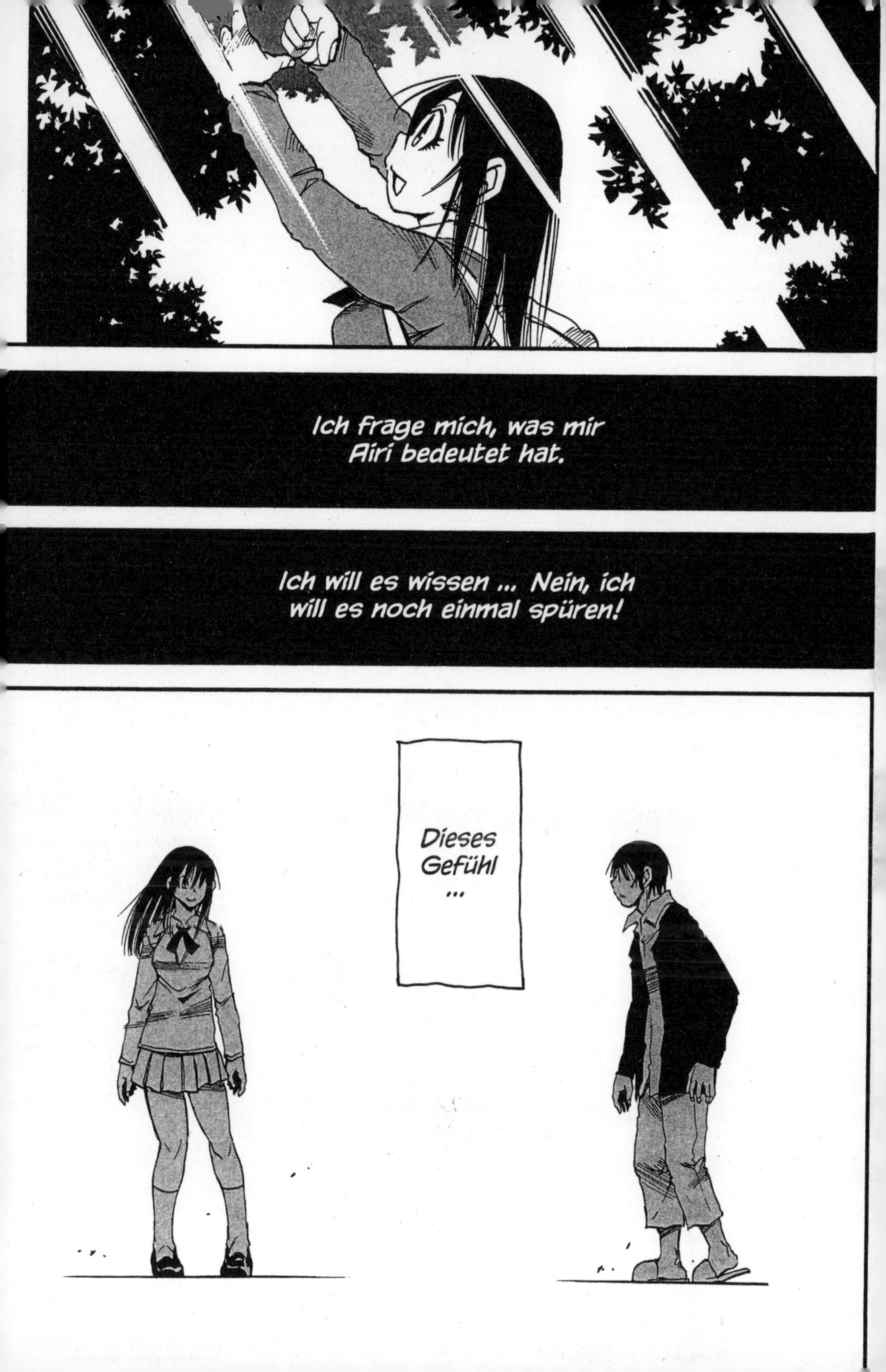
Ich frage mich, was mir Airi bedeutet hat.
Ich will es wissen ... Nein, ich will es noch einmal spüren!
Dieses Gefühl ...

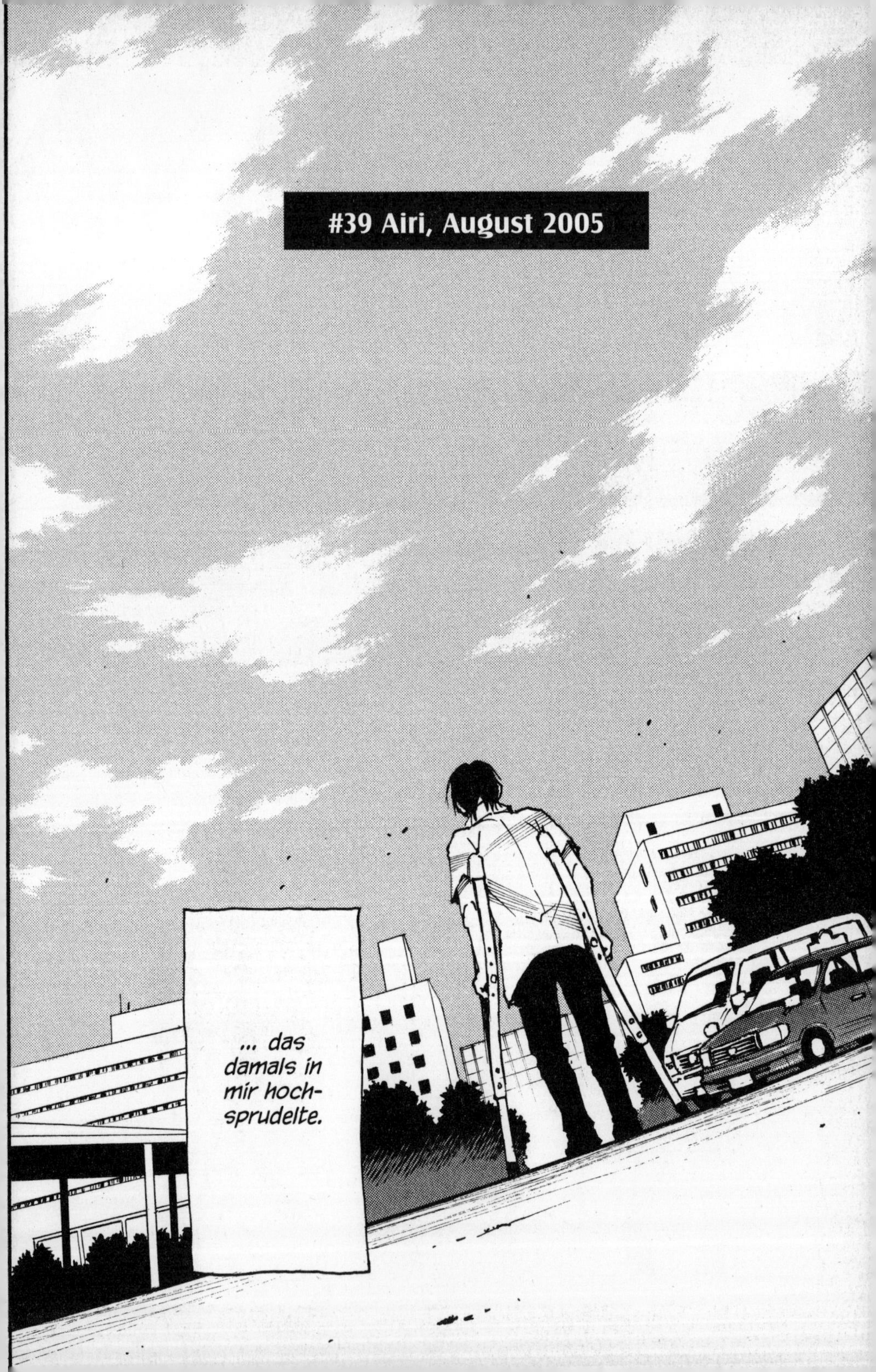
#39 Airi, August 2005
... das damals in mir hochsprudelte.

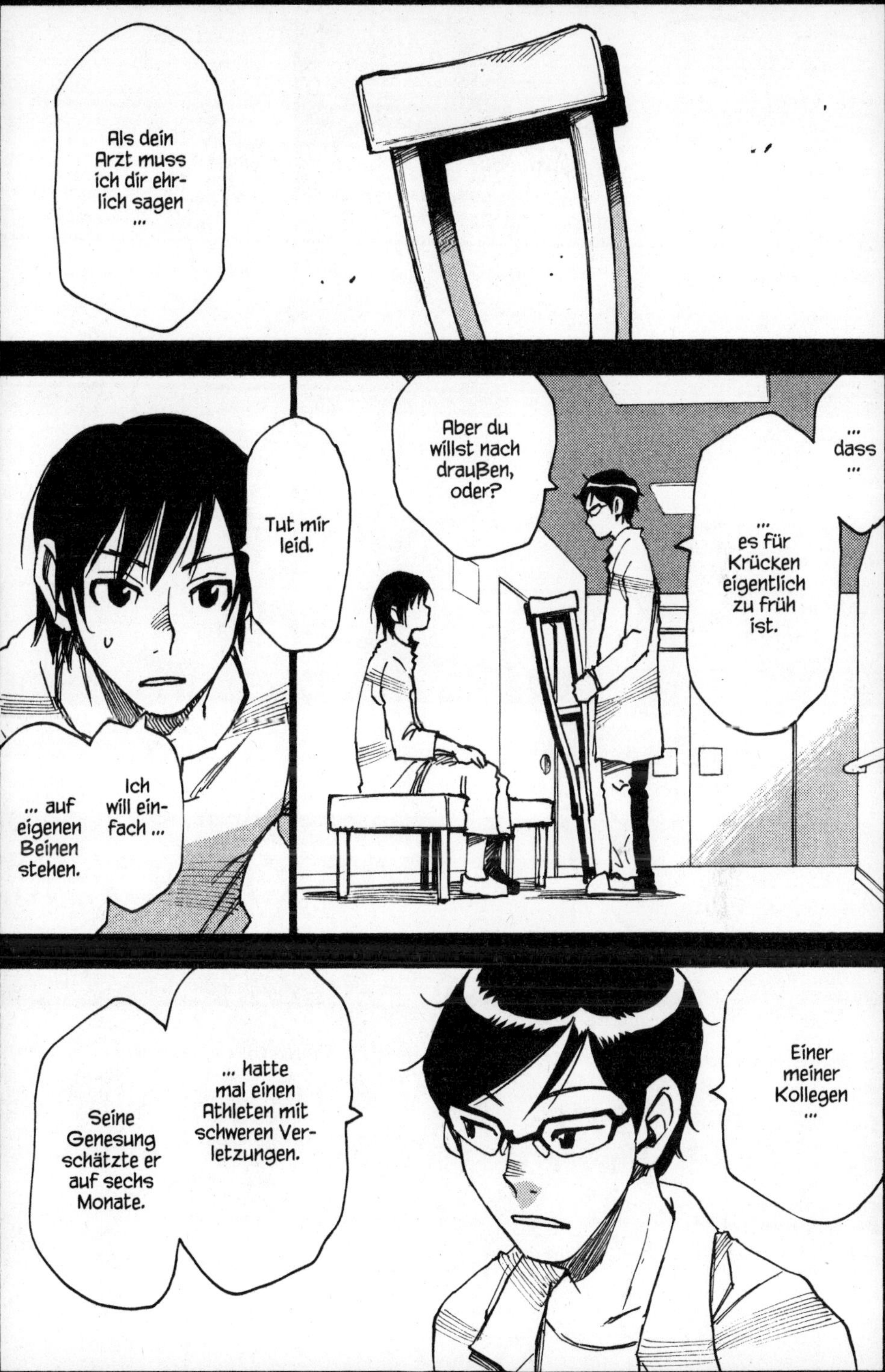
Als dein Arzt muss ich dir ehrlich sagen ...
... dass ...
... es für Krücken eigentlich zu früh ist.
Aber du willst nach draußen, oder?
Tut mir leid.
Ich will einfach ...
... auf eigenen Beinen stehen.
Einer meiner Kollegen ...
... hatte mal einen Athleten mit schweren Verletzungen.
Seine Genesung schätzte er auf sechs Monate.

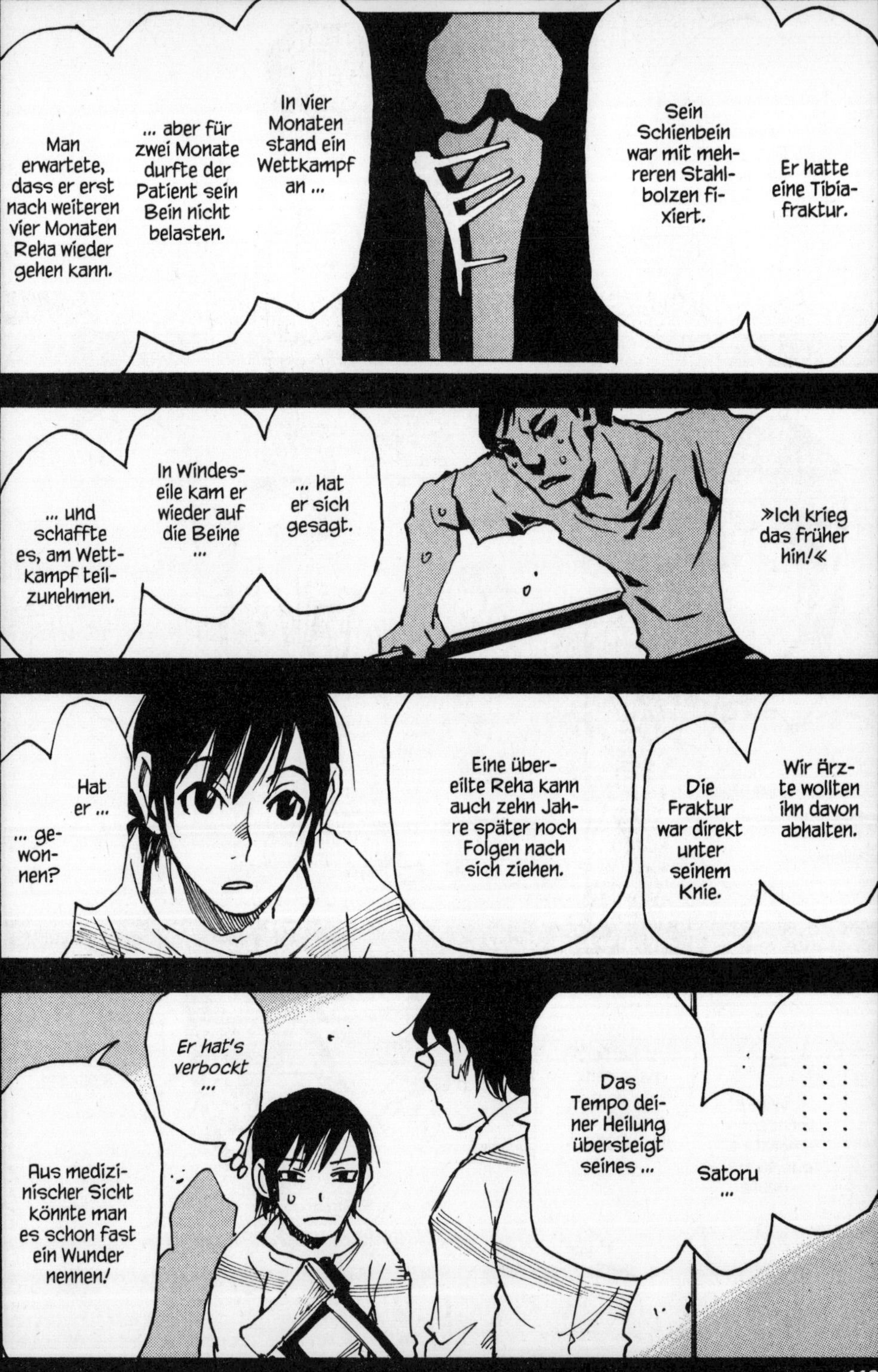

Er hatte eine Tibiafraktur.
Sein Schienbein war mit mehreren Stahlbolzen fixiert.
In vier Monaten stand ein Wettkampf an ...
... aber für zwei Monate durfte der Patient sein Bein nicht belasten.
Man erwartete, dass er erst nach weiteren vier Monaten Reha wieder gehen kann.
»Ich krieg das früher hin!«
... hat er sich gesagt.
In Windeseile kam er wieder auf die Beine ...
... und schaffte es, am Wettkampf teilzunehmen.
Wir Ärzte wollten ihn davon abhalten.
Die Fraktur war direkt unter seinem Knie.
Eine übereilte Reha kann auch zehn Jahre später noch Folgen nach sich ziehen.
Hat er ...
... gewonnen?
Satoru ...
Das Tempo deiner Heilung übersteigt seines ...
Er hat's verbockt ...
Aus medizinischer Sicht könnte man es schon fast ein Wunder nennen!

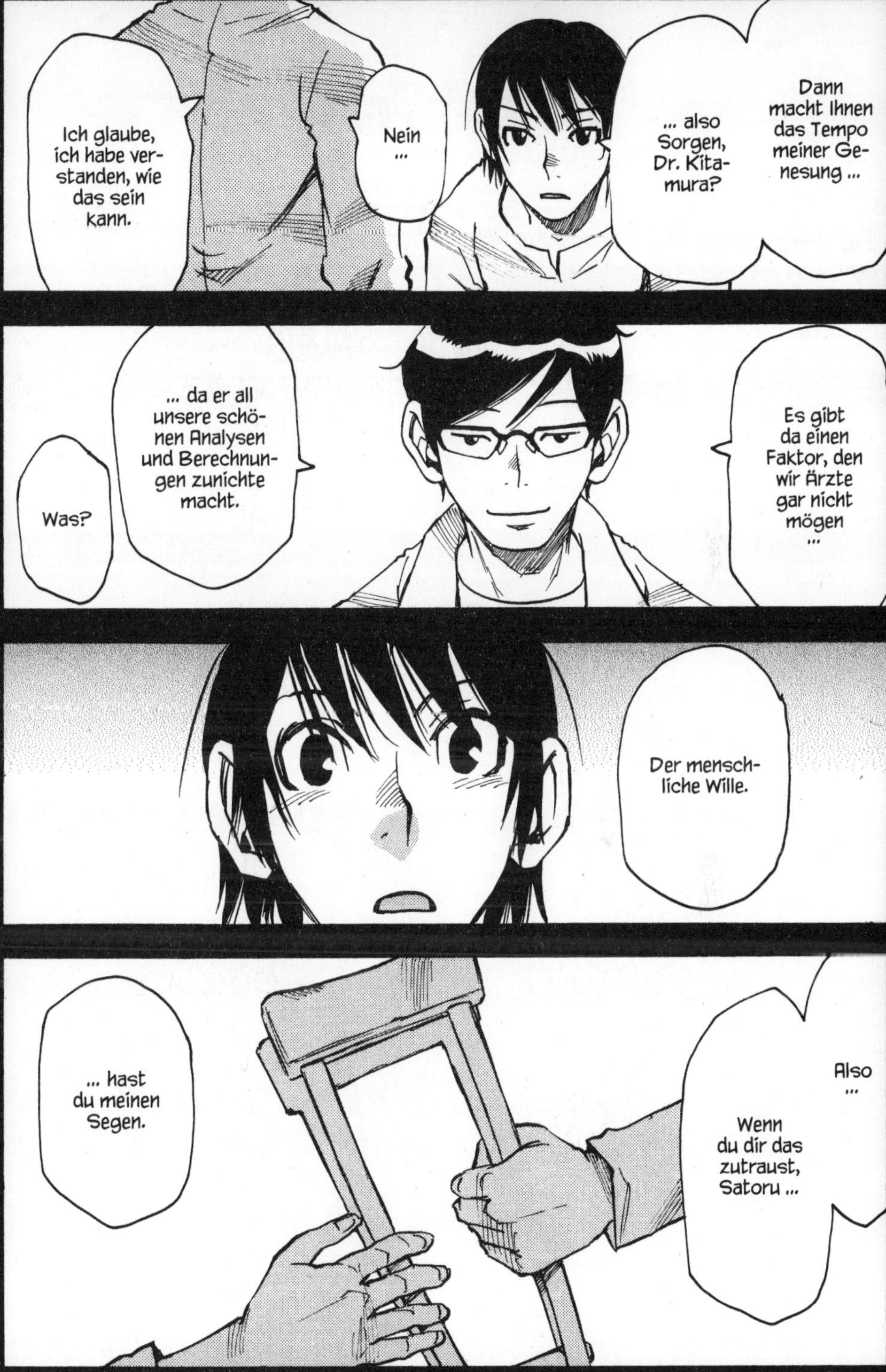
Dann macht Ihnen das Tempo meiner Genesung ...
... also Sorgen, Dr. Kitamura?
Nein ...
Ich glaube, ich habe verstanden, wie das sein kann.
Es gibt da einen Faktor, den wir Ärzte gar nicht mögen ...
... da er all unsere schönen Analysen und Berechnungen zunichte macht.
Was?
Der menschliche Wille.
Also ...
Wenn du dir das zutraust, Satoru ...
... hast du meinen Segen.

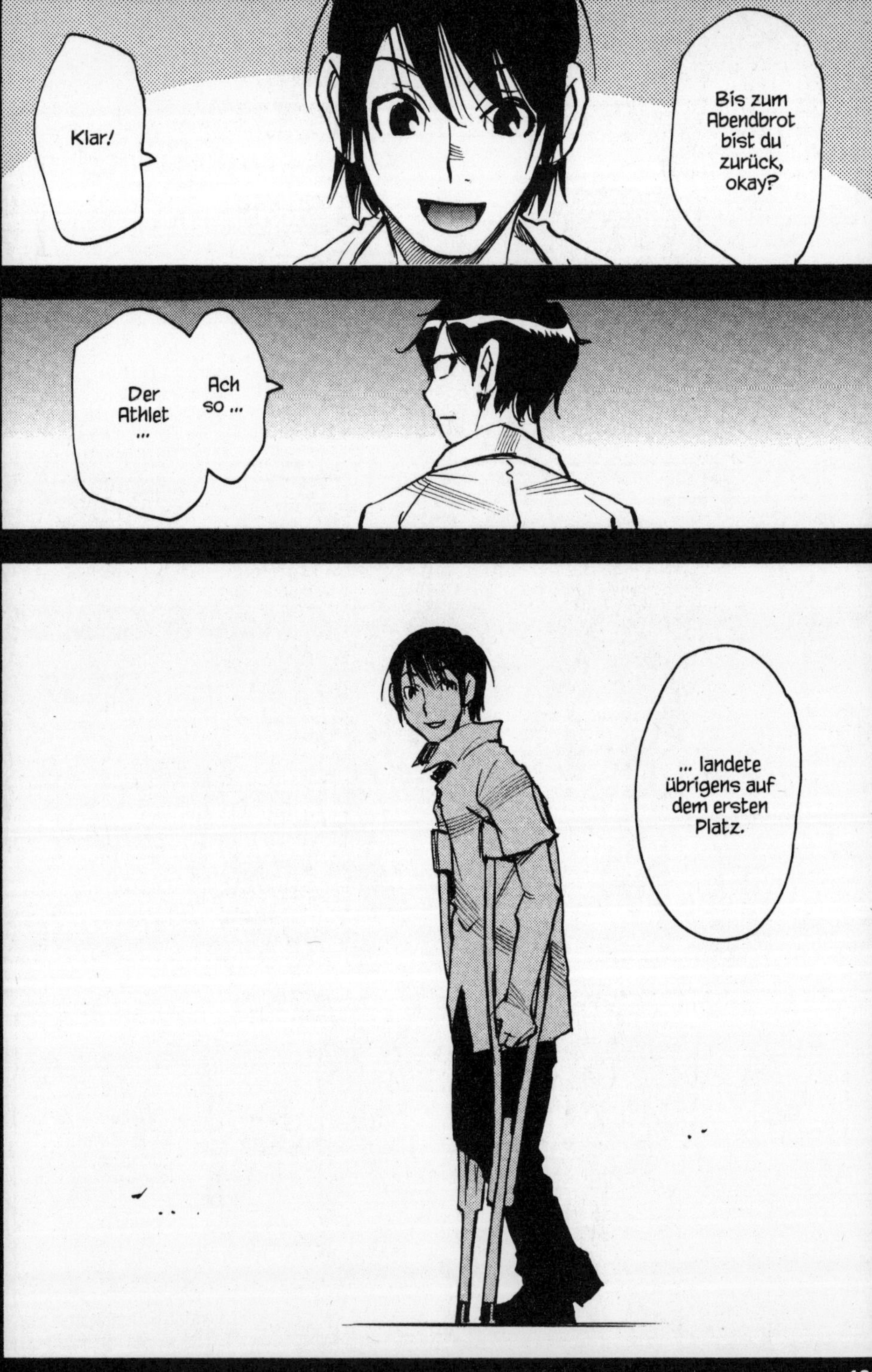
Bis zum Abendbrot bist du zurück, okay?
Klar!
Ach so ...
Der Athlet ...
... landete übrigens auf dem ersten Platz.

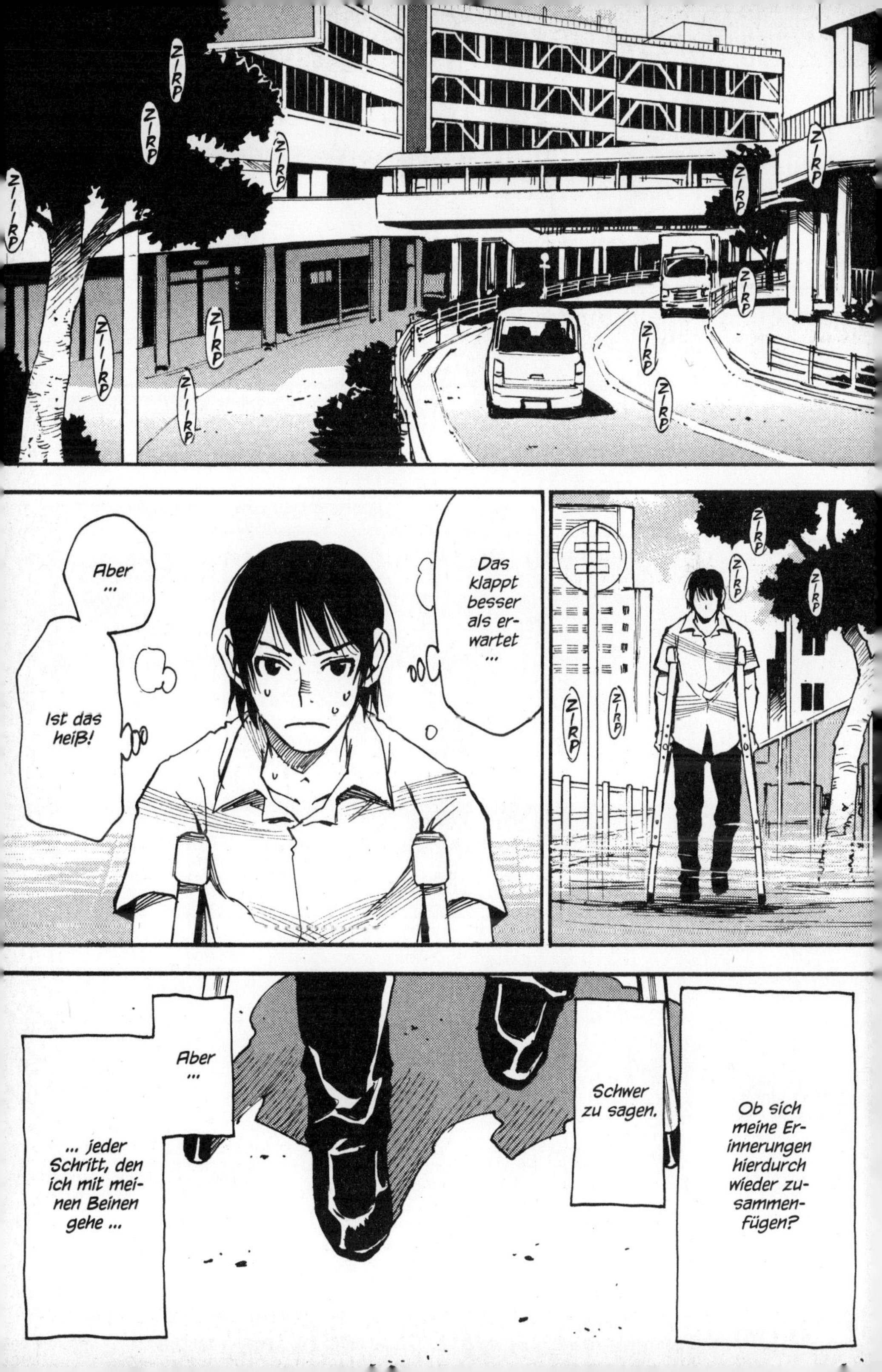
ZIRP
ZIRP
ZIRP
ZIIIRP
ZIRP
ZIRP
ZIRP
ZIRP
ZIRP
ZIIIRP
ZIIIRP
ZIRP
ZIRP
ZIRP
ZIRP
ZIRP
Das klappt besser als erwartet ...
Aber ...
Ist das heiß!
Ob sich meine Erinnerungen hierdurch wieder zusammenfügen?
Schwer zu sagen.
Aber ...
... jeder Schritt, den ich mit meinen Beinen gehe ...

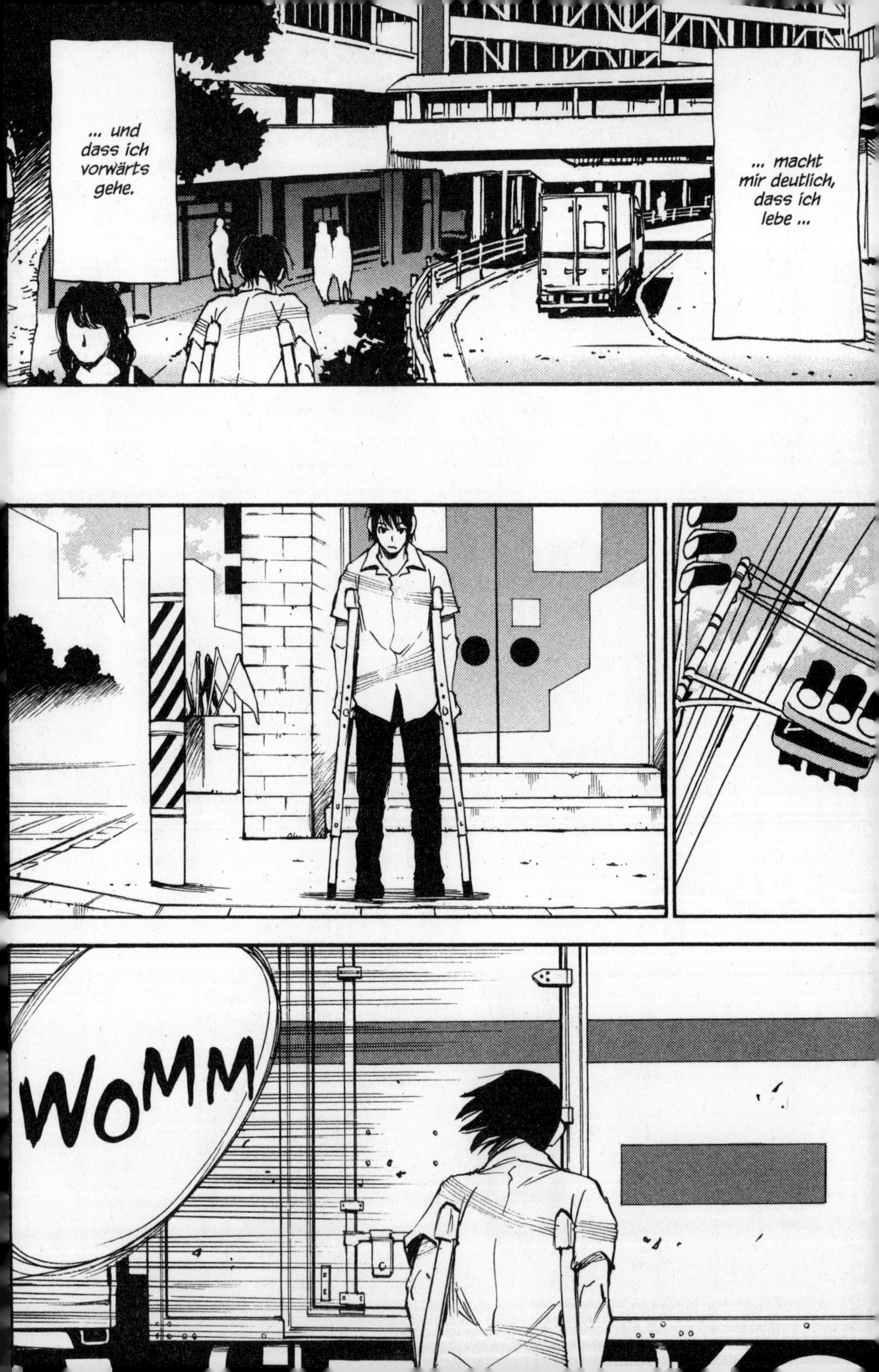
... macht mir deutlich, dass ich lebe ...
... und dass ich vorwärts gehe.
WOMM

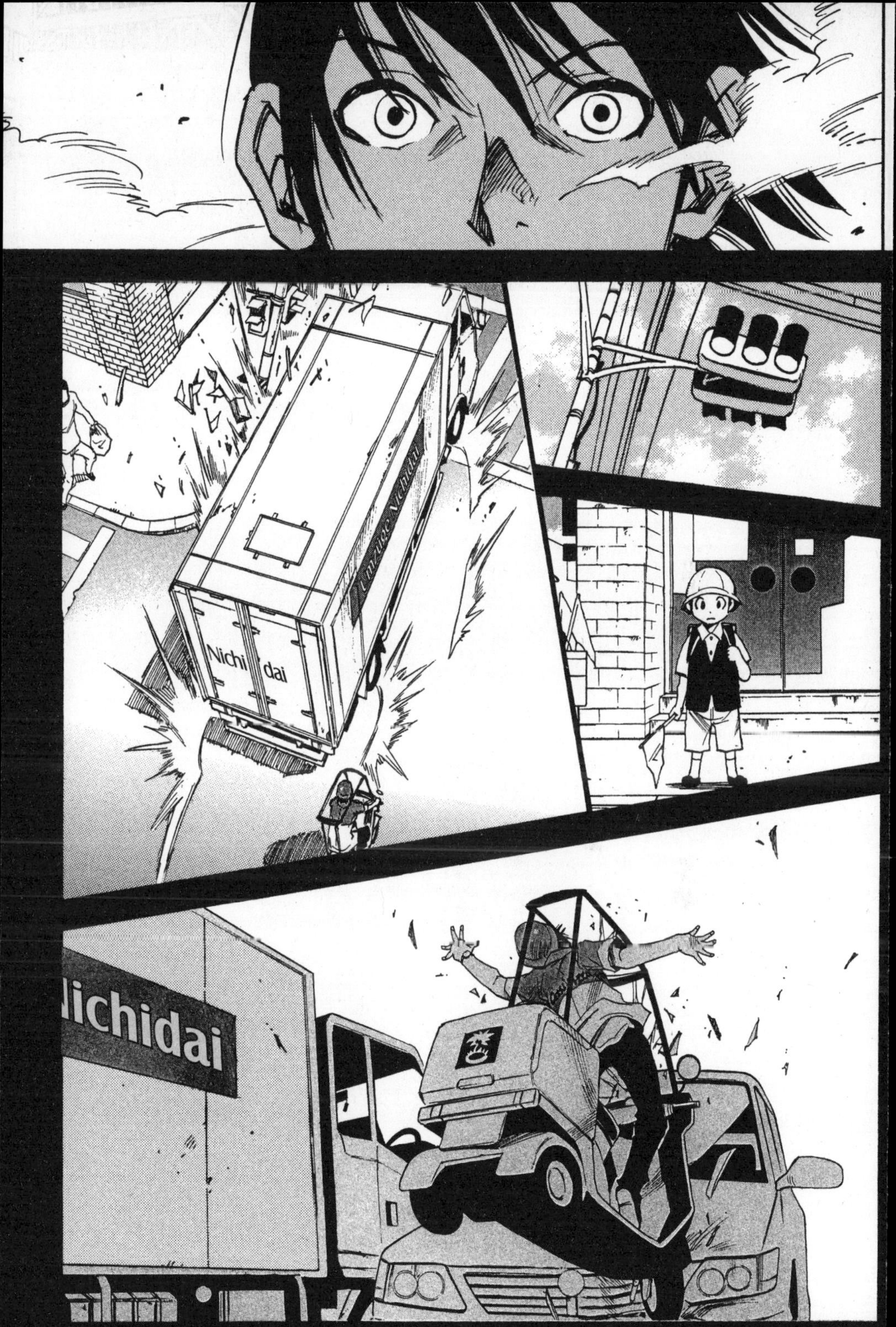
Nichi dai
ichidai

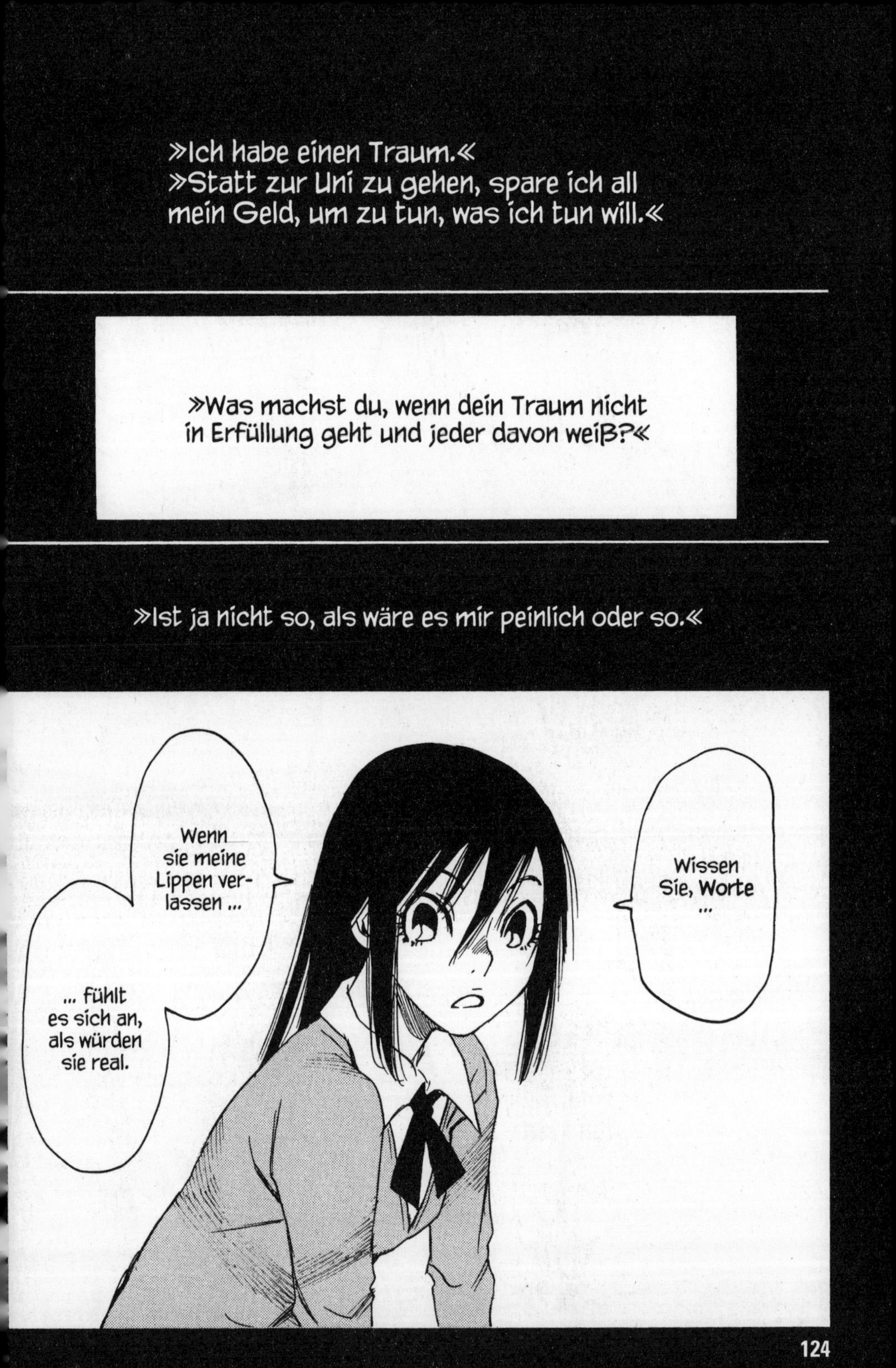
»Ich habe einen Traum.«
»Statt zur Uni zu gehen, spare ich all mein Geld, um zu tun, was ich tun will.«
»Was machst du, wenn dein Traum nicht in Erfüllung geht und jeder davon weiß?«
»Ist ja nicht so, als wäre es mir peinlich oder so.«
Wissen Sie, Worte ...
Wenn sie meine Lippen verlassen ...
... fühlt es sich an, als würden sie real.

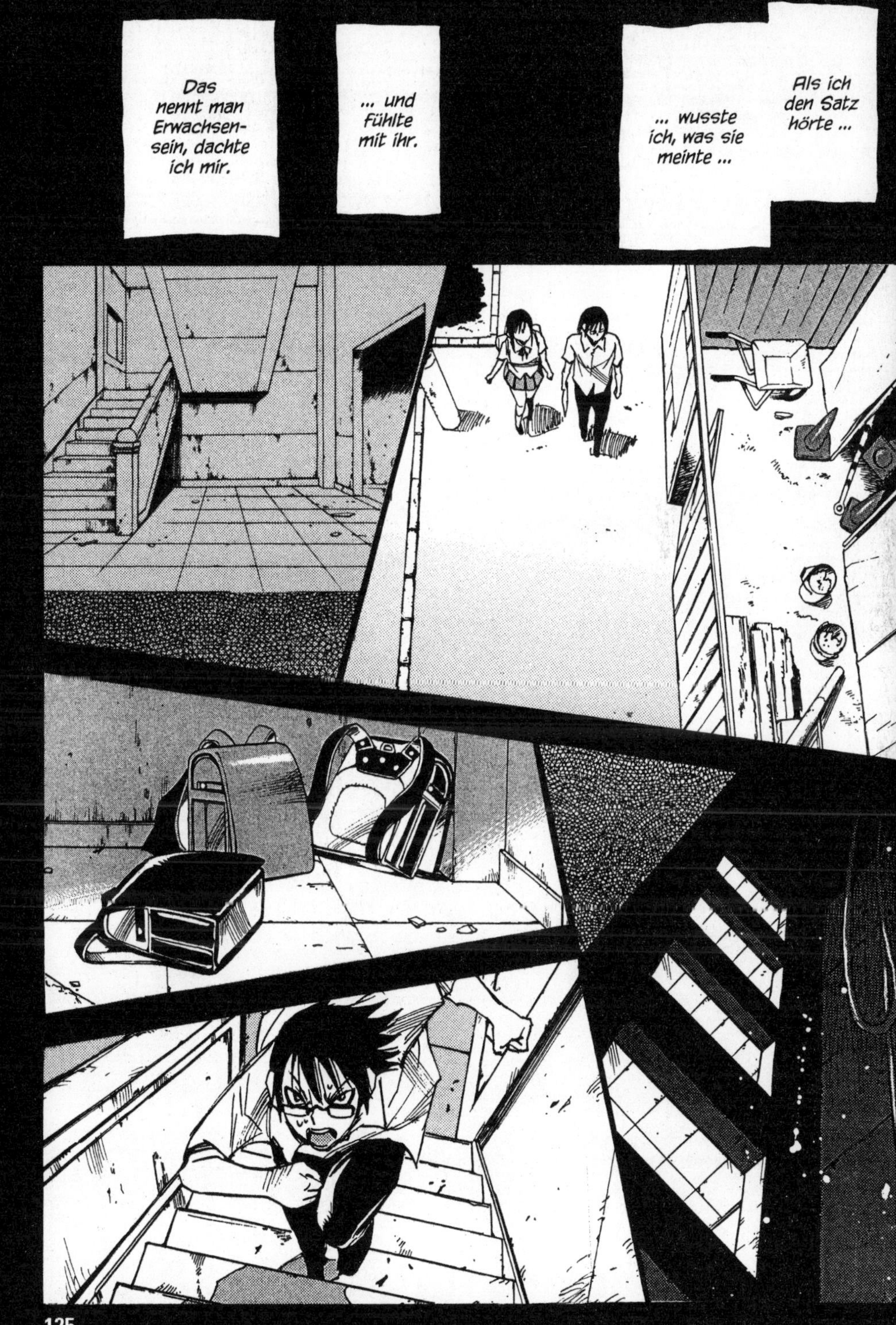
Als ich den Satz hörte ...
... wusste ich, was sie meinte ...
... und fühlte mit ihr.
Das nennt man Erwachsen-sein, dachte ich mir.

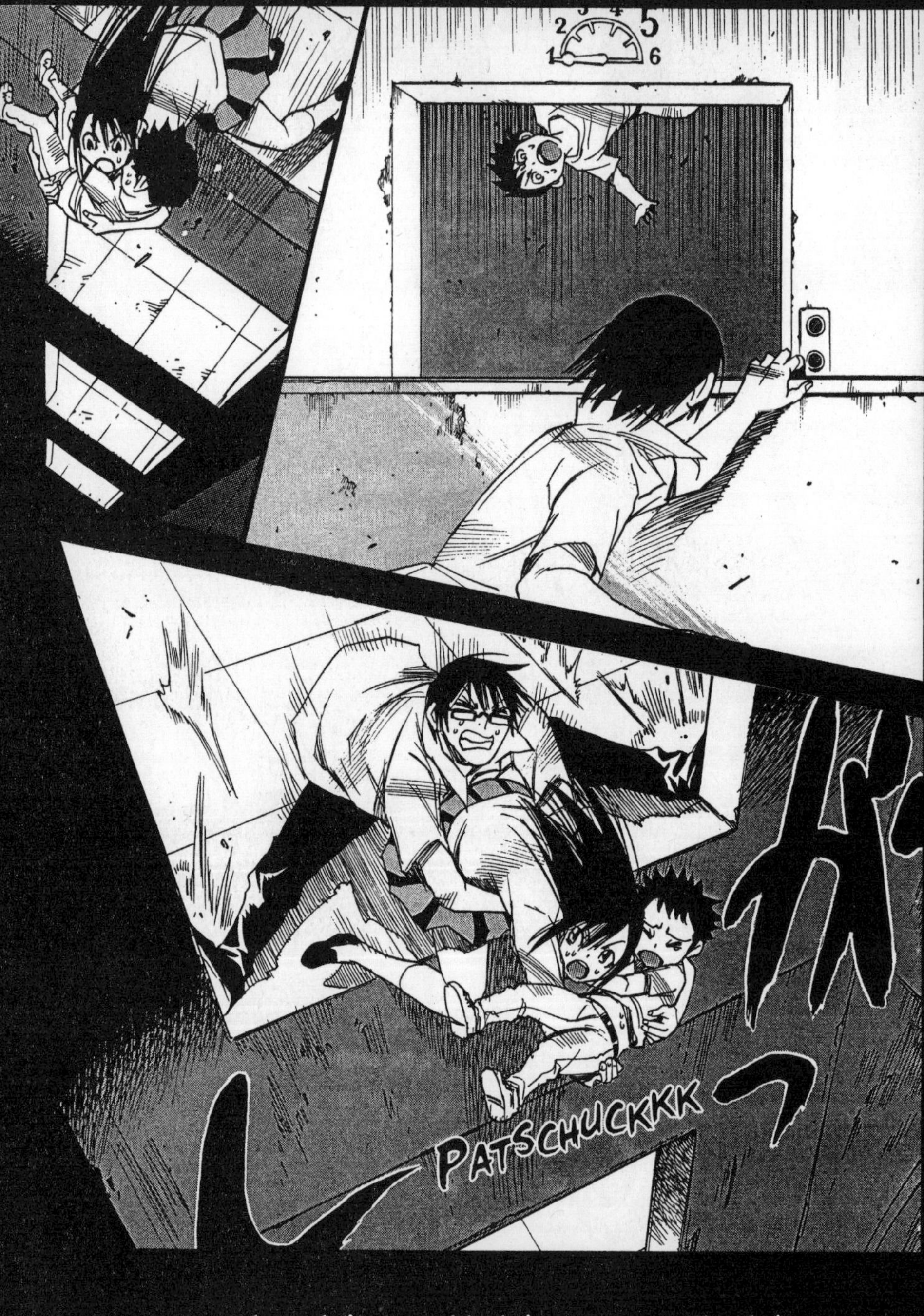

»Da Sie mich gerettet haben, sollte ich das vielleicht nicht sagen, aber ...«

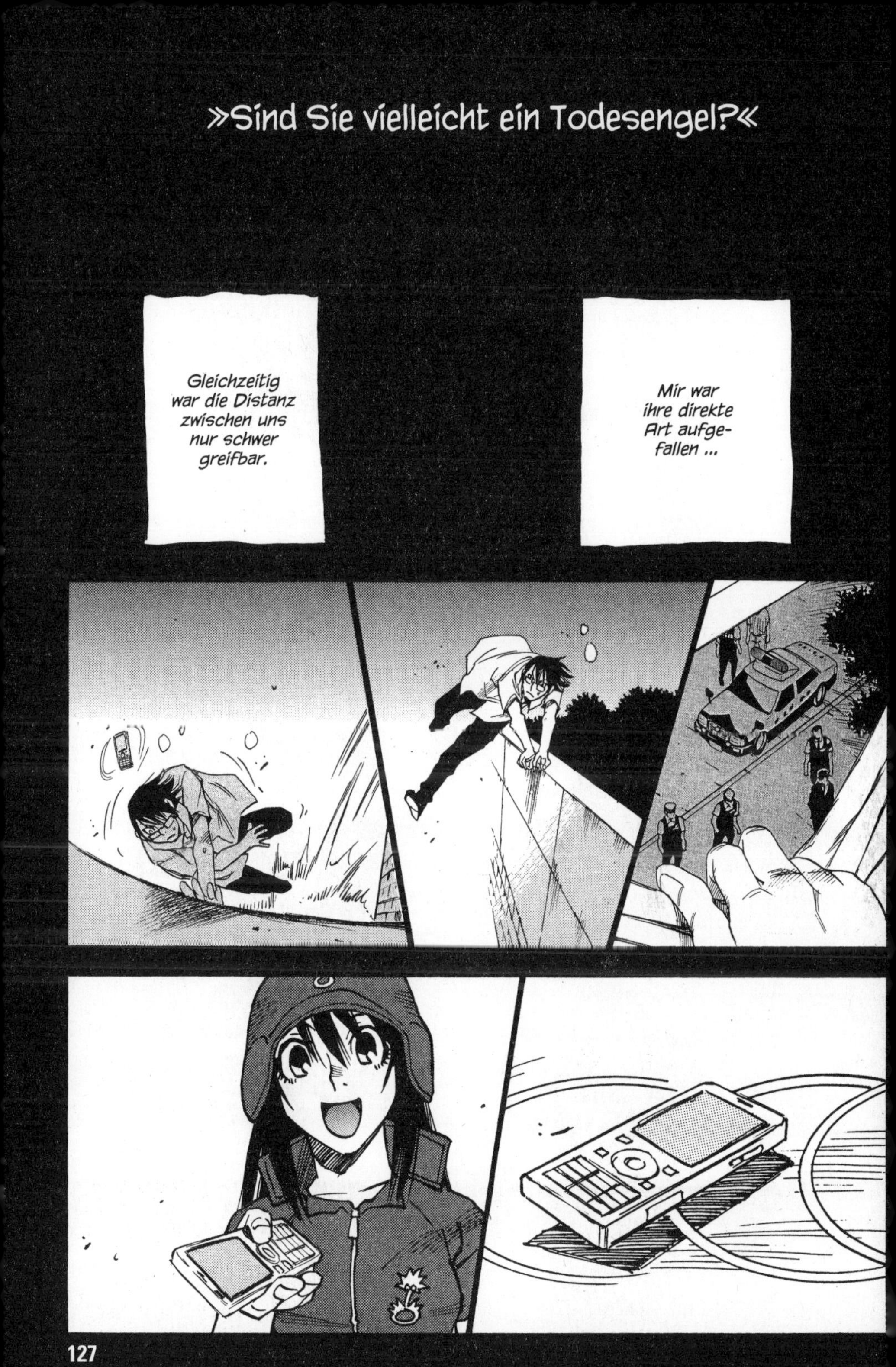
»Sind Sie vielleicht ein Todesengel?«
Mir war ihre direkte Art aufgefallen ...
Gleichzeitig war die Distanz zwischen uns nur schwer greifbar.

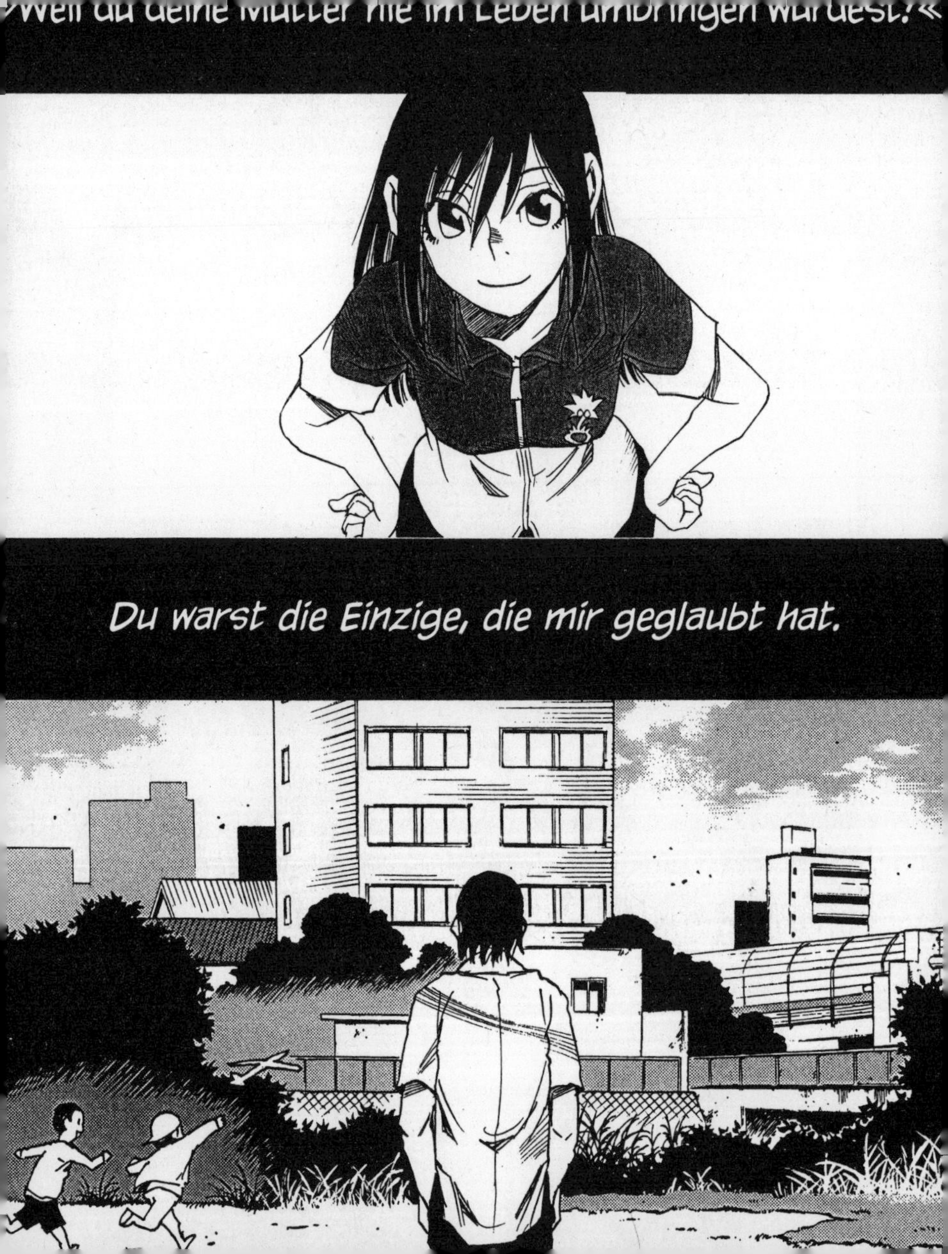
»Weil du deine Mutter nie im Leben umbringen würdest!«
Du warst die Einzige, die mir geglaubt hat.

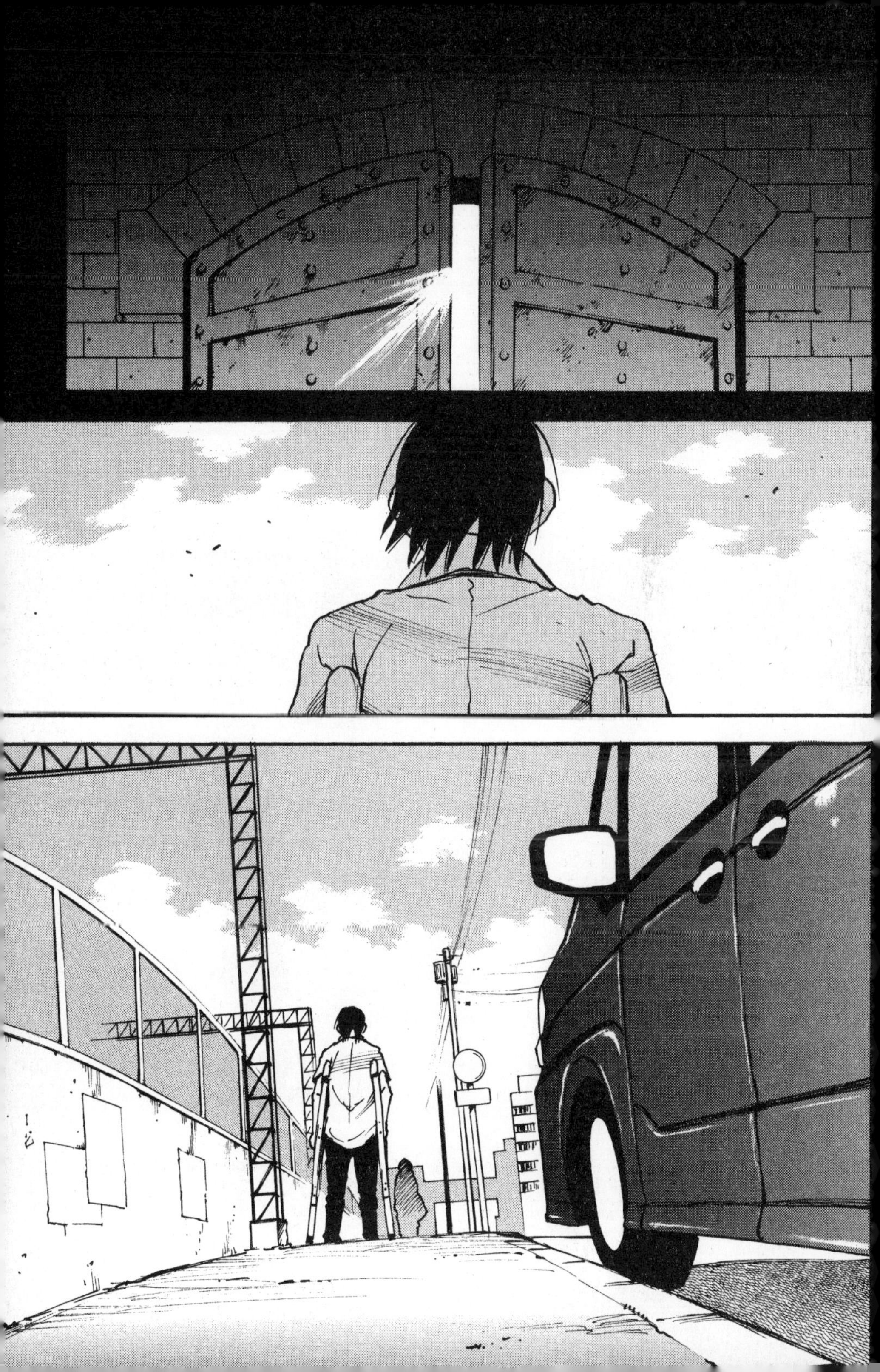

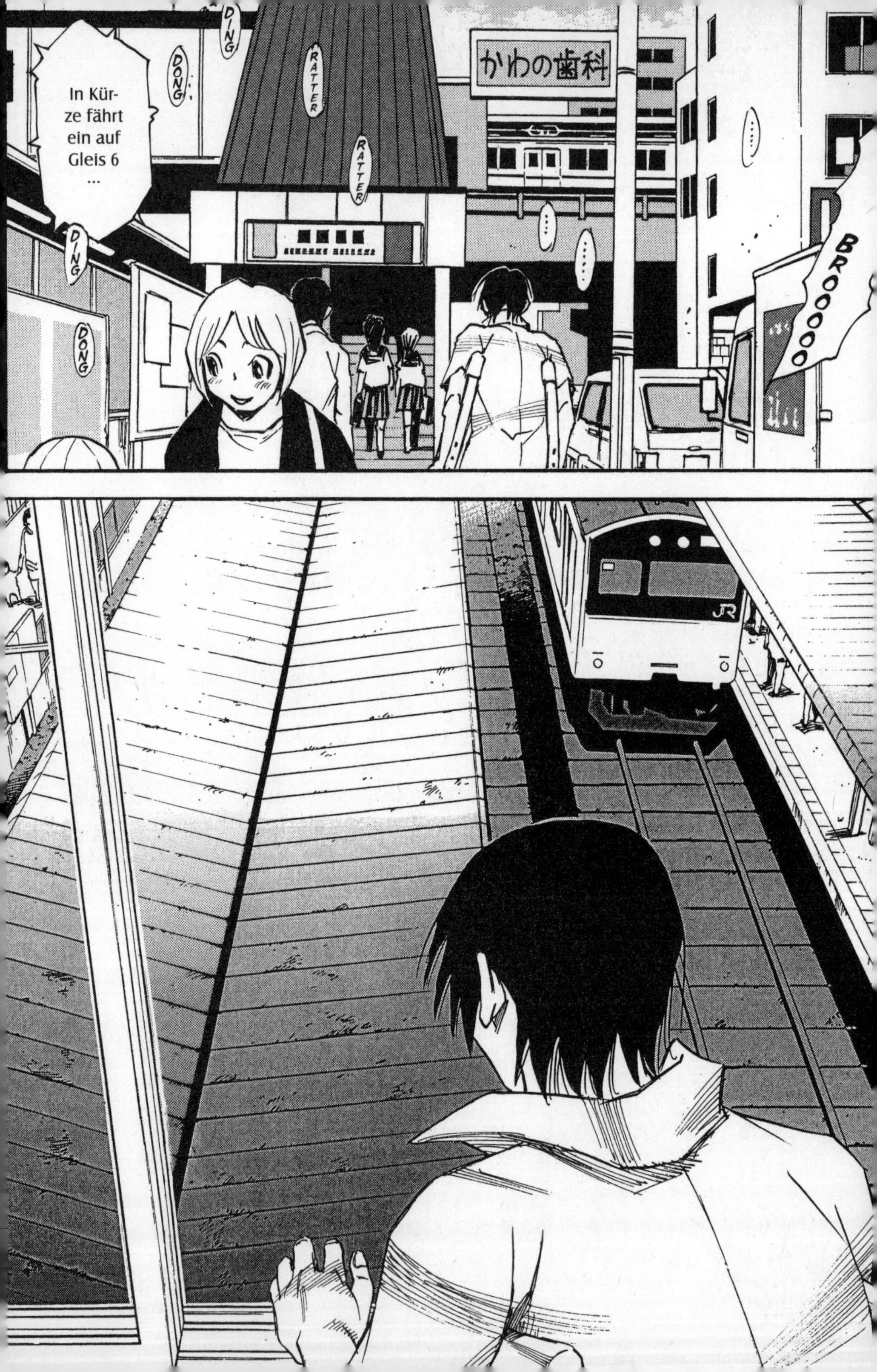
かわの歯科
BROOOOOO
......
......
......
RATTER
RATTER
DING
DONG
In Kürze fährt ein auf Gleis 6 ...
DING
DONG

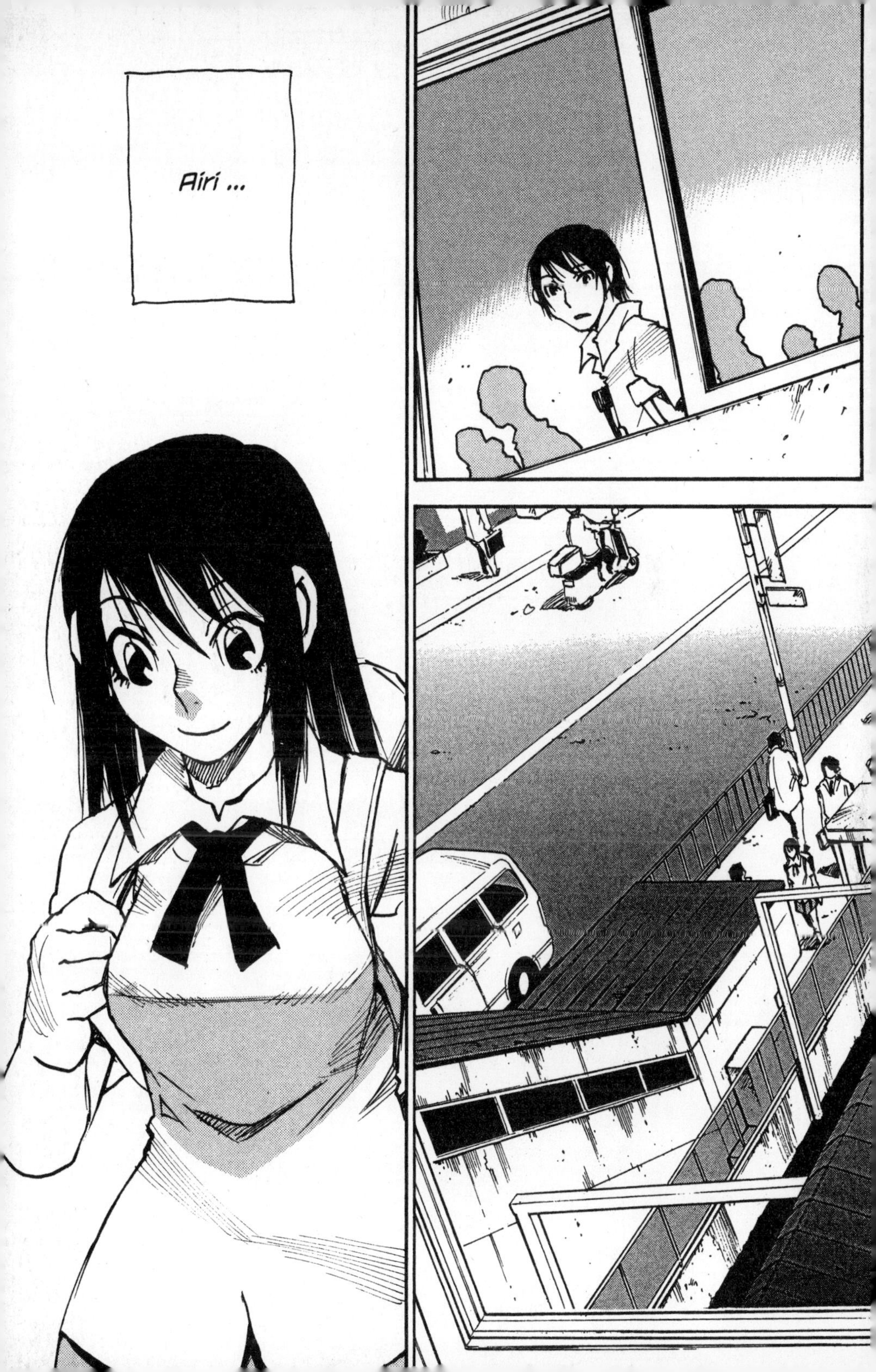
Airi ...

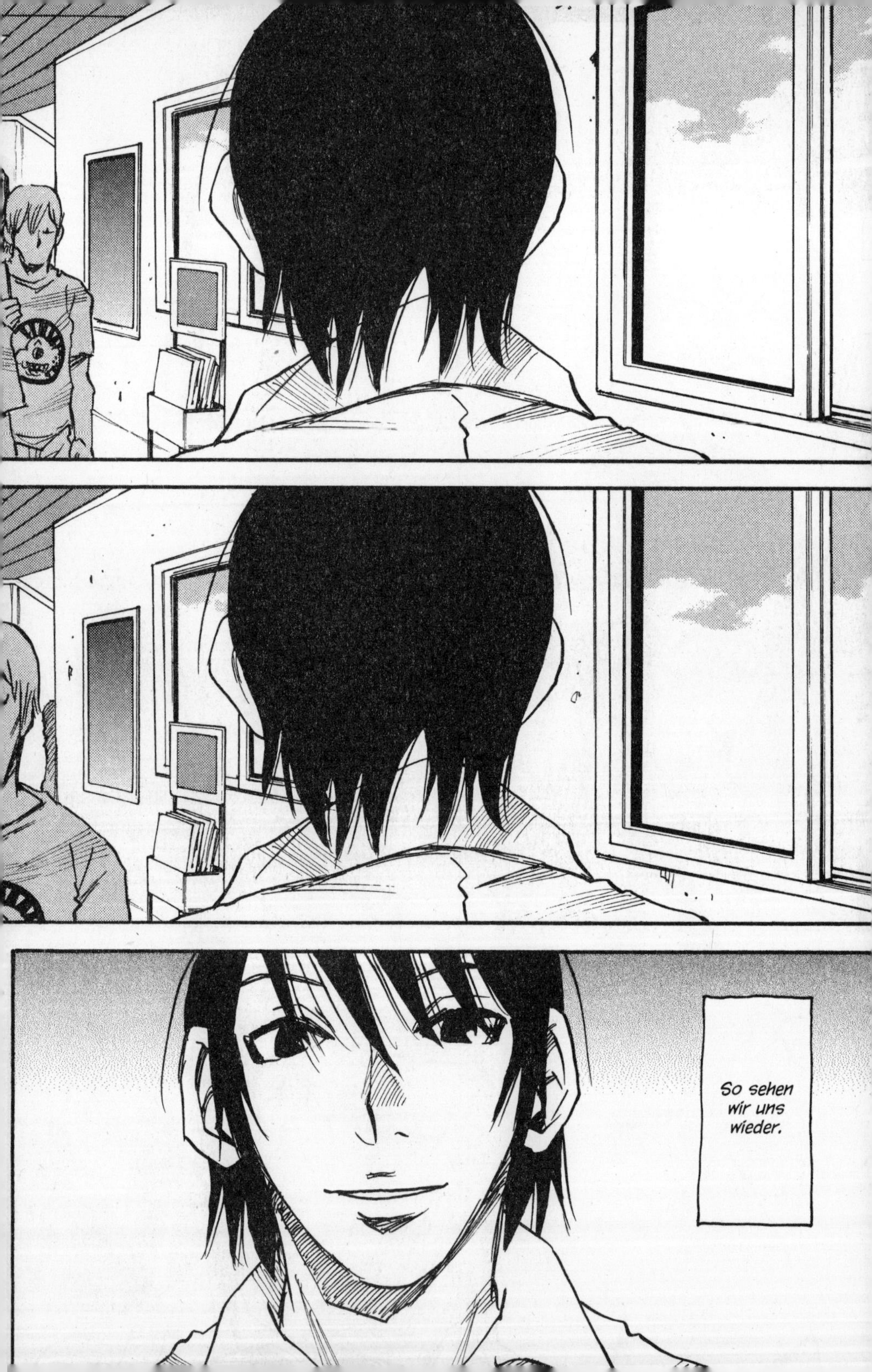
So sehen wir uns wieder.

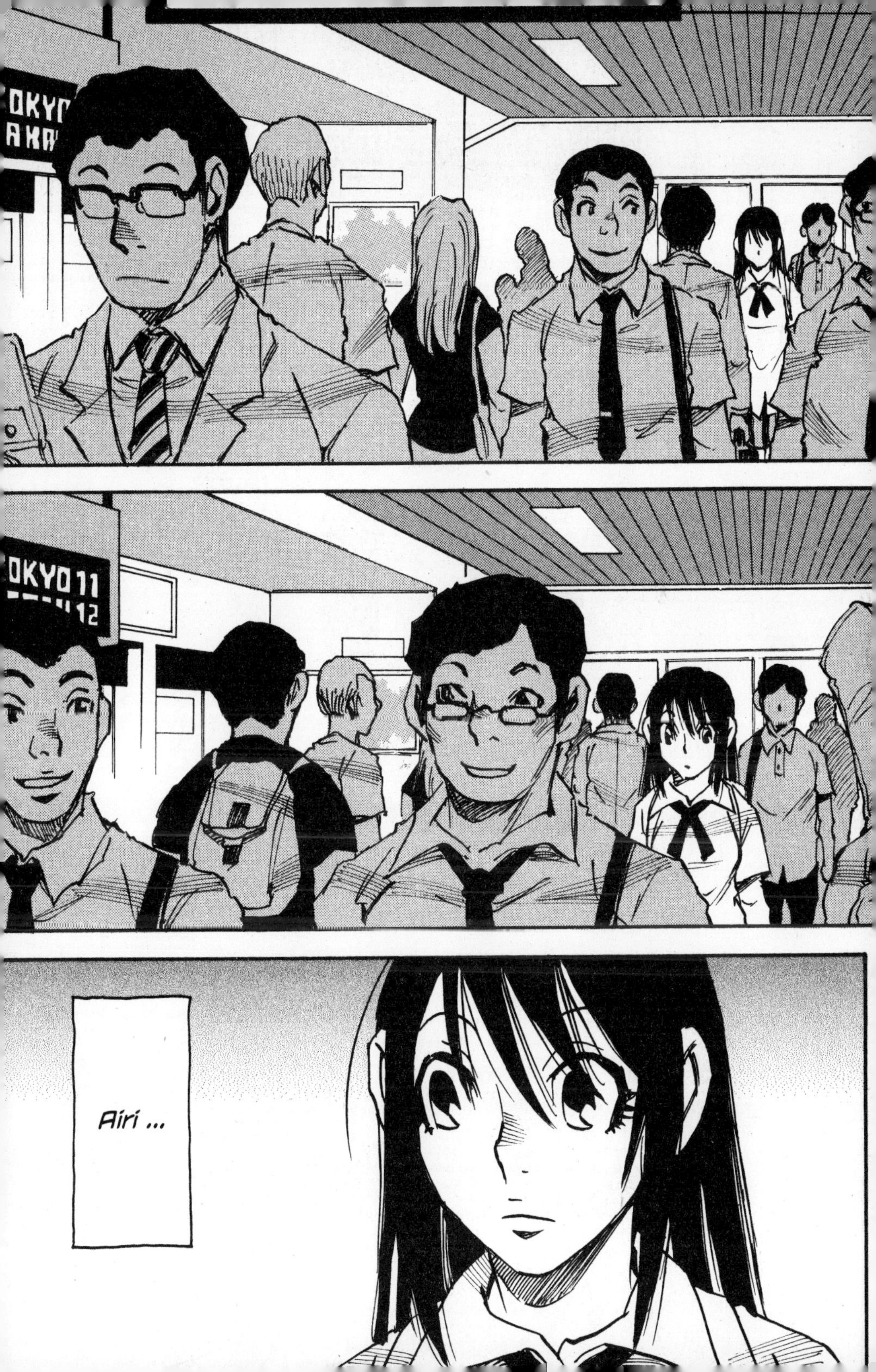
OKYO 11
Airi ...

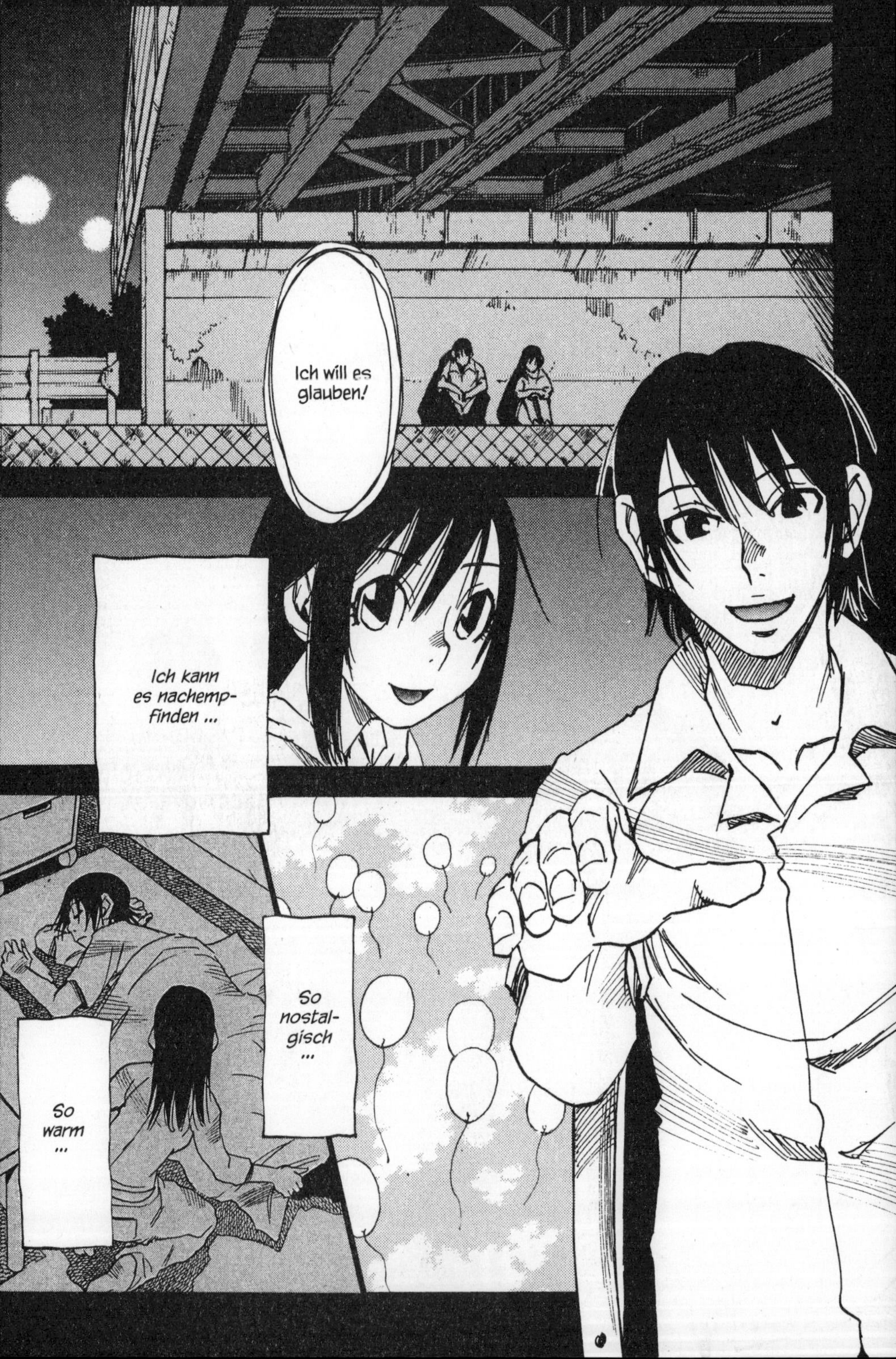
Ich will es glauben!
Ich kann es nachempfinden ...
So nostalgisch ...
So warm ...

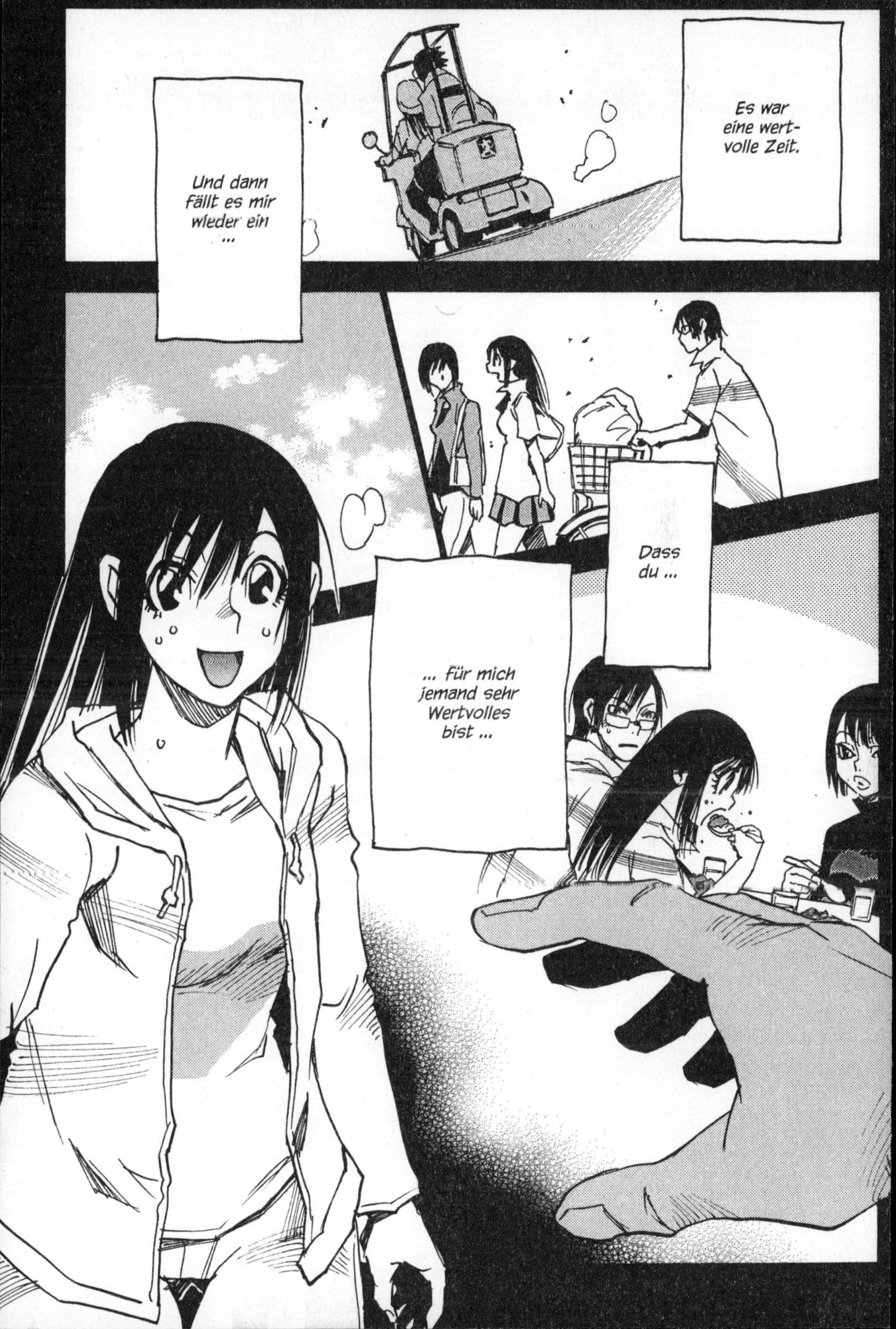

Es war eine wert-volle Zeit.
Und dann fällt es mir wieder ein ...
Dass du ...
... für mich jemand sehr Wertvolles bist ...

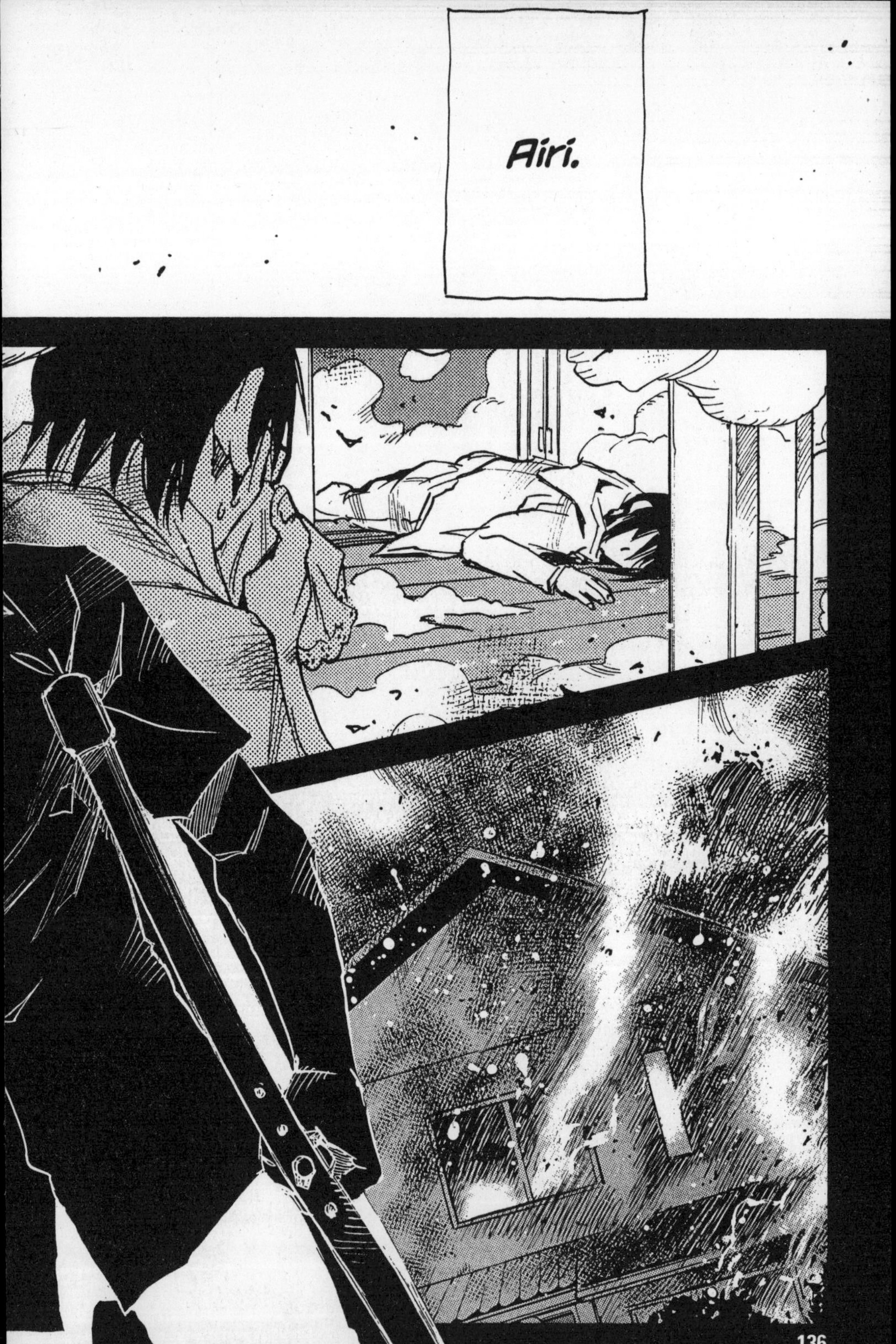
Airi.

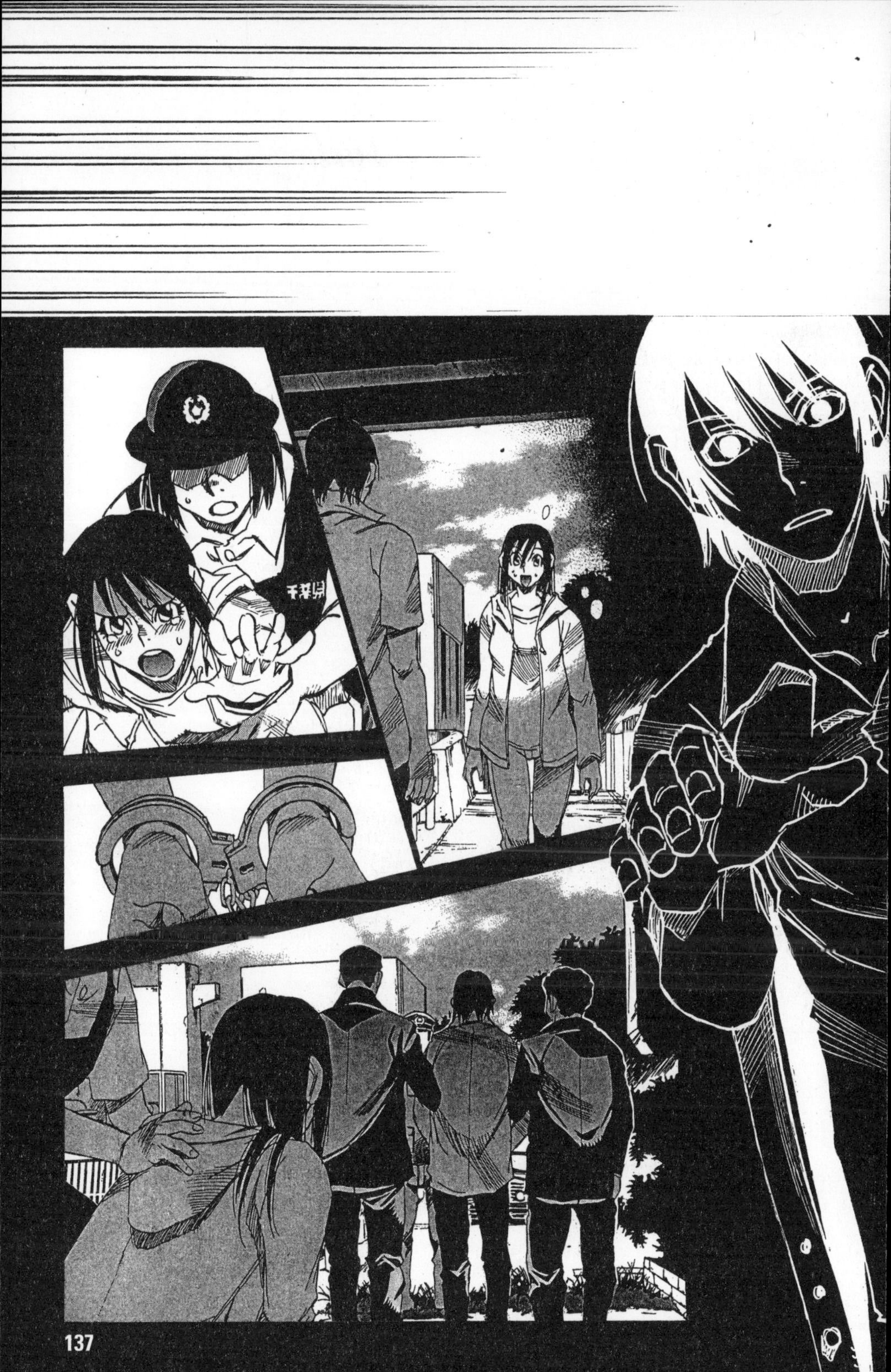

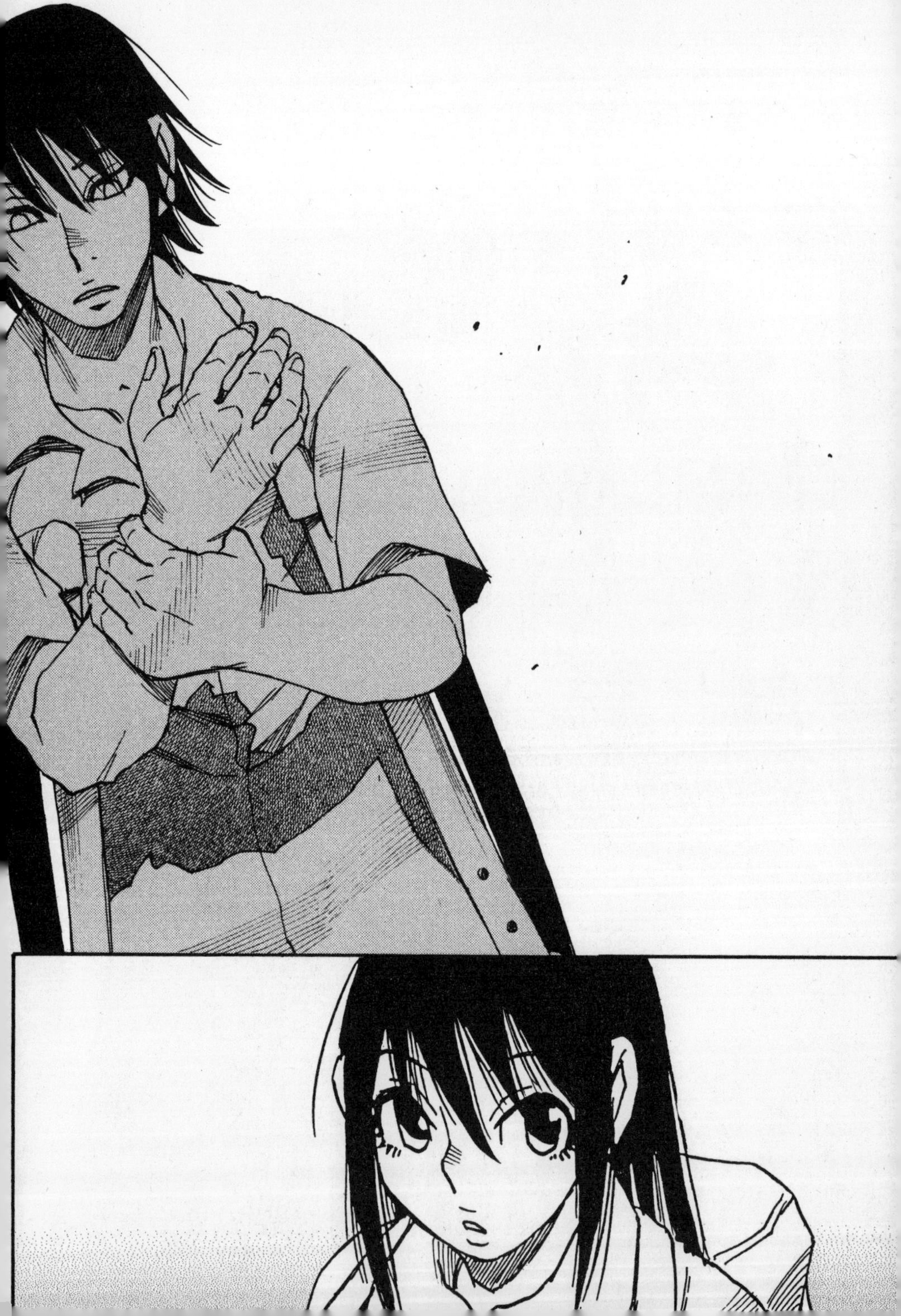

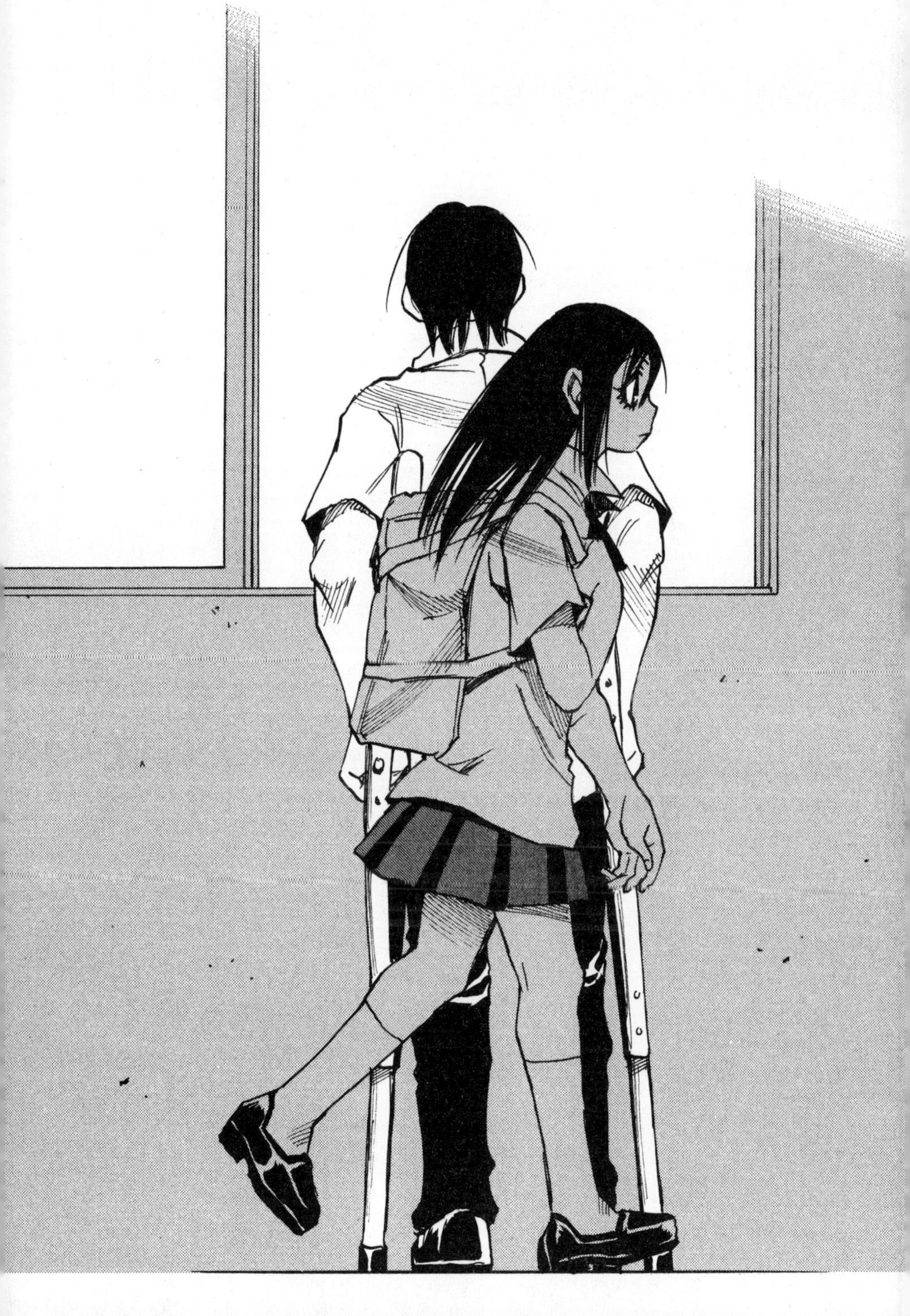

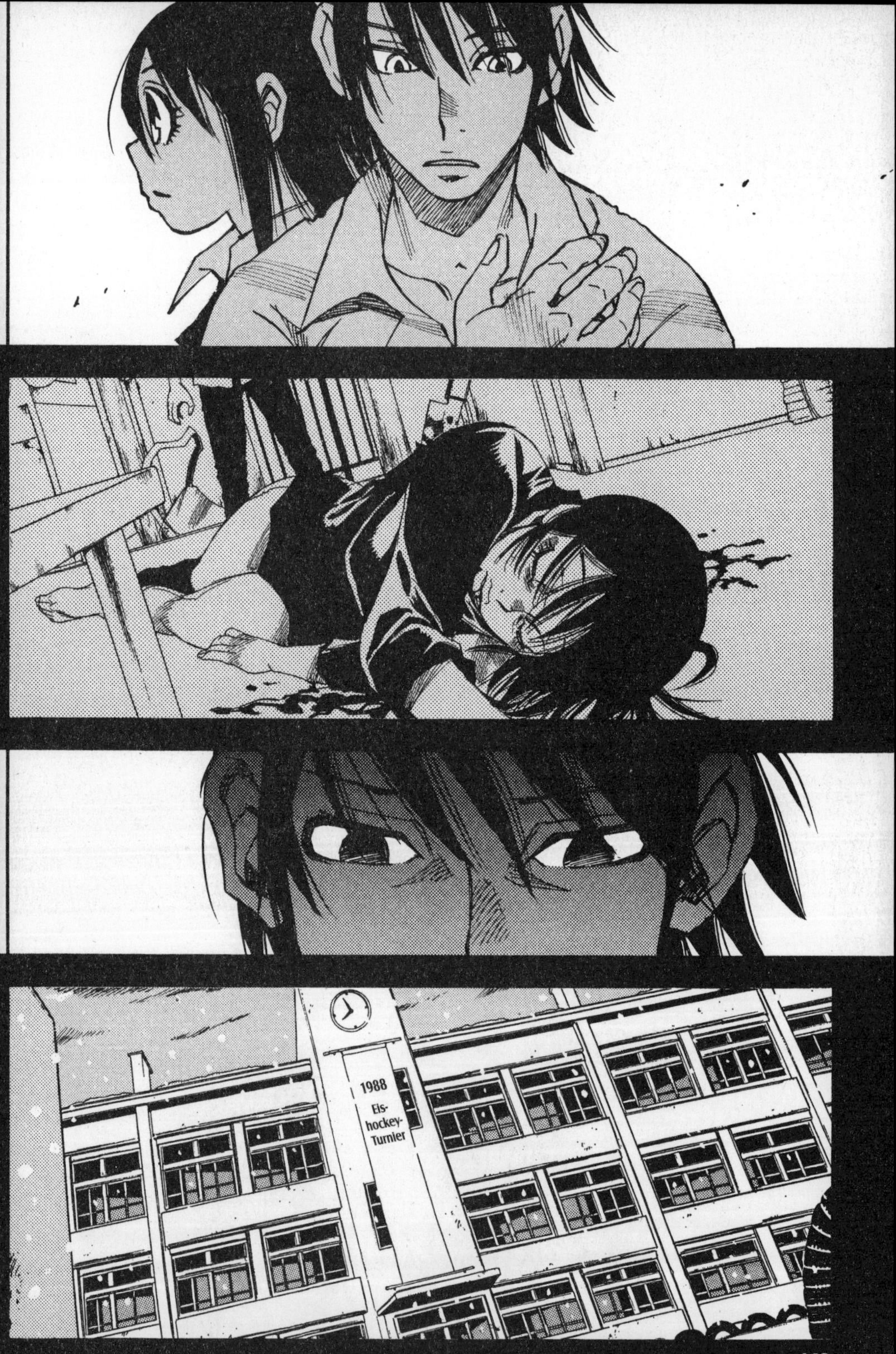
1988
Eis-
hockey-
Turnier

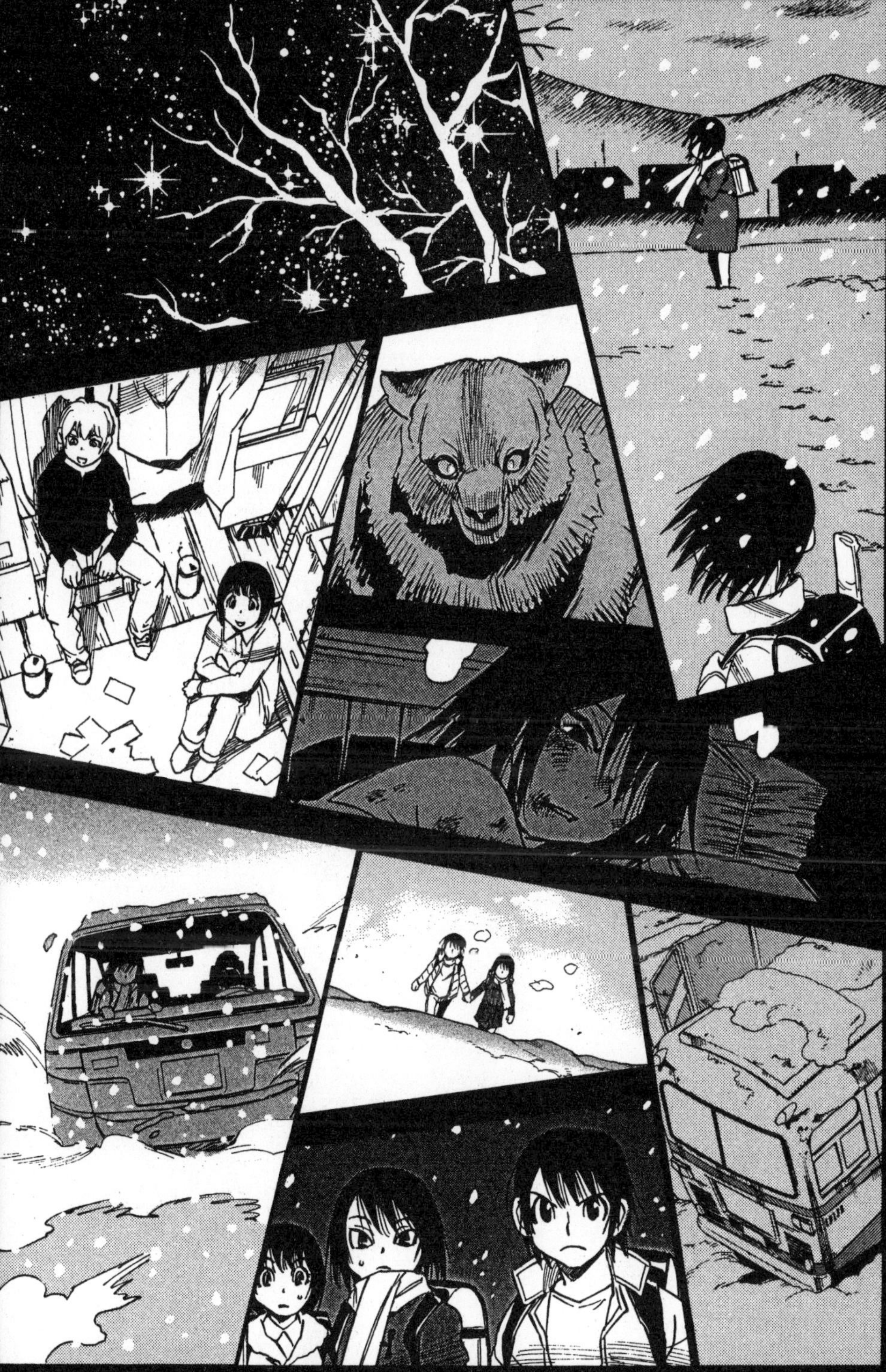

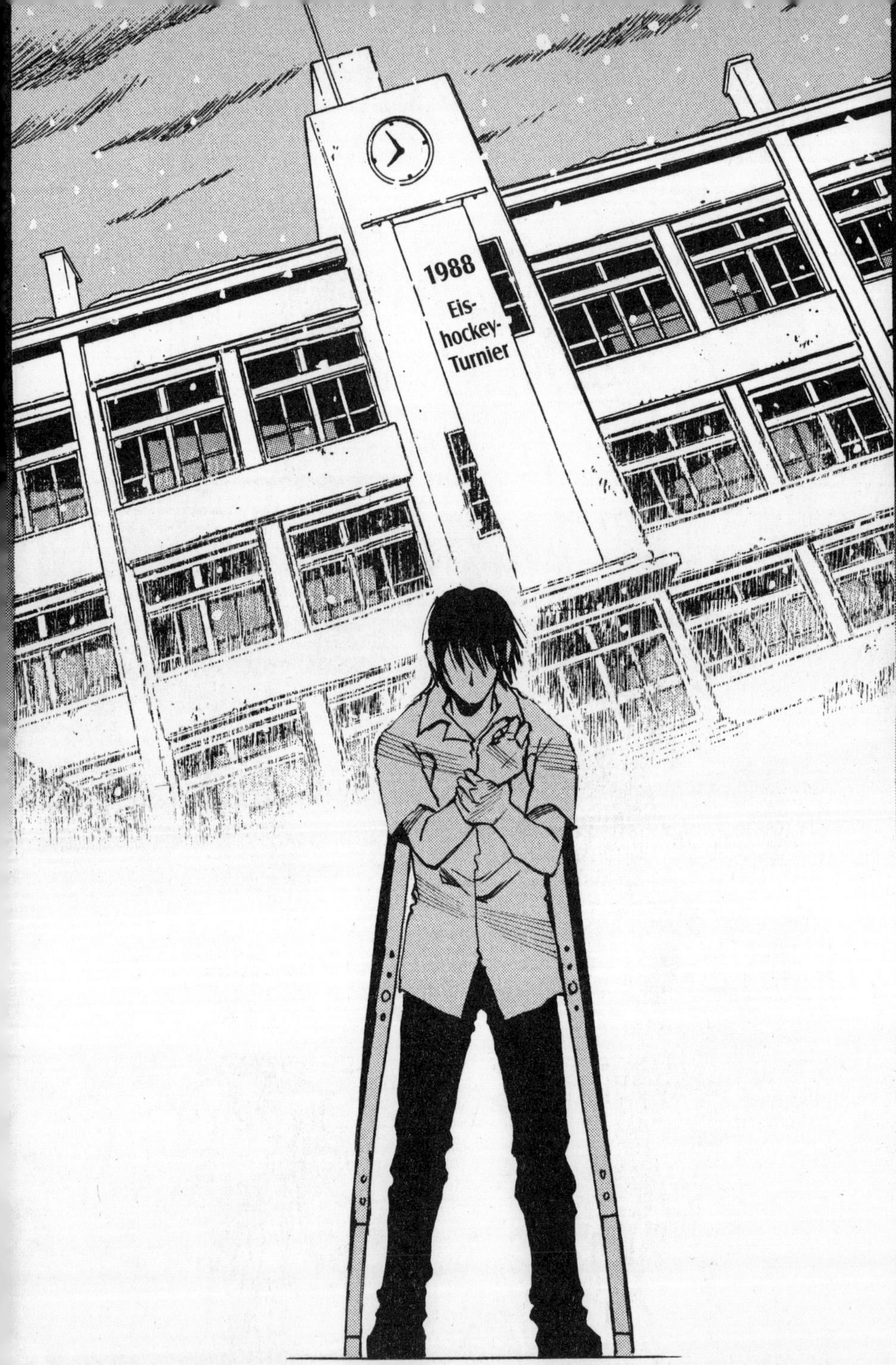
1988
Eis-
hockey-
Turnier

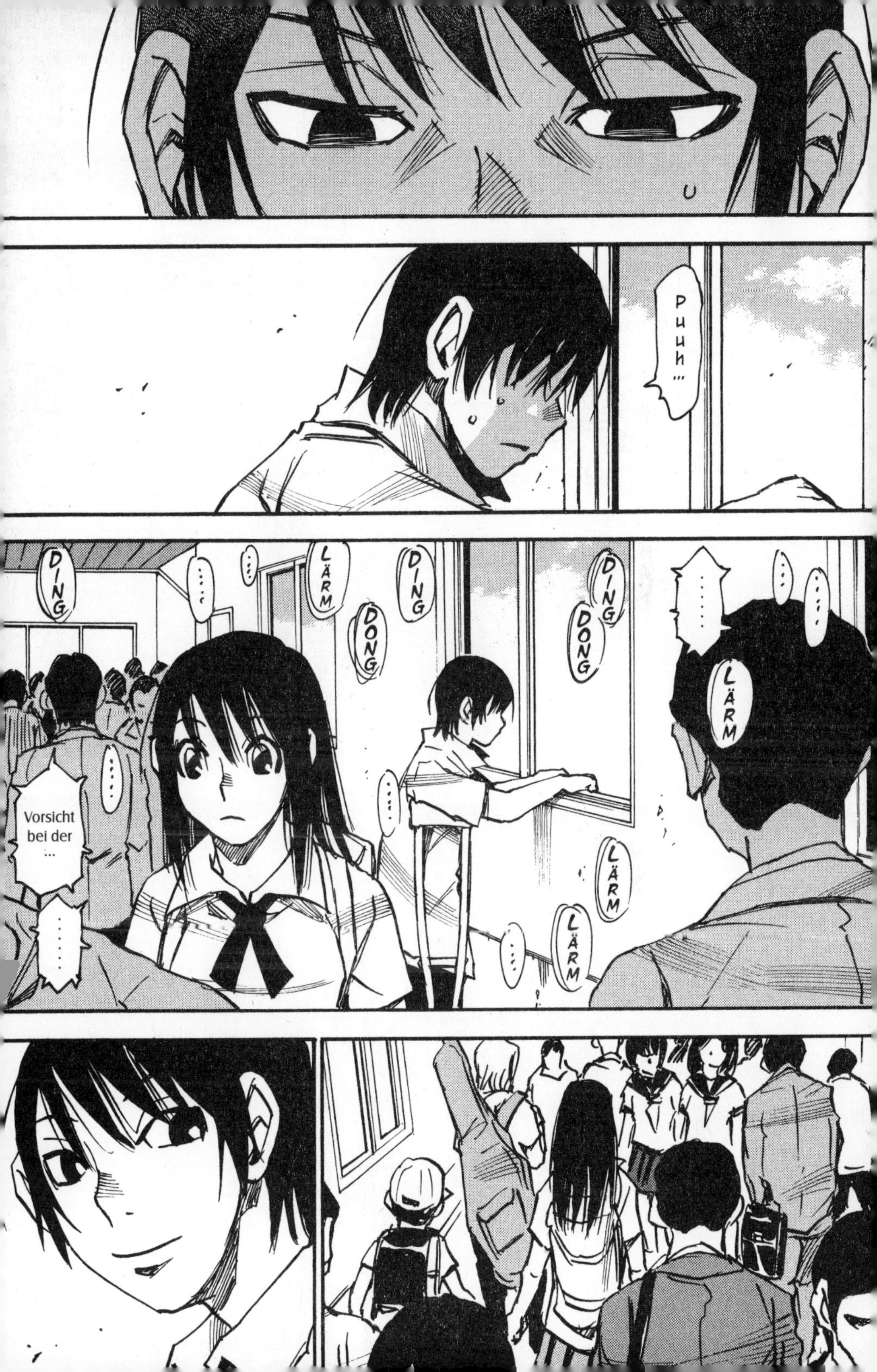
Puuh ...
......
....
....
LÄRM
LÄRM
DING DONG
DING DONG
LÄRM
DING
....
....
LÄRM
LÄRM
....
....
....
Vorsicht bei der ...
......

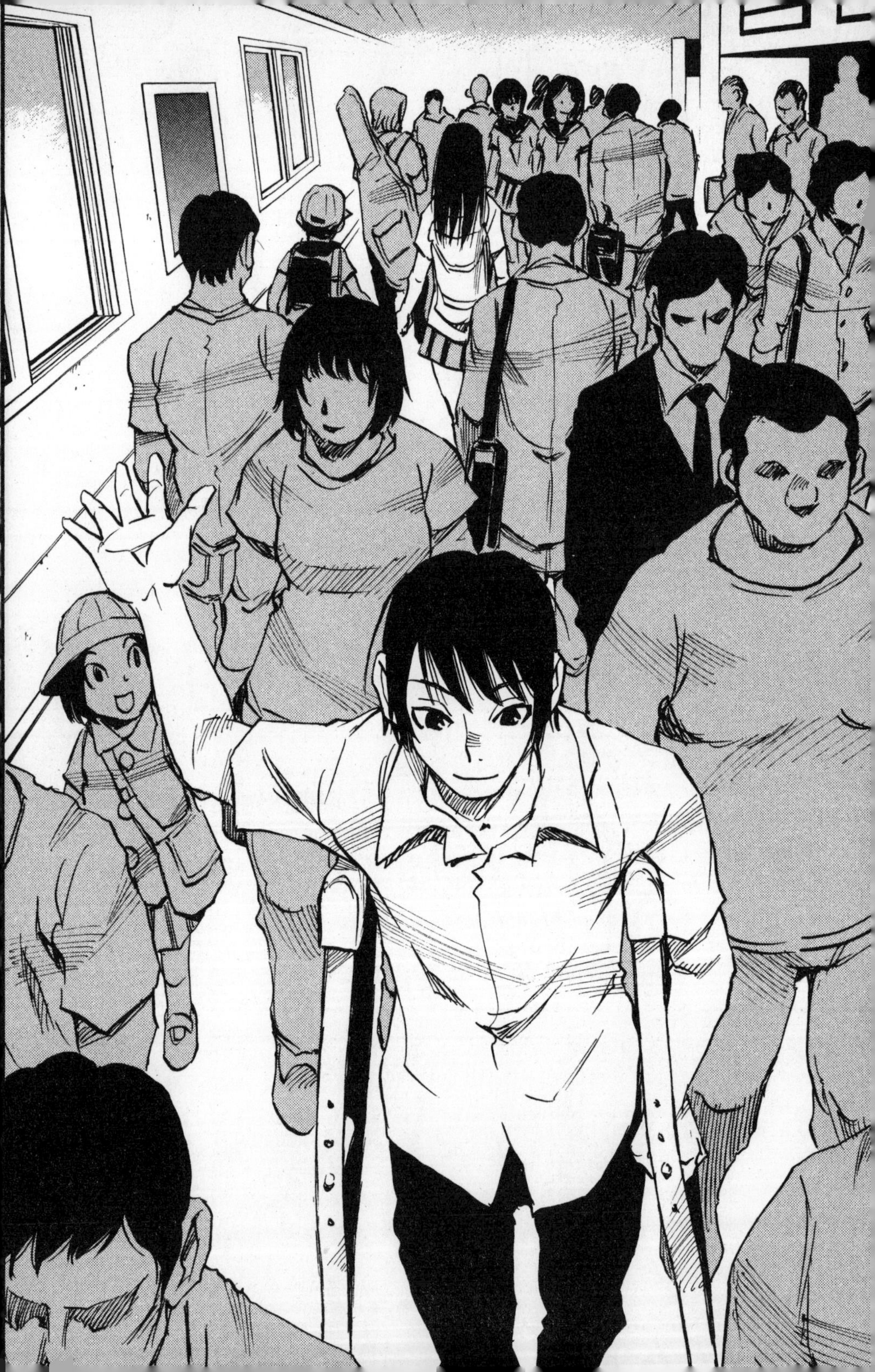

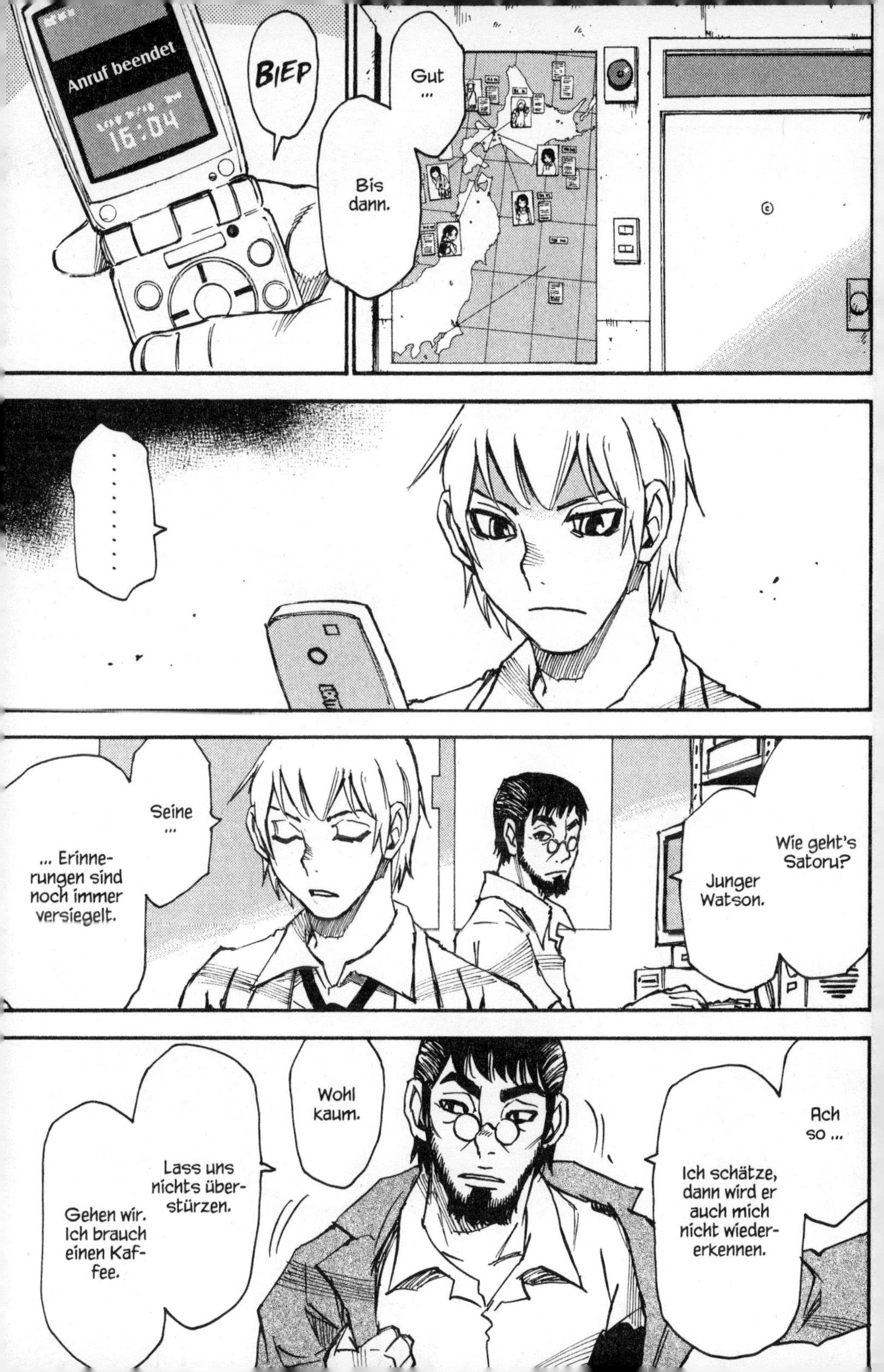
Gut ...
Bis dann.
BIEP
Anruf beendet
16:04
....
Wie geht's Satoru?
Junger Watson.
Seine ...
... Erinnerungen sind noch immer versiegelt.
Ach so ...
Ich schätze, dann wird er auch mich nicht wiedererkennen.
Wohl kaum.
Lass uns nichts überstürzen.
Gehen wir. Ich brauch einen Kaffee.

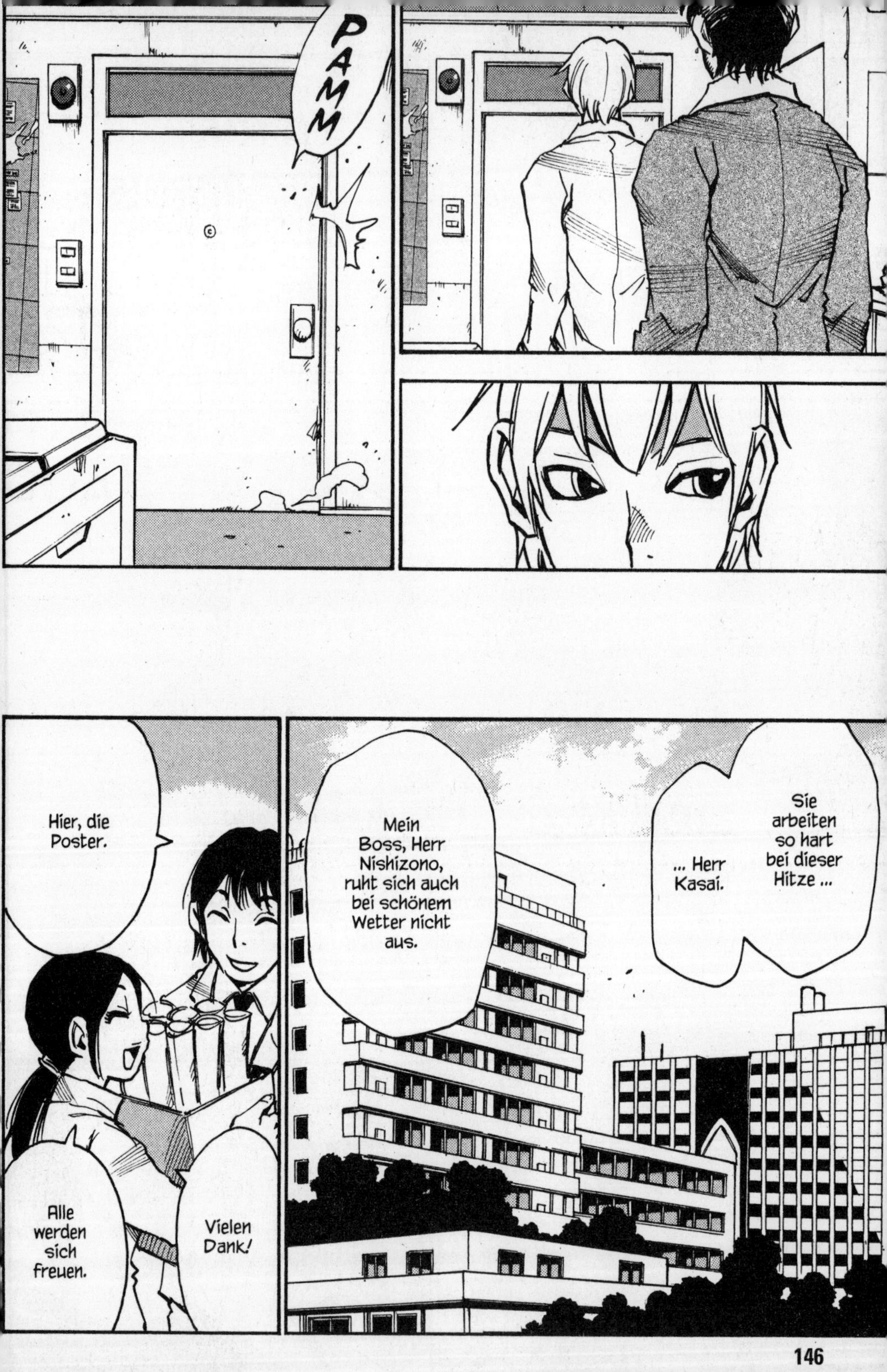
PAMM
Sie arbeiten so hart bei dieser Hitze ...
... Herr Kasai.
Mein Boss, Herr Nishizono, ruht sich auch bei schönem Wetter nicht aus.
Hier, die Poster.
Vielen Dank!
Alle werden sich freuen.

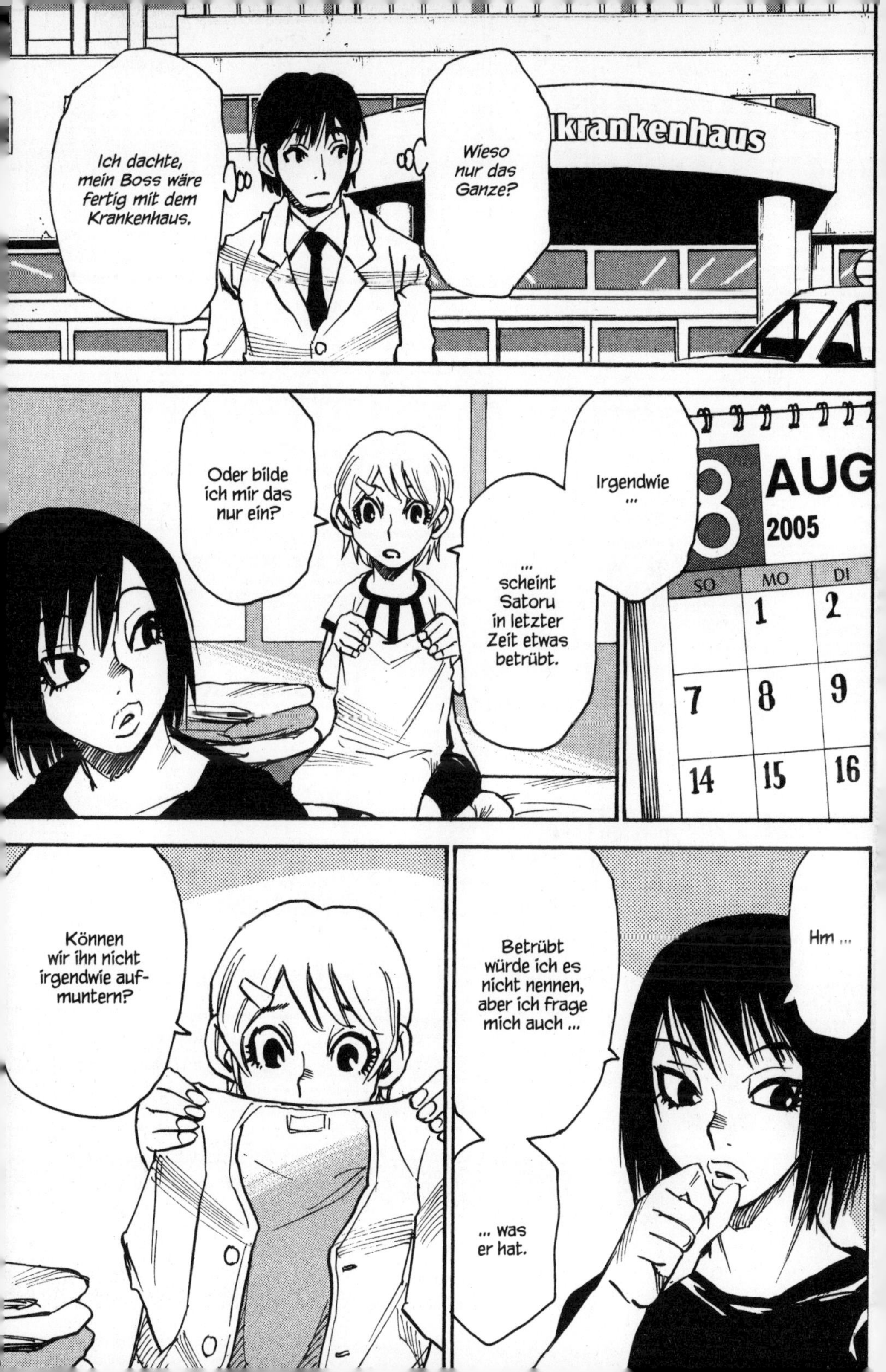
Krankenhaus
Wieso nur das Ganze?
Ich dachte, mein Boss wäre fertig mit dem Krankenhaus.
AUG
2005
SO MO DI
1 2
7 8 9
14 15 16
Irgendwie ...
... scheint Satoru in letzter Zeit etwas betrübt.
Oder bilde ich mir das nur ein?
Hm ...
Betrübt würde ich es nicht nennen, aber ich frage mich auch ...
... was er hat.
Können wir ihn nicht irgendwie aufmuntern?

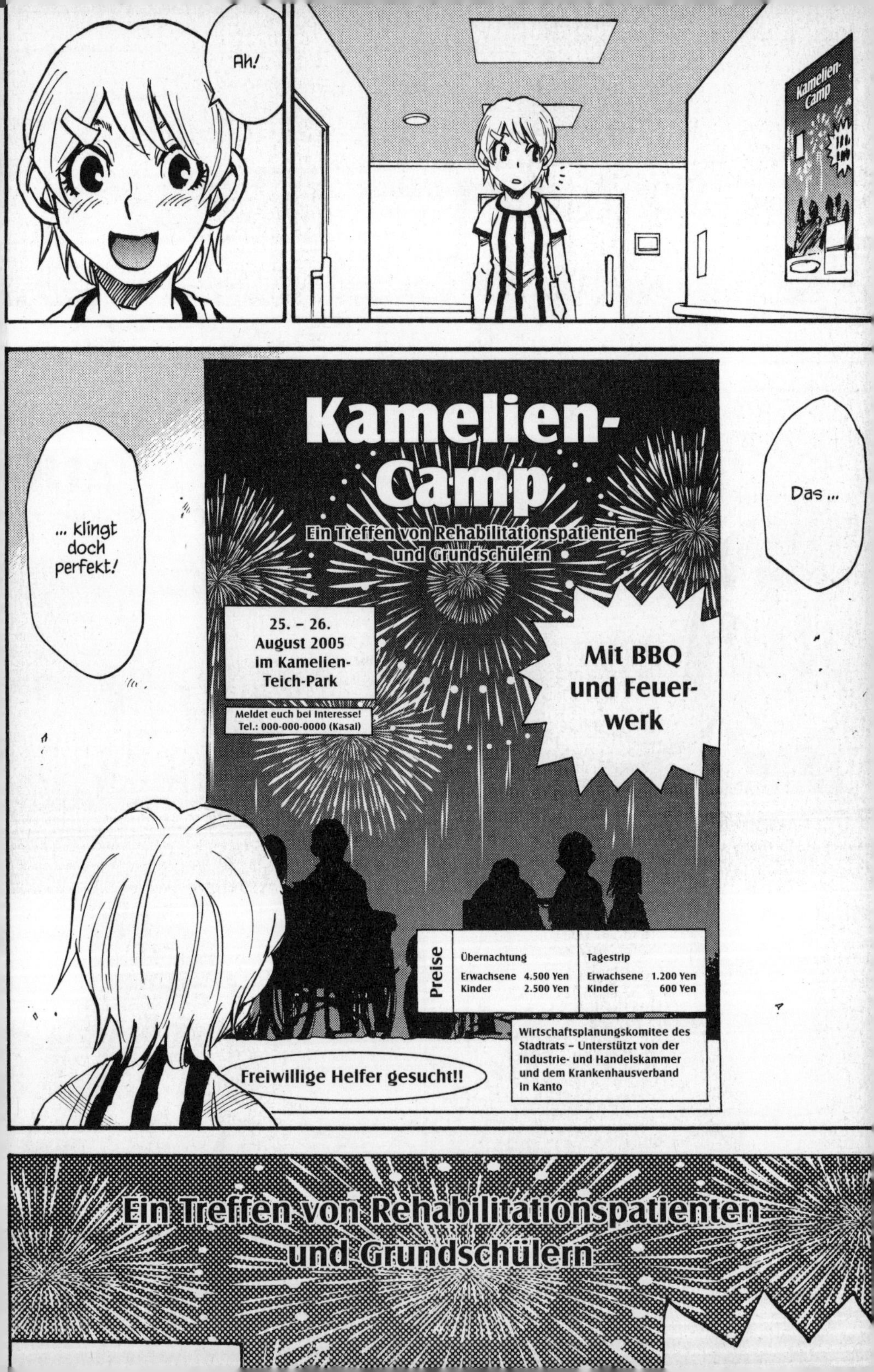
Ah!
Kamelien-Camp
Das ...
... klingt doch perfekt!
Kamelien-Camp
Ein Treffen von Rehabilitationspatienten und Grundschülern
25. – 26. August 2005 im Kamelien-Teich-Park
Meldet euch bei Interesse! Tel.: 000-000-0000 (Kasai)
Mit BBQ und Feuerwerk
Preise
Übernachtung
Erwachsene 4.500 Yen
Kinder 2.500 Yen
Tagestrip
Erwachsene 1.200 Yen
Kinder 600 Yen
Freiwillige Helfer gesucht!!
Wirtschaftsplanungskomitee des Stadtrats – Unterstützt von der Industrie- und Handelskammer und dem Krankenhausverband in Kanto
Ein Treffen von Rehabilitationspatienten und Grundschülern

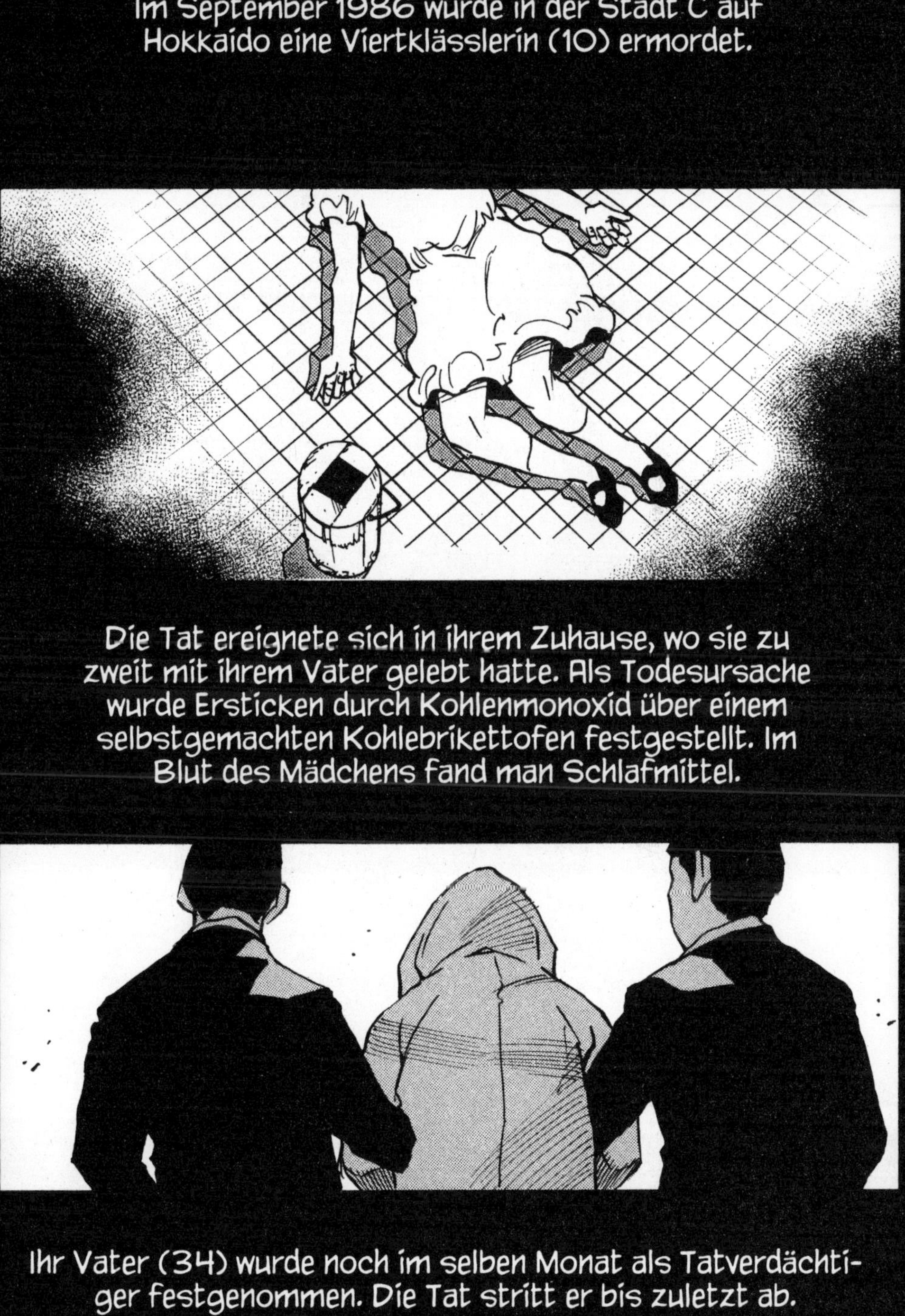
Im September 1986 wurde in der Stadt C auf Hokkaido eine Viertklässlerin (10) ermordet.
Die Tat ereignete sich in ihrem Zuhause, wo sie zu zweit mit ihrem Vater gelebt hatte. Als Todesursache wurde Ersticken durch Kohlenmonoxid über einem selbstgemachten Kohlebrikettofen festgestellt. Im Blut des Mädchens fand man Schlafmittel.
Ihr Vater (34) wurde noch im selben Monat als Tatverdächtiger festgenommen. Die Tat stritt er bis zuletzt ab.

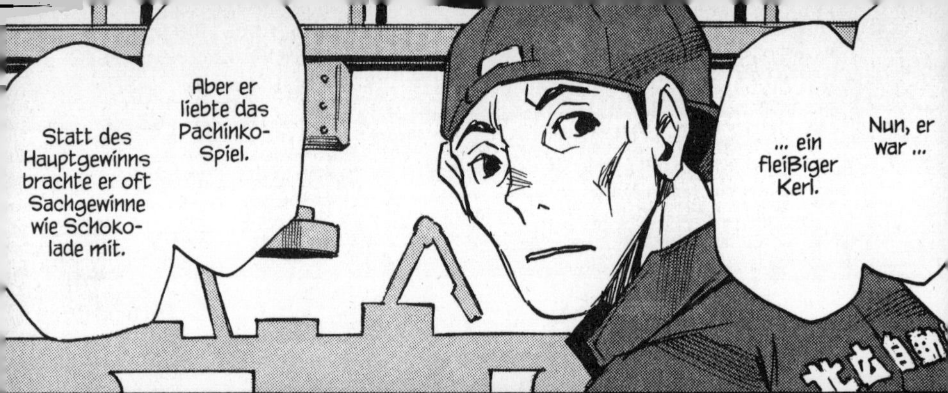

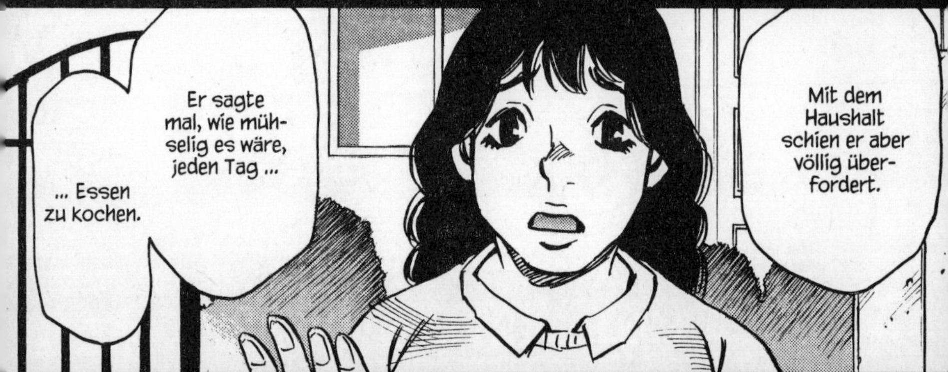

Mit einem verlegenen Lächeln.

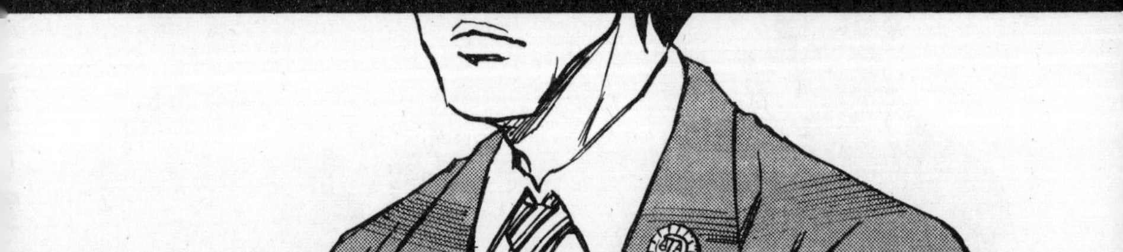

Takanari Kobayashi, der verteidigende Anwalt, glaubte dem Angeklagten und plädierte auf unschuldig, da keinerlei Sachbeweise vorlagen und ausschließlich Indizien, sehr zu Ungunsten des Angeklagten, herangezogen wurden.

In der ersten Instanz im Juli 1987 wurde der Angeklagte jedoch zu zwölf Jahren Haft verurteilt. Nachdem sowohl die Berufung als auch die Revision gescheitert waren, wurde seine Strafe im November 1988 endgültig verhängt.

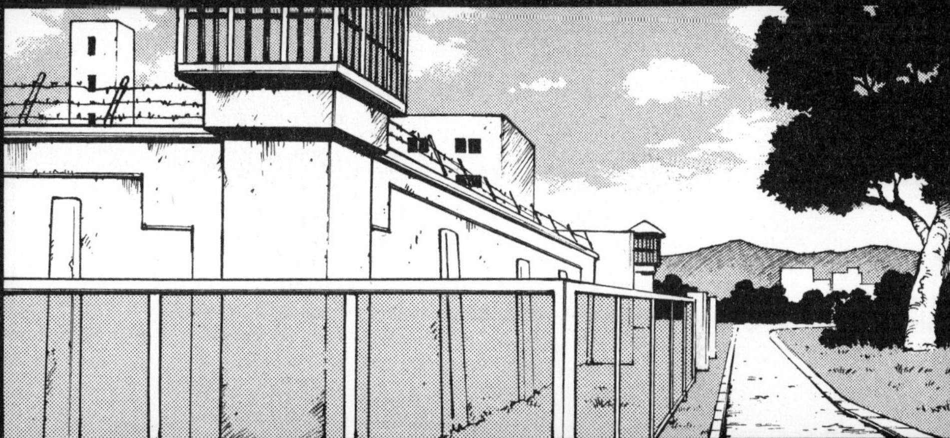

Im Dezember 1996 kam der vermeintliche Täter, der Vater des Mädchens, auf Bewährung frei.

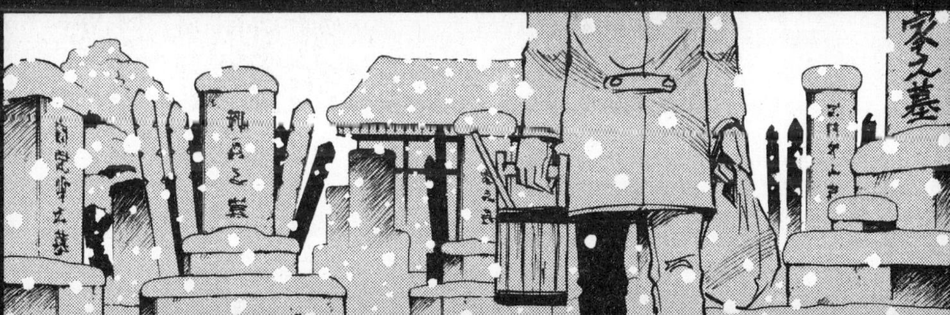

Im September 2001 verjährte die Straftat.

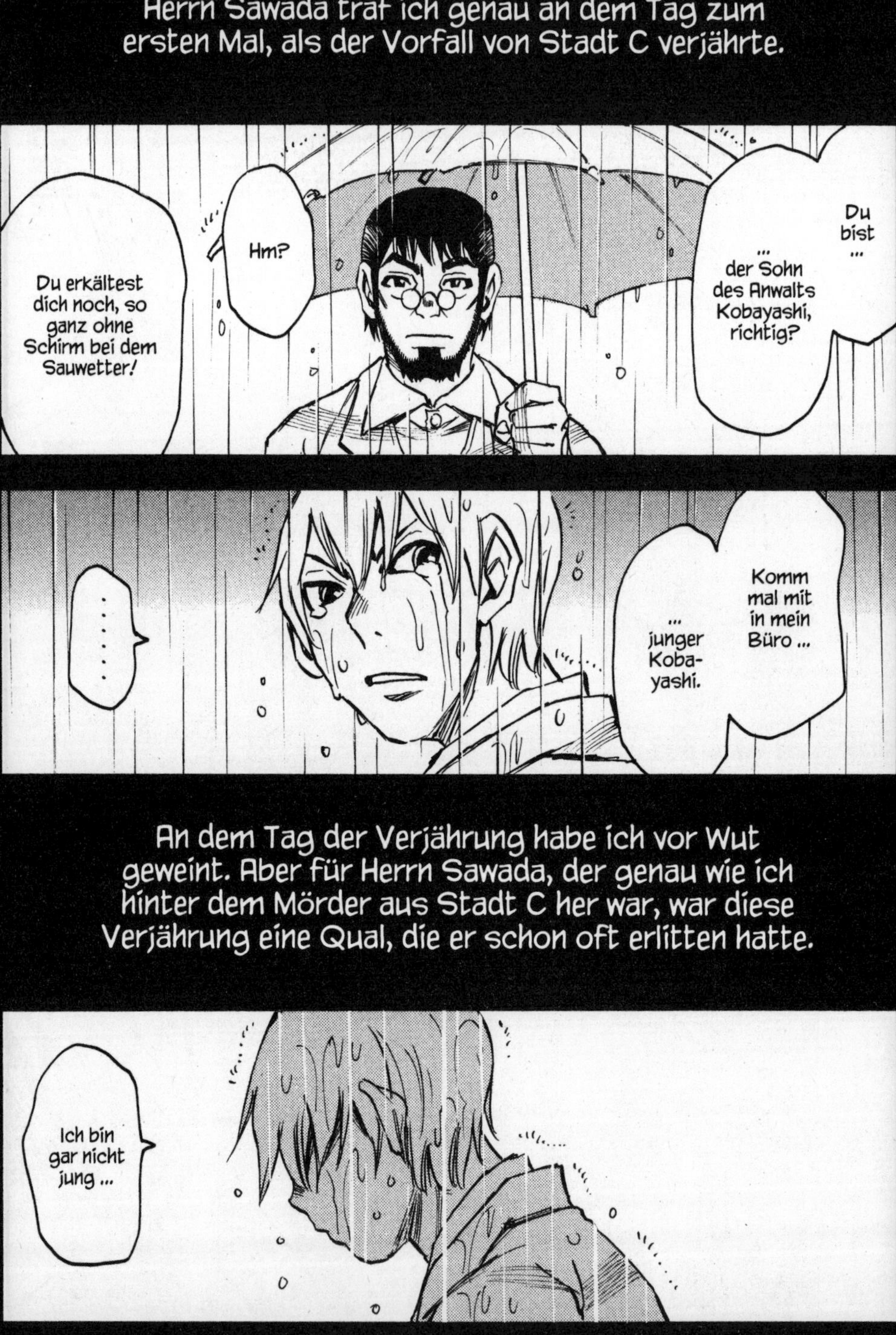
Herrn Sawada traf ich genau an dem Tag zum ersten Mal, als der Vorfall von Stadt C verjährte.
Du bist ... ... der Sohn des Anwalts Kobayashi, richtig?
Hm?
Du erkältest dich noch, so ganz ohne Schirm bei dem Sauwetter!
Komm mal mit in mein Büro ...
... junger Kobayashi.
......
An dem Tag der Verjährung habe ich vor Wut geweint. Aber für Herrn Sawada, der genau wie ich hinter dem Mörder aus Stadt C her war, war diese Verjährung eine Qual, die er schon oft erlitten hatte.
Ich bin gar nicht jung ...

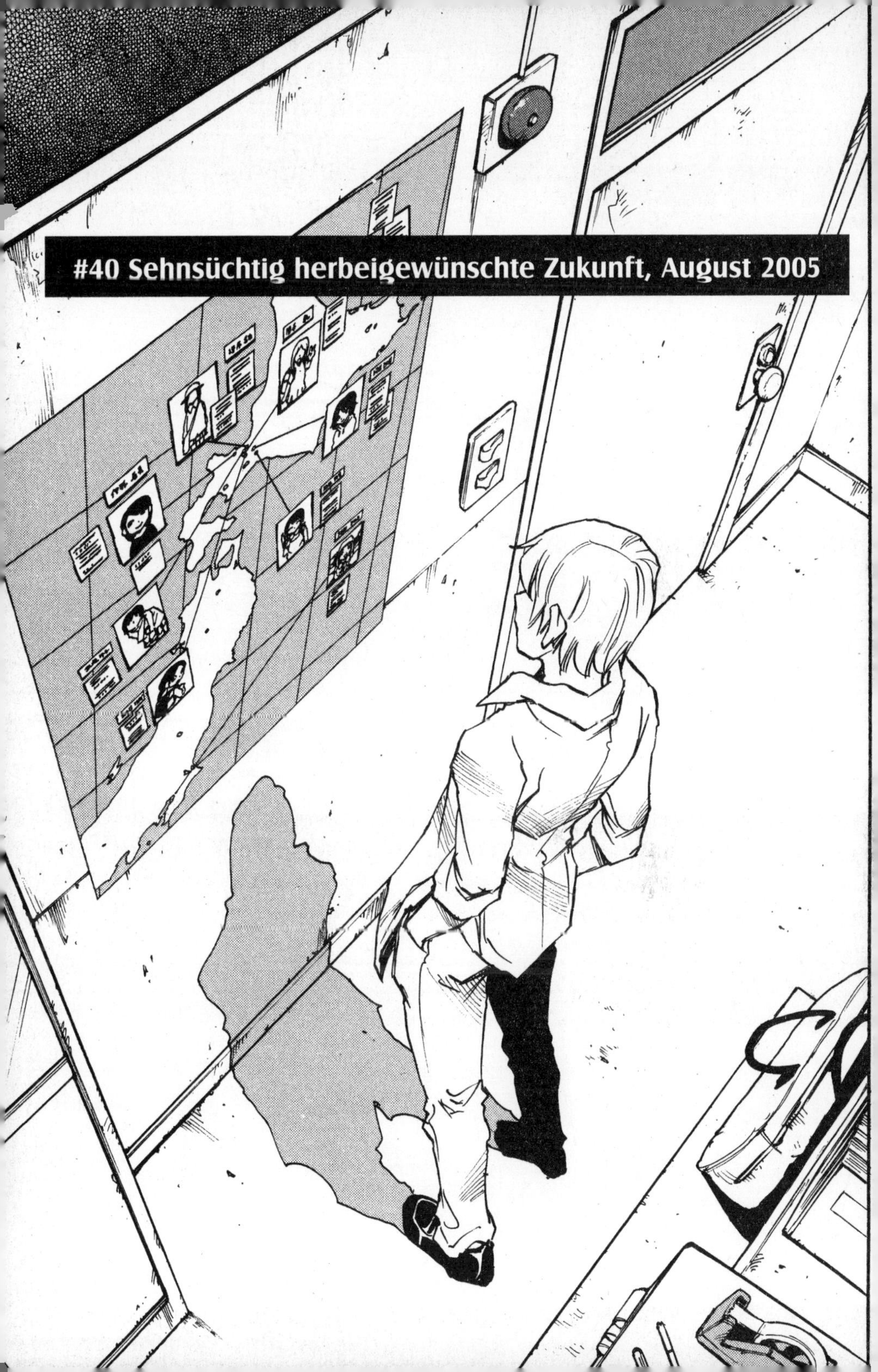

#40 Sehnsüchtig herbeigewünschte Zukunft, August 2005

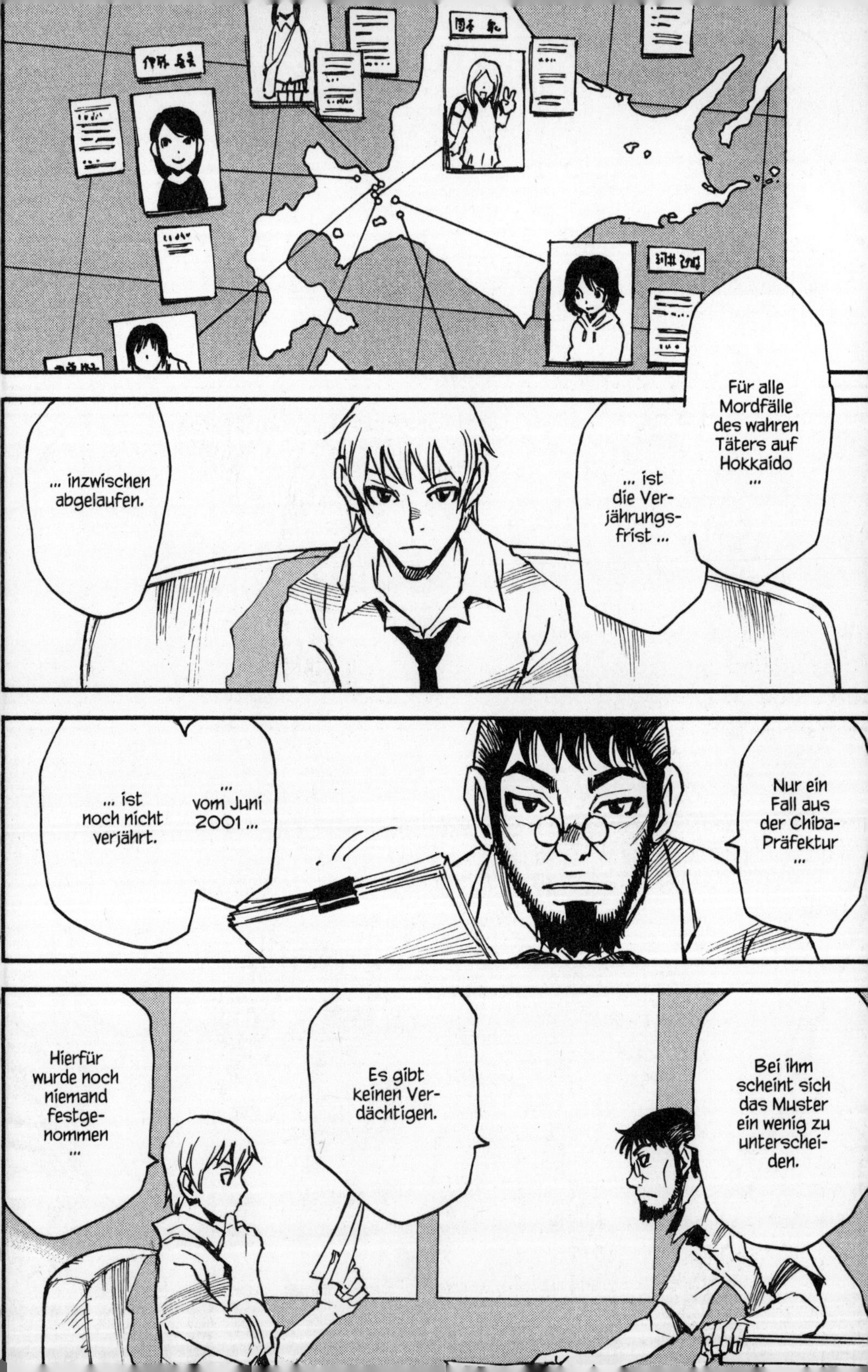
Für alle Mordfälle des wahren Täters auf Hokkaido ...
... ist die Verjährungsfrist ...
... inzwischen abgelaufen.
Nur ein Fall aus der Chiba-Präfektur ...
... vom Juni 2001 ...
... ist noch nicht verjährt.
Bei ihm scheint sich das Muster ein wenig zu unterscheiden.
Es gibt keinen Verdächtigen.
Hierfür wurde noch niemand Festgenommen ...

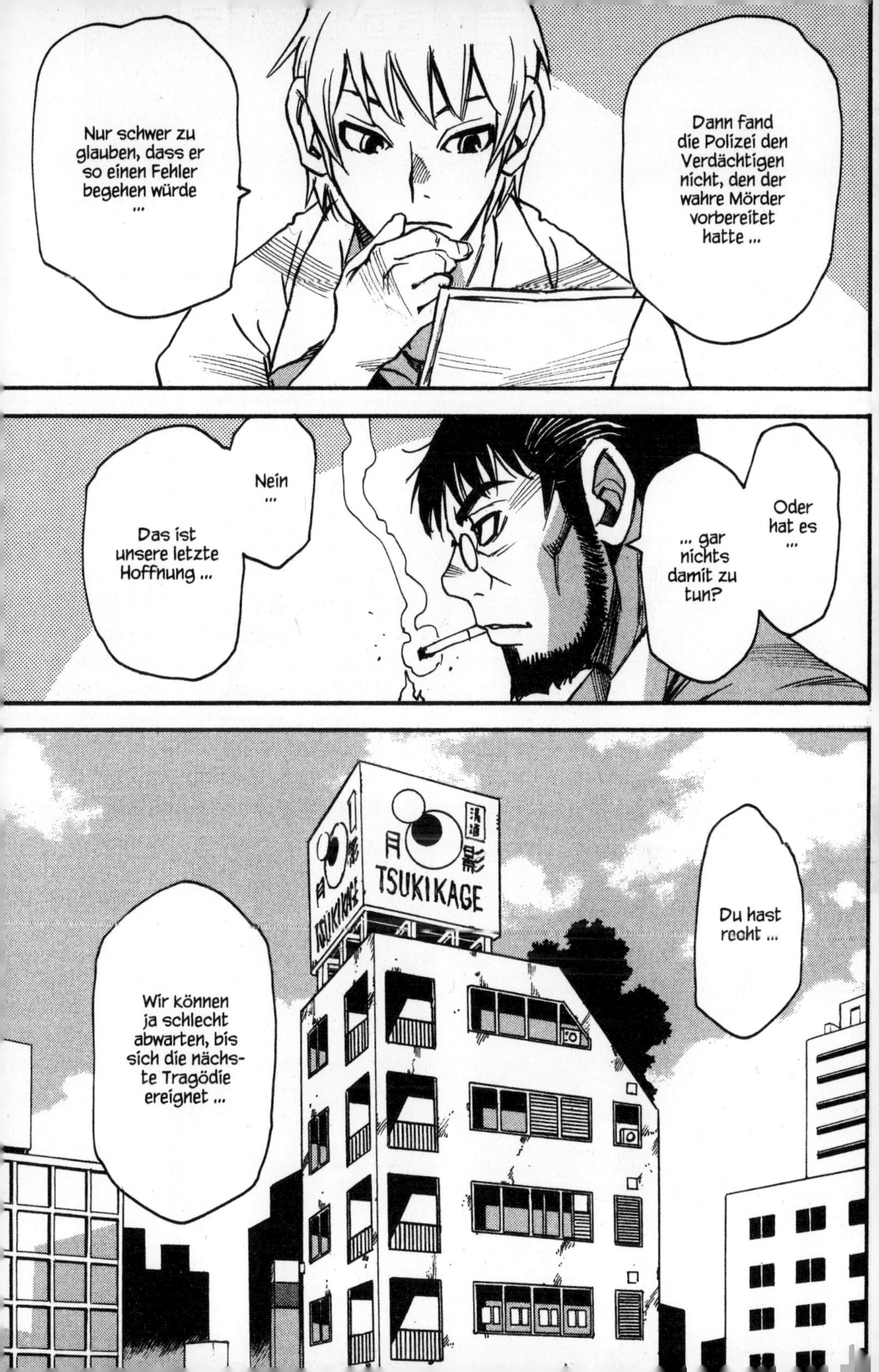

Dann fand die Polizei den Verdächtigen nicht, den der wahre Mörder vorbereitet hatte ...
Nur schwer zu glauben, dass er so einen Fehler begehen würde ...
Oder hat es ...
... gar nichts damit zu tun?
Nein ...
Das ist unsere letzte Hoffnung ...
TSUKIKAGE
Du hast recht ...
Wir können ja schlecht abwarten, bis sich die nächste Tragödie ereignet ...

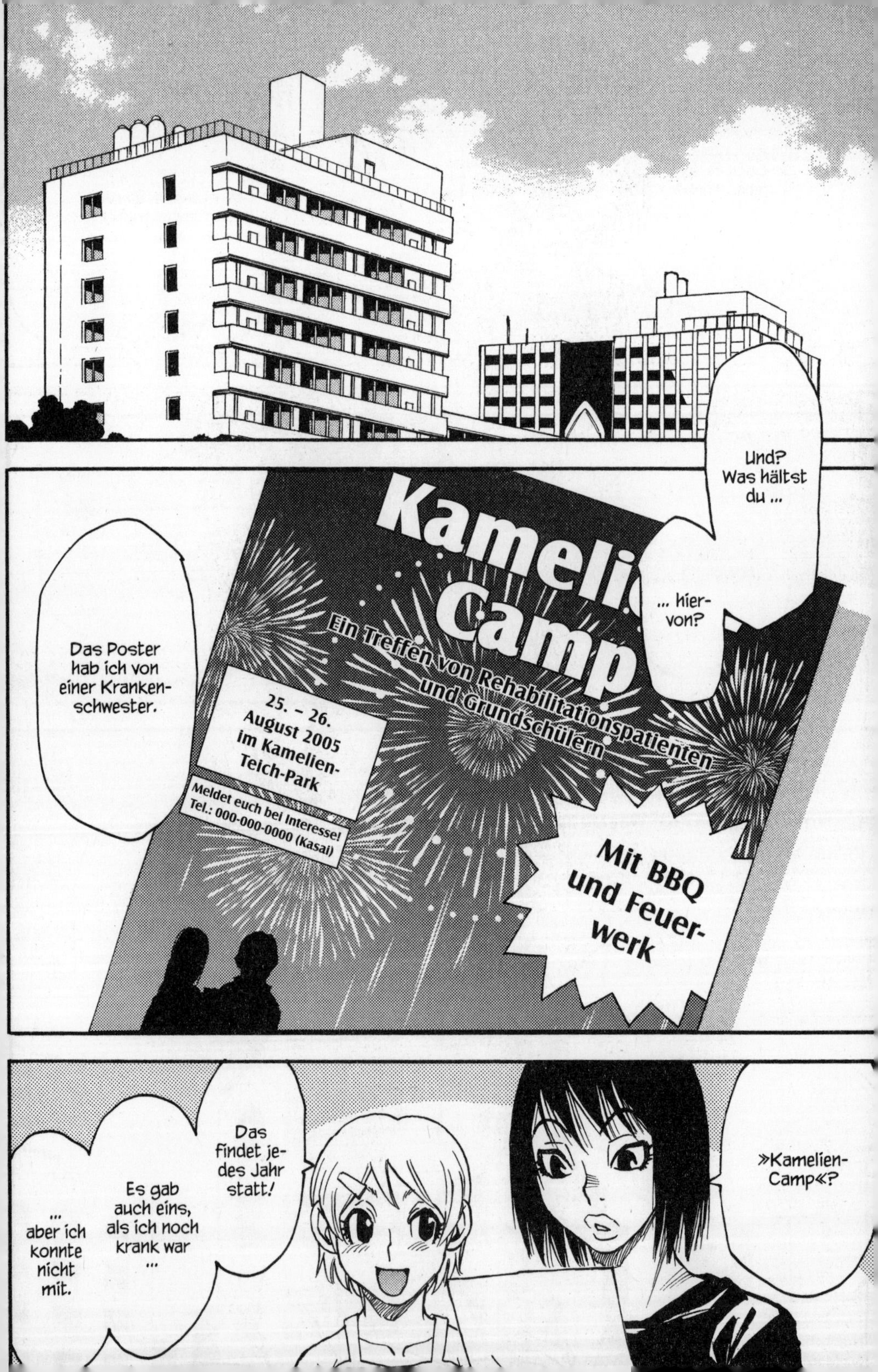
Und? Was hältst du ...
... hier- von?
Das Poster hab ich von einer Kranken- schwester.
Kamelien-Camp
Ein Treffen von Rehabilitationspatienten und Grundschülern
25. – 26. August 2005 im Kamelien- Teich-Park
Meldet euch bei Interesse! Tel.: 000-000-0000 (Kasai)
Mit BBQ und Feuer- werk
»Kamelien- Camp«?
Das findet je- des Jahr statt!
Es gab auch eins, als ich noch krank war ...
... aber ich konnte nicht mit.

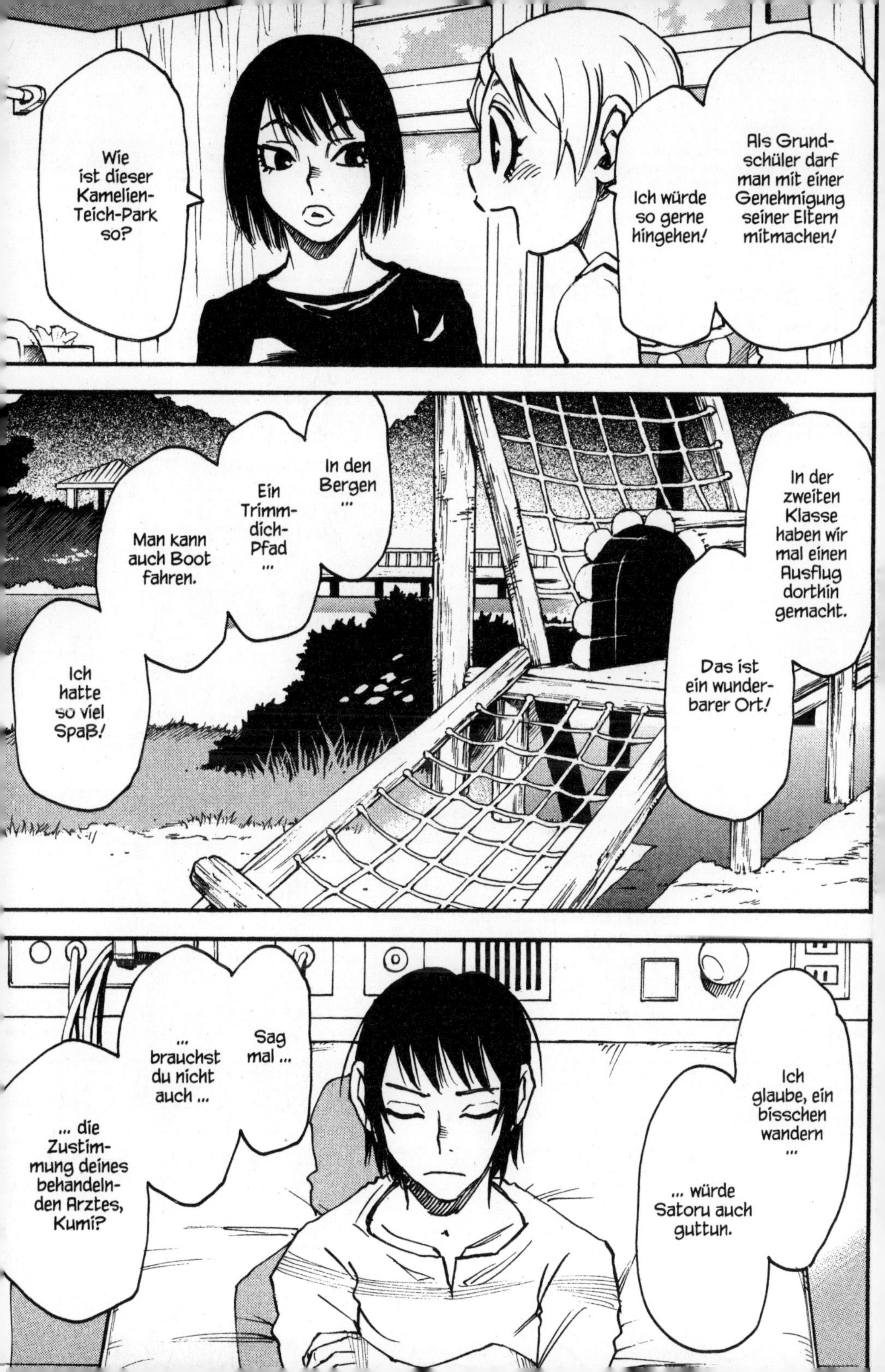

Als Grund-schüler darf man mit einer Genehmigung seiner Eltern mitmachen!
Ich würde so gerne hingehen!
Wie ist dieser Kamelien-Teich-Park so?
In der zweiten Klasse haben wir mal einen Ausflug dorthin gemacht.
Das ist ein wunder-barer Ort!
In den Bergen ...
Ein Trimm-dich-Pfad ...
Man kann auch Boot fahren.
Ich hatte so viel Spaß!
Ich glaube, ein bisschen wandern ...
... würde Satoru auch guttun.
Sag mal ...
... brauchst du nicht auch ...
... die Zustim-mung deines behandeln-den Arztes, Kumi?

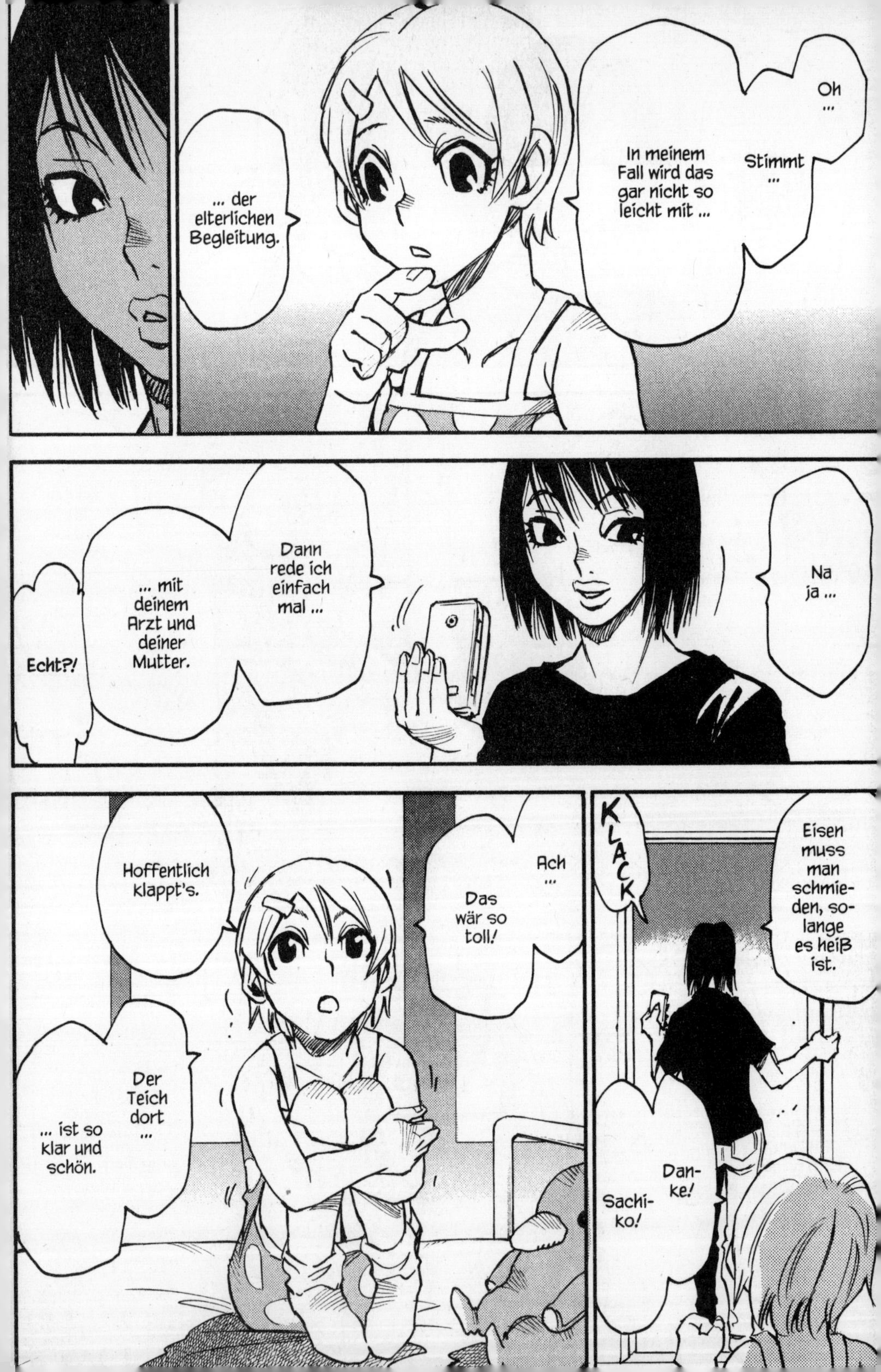
Oh ... Stimmt ...
In meinem Fall wird das gar nicht so leicht mit ...
... der elterlichen Begleitung.
Na ja ...
Dann rede ich einfach mal ...
... mit deinem Arzt und deiner Mutter.
Echt?!
Eisen muss man schmieden, solange es heiß ist.
KLACK
Danke! Sachiko!
Ach ... Das wär so toll!
Hoffentlich klappt's.
Der Teich dort ...
... ist so klar und schön.

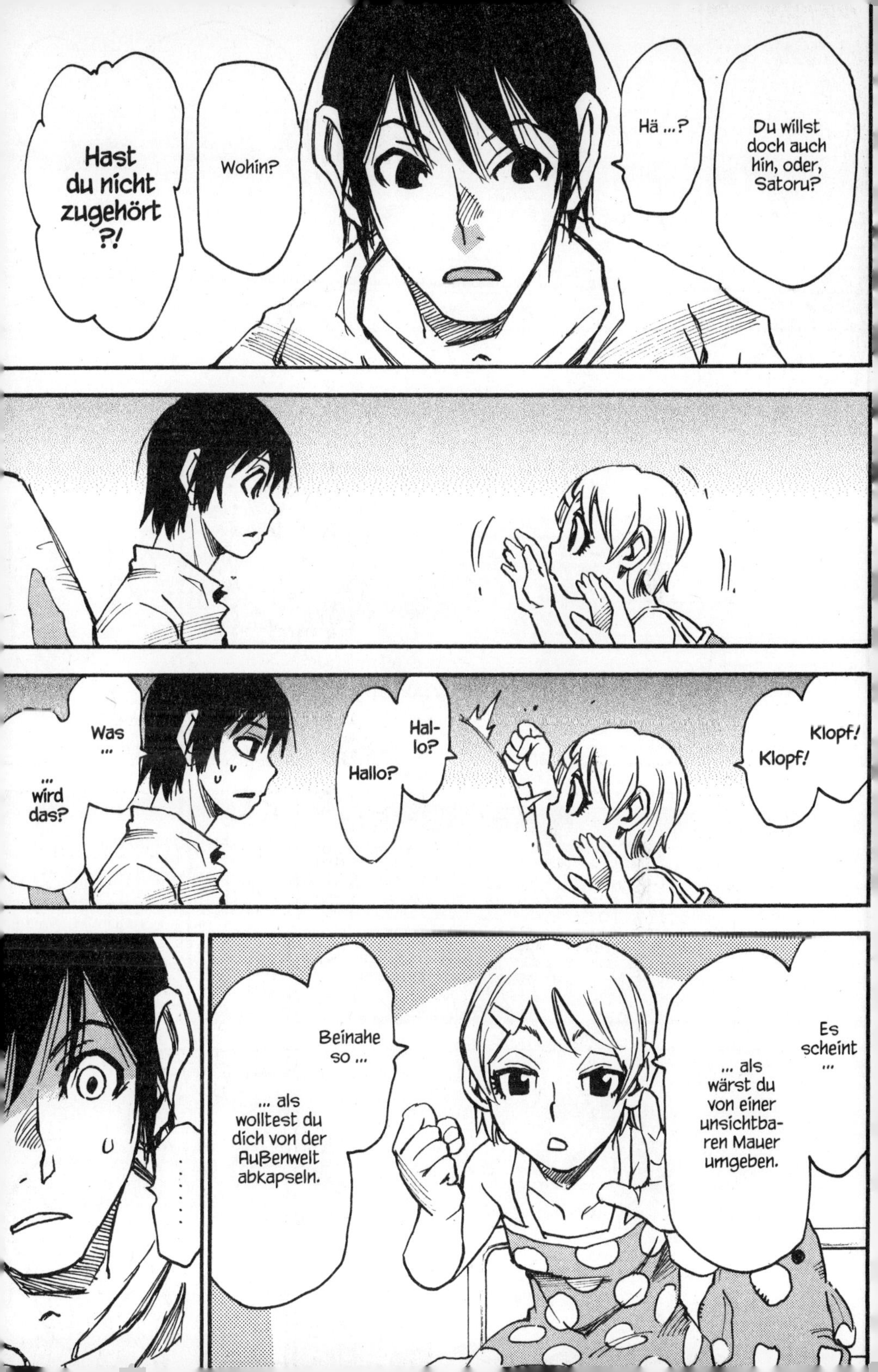

Du willst doch auch hin, oder, Satoru?
Hä ...?
Wohin?
Hast du nicht zugehört ?!
Klopf! Klopf!
Hal-lo?
Hallo?
Was ...
... wird das?
Es scheint ...
... als wärst du von einer unsichtbaren Mauer umgeben.
Beinahe so ...
... als wolltest du dich von der Außenwelt abkapseln.

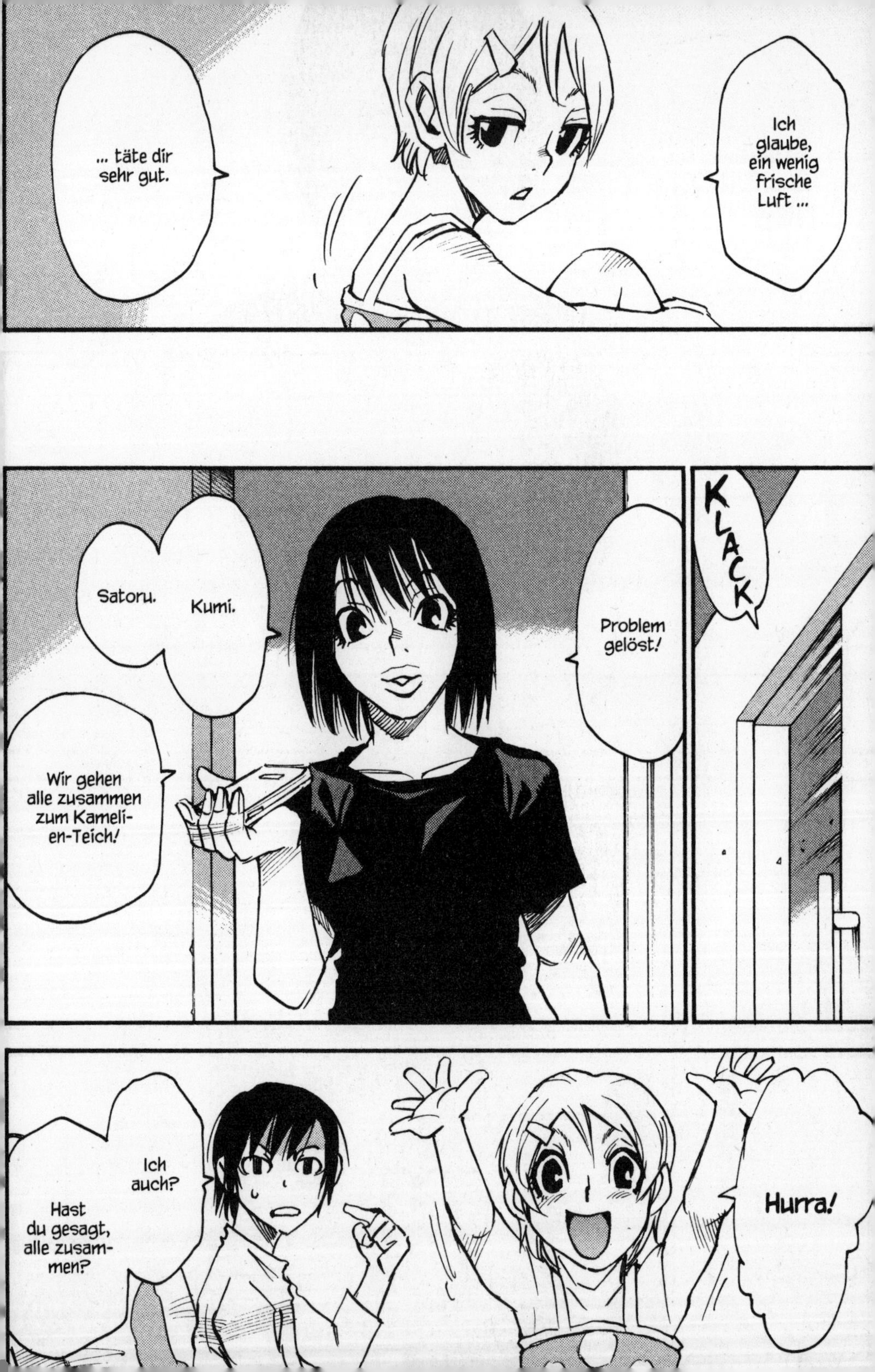
Ich glaube, ein wenig frische Luft ...
... täte dir sehr gut.
KLACK
Problem gelöst!
Kumi.
Satoru.
Wir gehen alle zusammen zum Kameli-en-Teich!
Hurra!
Ich auch?
Hast du gesagt, alle zusam-men?

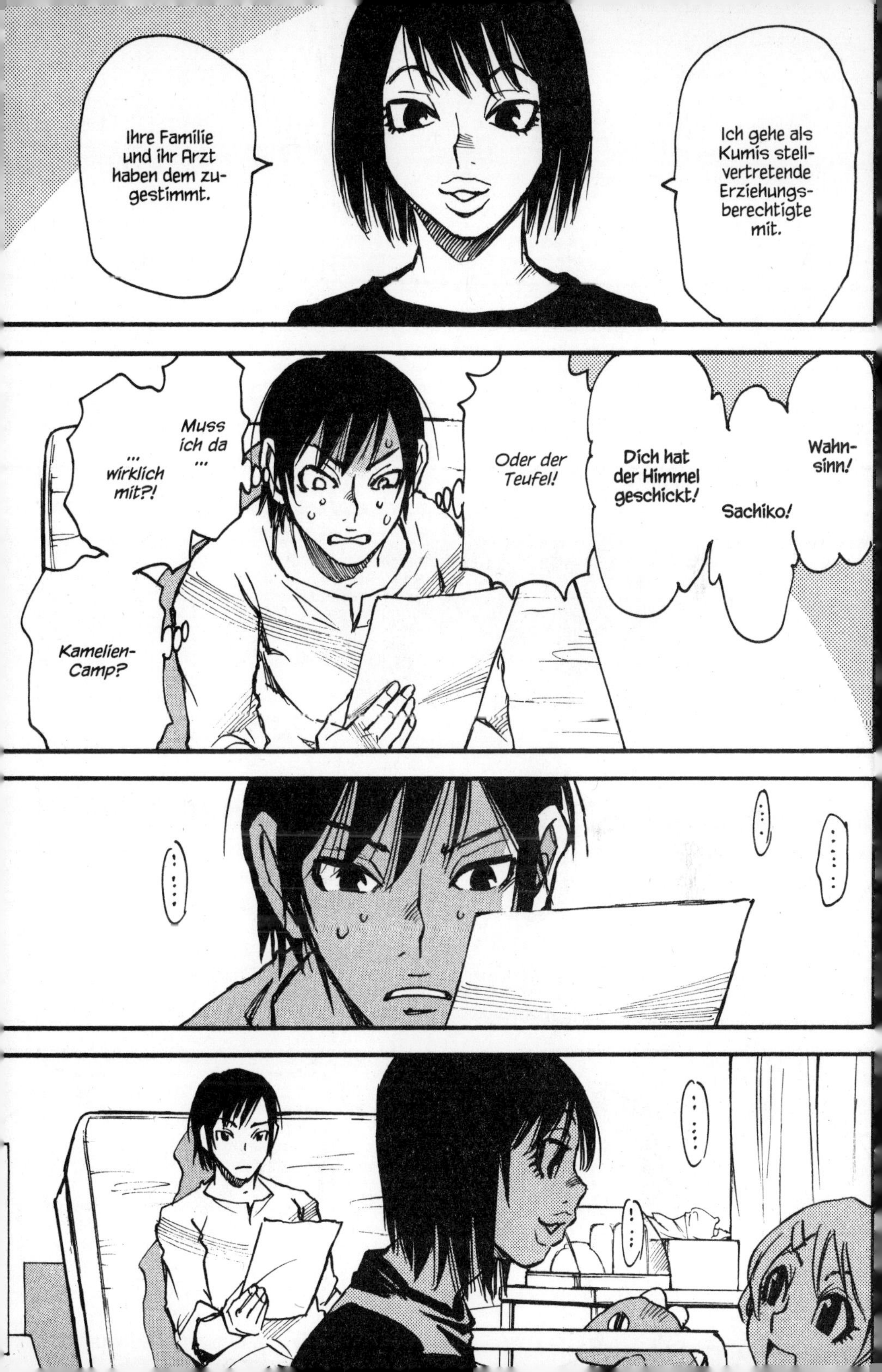

Ich gehe als Kumis stellvertretende Erziehungsberechtigte mit.
Ihre Familie und ihr Arzt haben dem zugestimmt.
Wahnsinn!
Sachiko!
Dich hat der Himmel geschickt!
Oder der Teufel!
Muss ich da ...
... wirklich mit?!
Kamelien-Camp?
......
.....
......
......
...

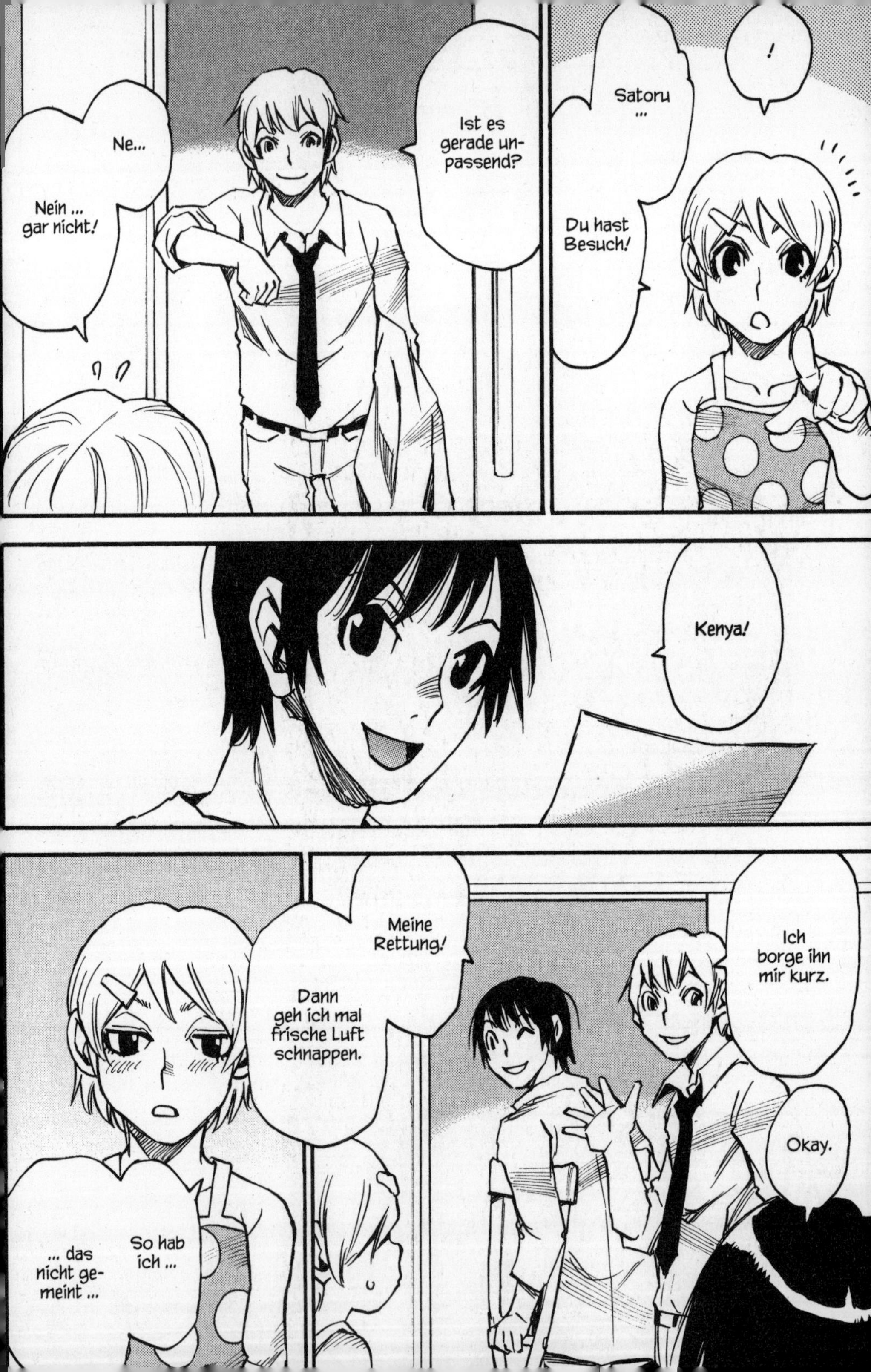
!
Satoru ...
Du hast Besuch!
Ist es gerade unpassend?
Ne...
Nein ... gar nicht!
Kenya!
Ich borge ihn mir kurz.
Okay.
Meine Rettung!
Dann geh ich mal frische Luft schnappen.
So hab ich ...
... das nicht gemeint ...

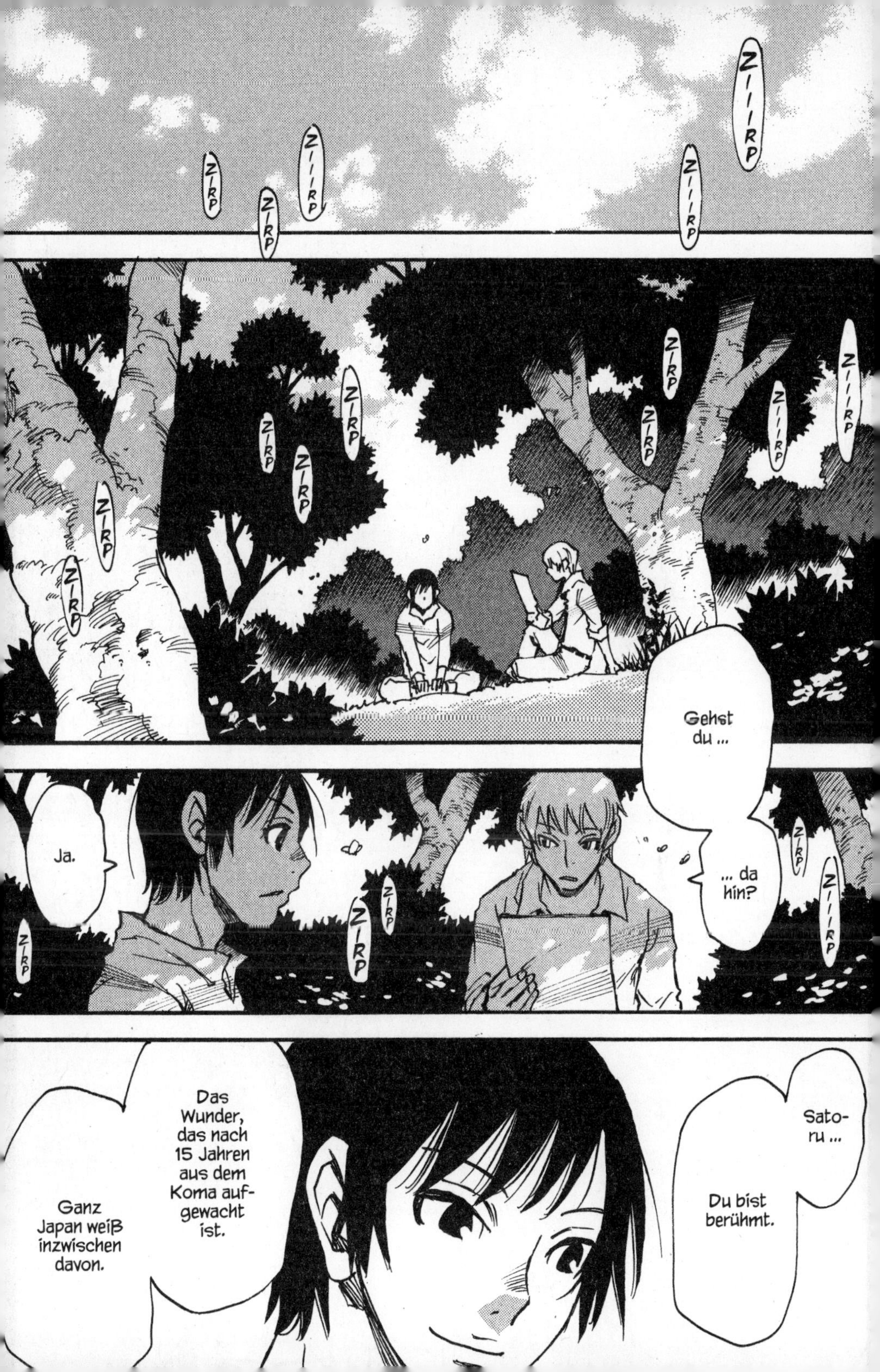

ZIIIRP
ZIIIRP
ZIIIRP
ZIRP
ZIRP
ZIIIRP
ZIIIRP
ZIRP
ZIRP
ZIRP
ZIRP
ZIRP
ZIRP
ZIRP
Gehst du ...
... da hin?
ZIIIRP
ZIRP
ZIRP
ZIRP
Ja.
ZIRP
Sato-ru ...
Du bist berühmt.
Das Wunder, das nach 15 Jahren aus dem Koma aufgewacht ist.
Ganz Japan weiß inzwischen davon.

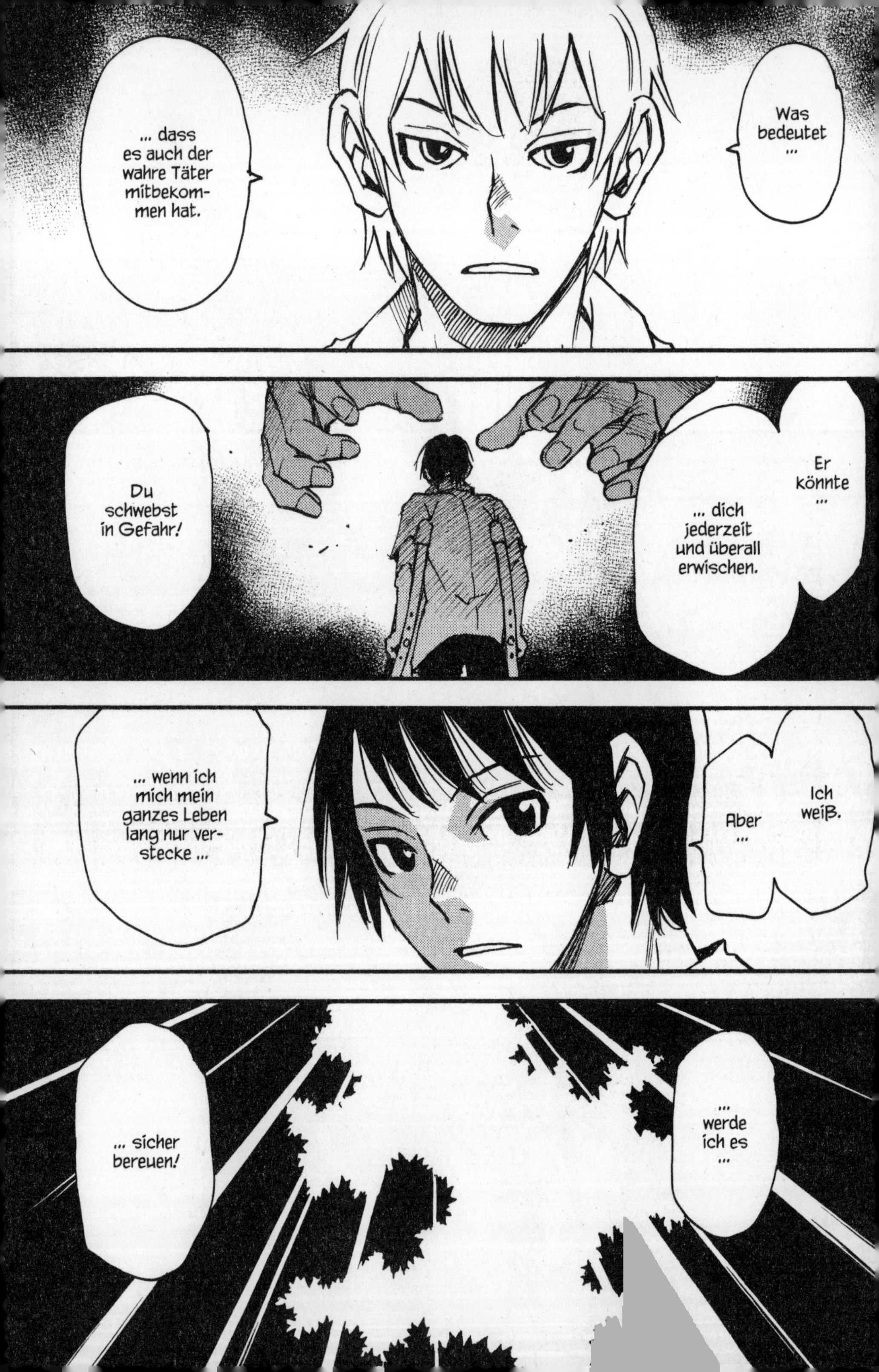
Was bedeutet ...
... dass es auch der wahre Täter mitbekommen hat.
Er könnte ...
... dich jederzeit und überall erwischen.
Du schwebst in Gefahr!
Ich weiß.
Aber ...
... wenn ich mich mein ganzes Leben lang nur verstecke ...
... werde ich es ...
... sicher bereuen!

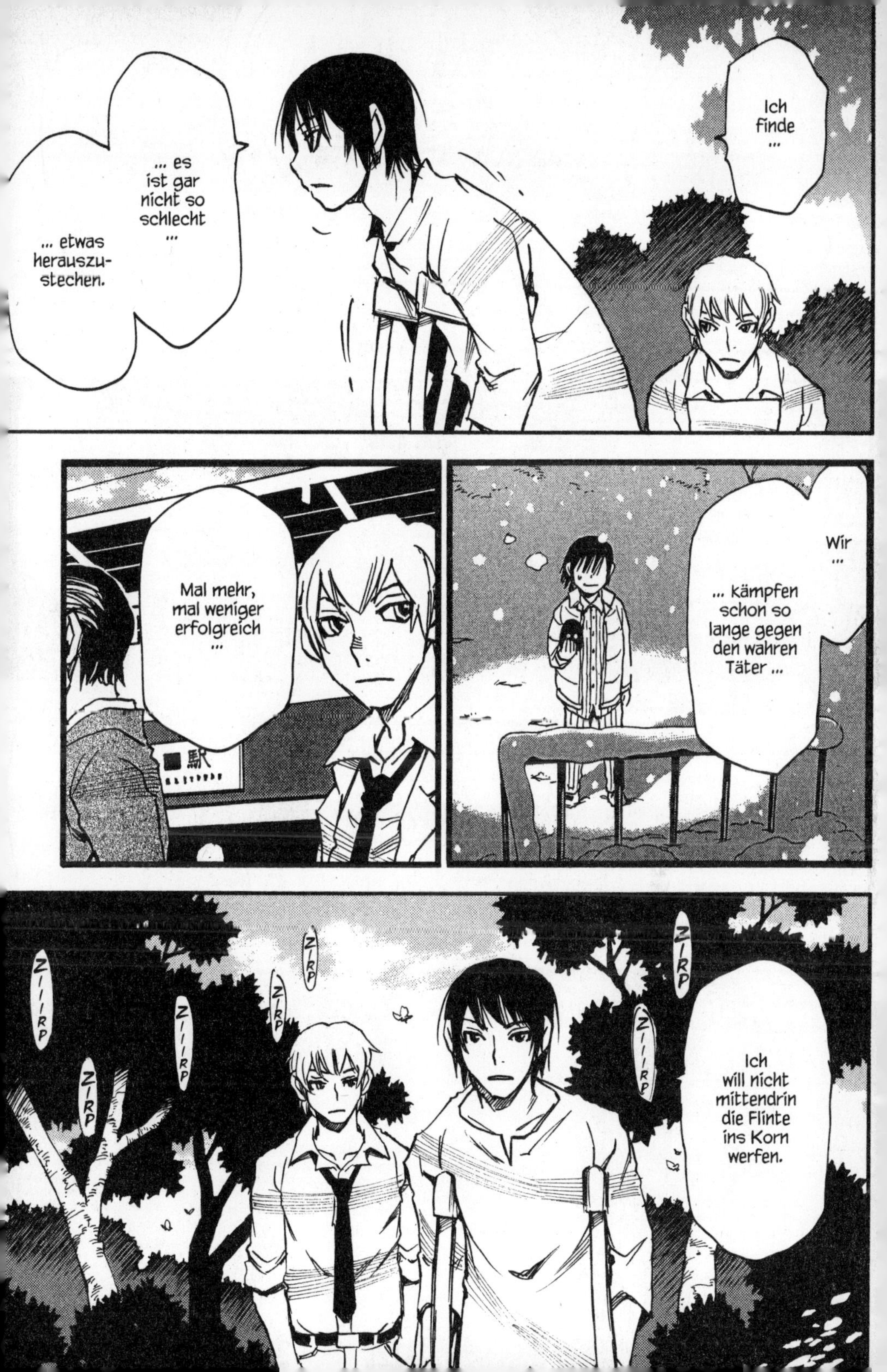
Ich finde ...
... es ist gar nicht so schlecht ...
... etwas herauszustechen.
Wir ...
... kämpfen schon so lange gegen den wahren Täter ...
Mal mehr, mal weniger erfolgreich ...
ZIRP
ZIIIRP
ZIRP
Ich will nicht mittendrin die Flinte ins Korn werfen.
ZIRP
ZIIIRP
ZIRP
ZIIIRP

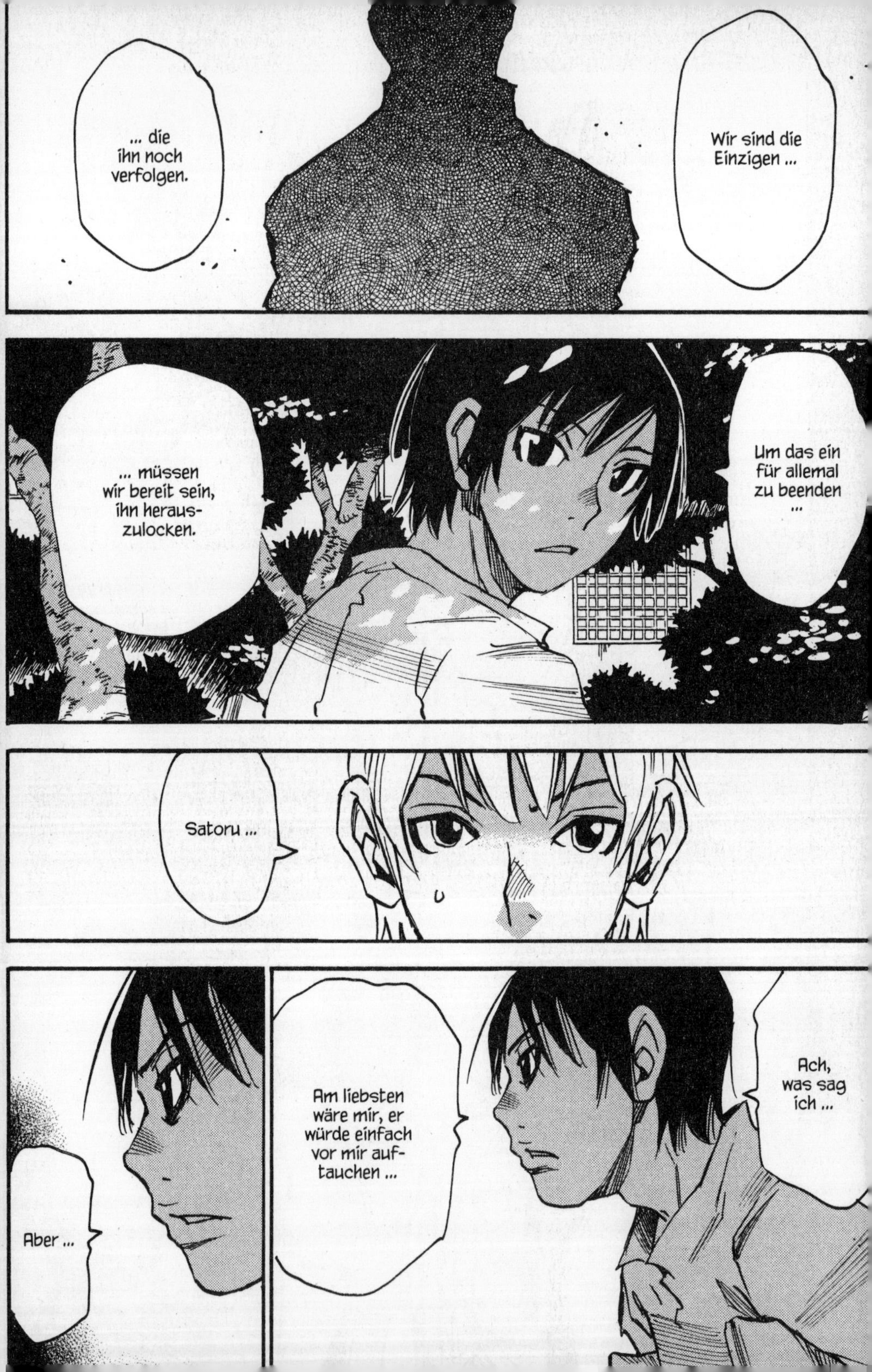
Wir sind die Einzigen ...
... die ihn noch verfolgen.
Um das ein für allemal zu beenden ...
... müssen wir bereit sein, ihn herauszulocken.
Satoru ...
Ach, was sag ich ...
Am liebsten wäre mir, er würde einfach vor mir auftauchen ...
Aber ...

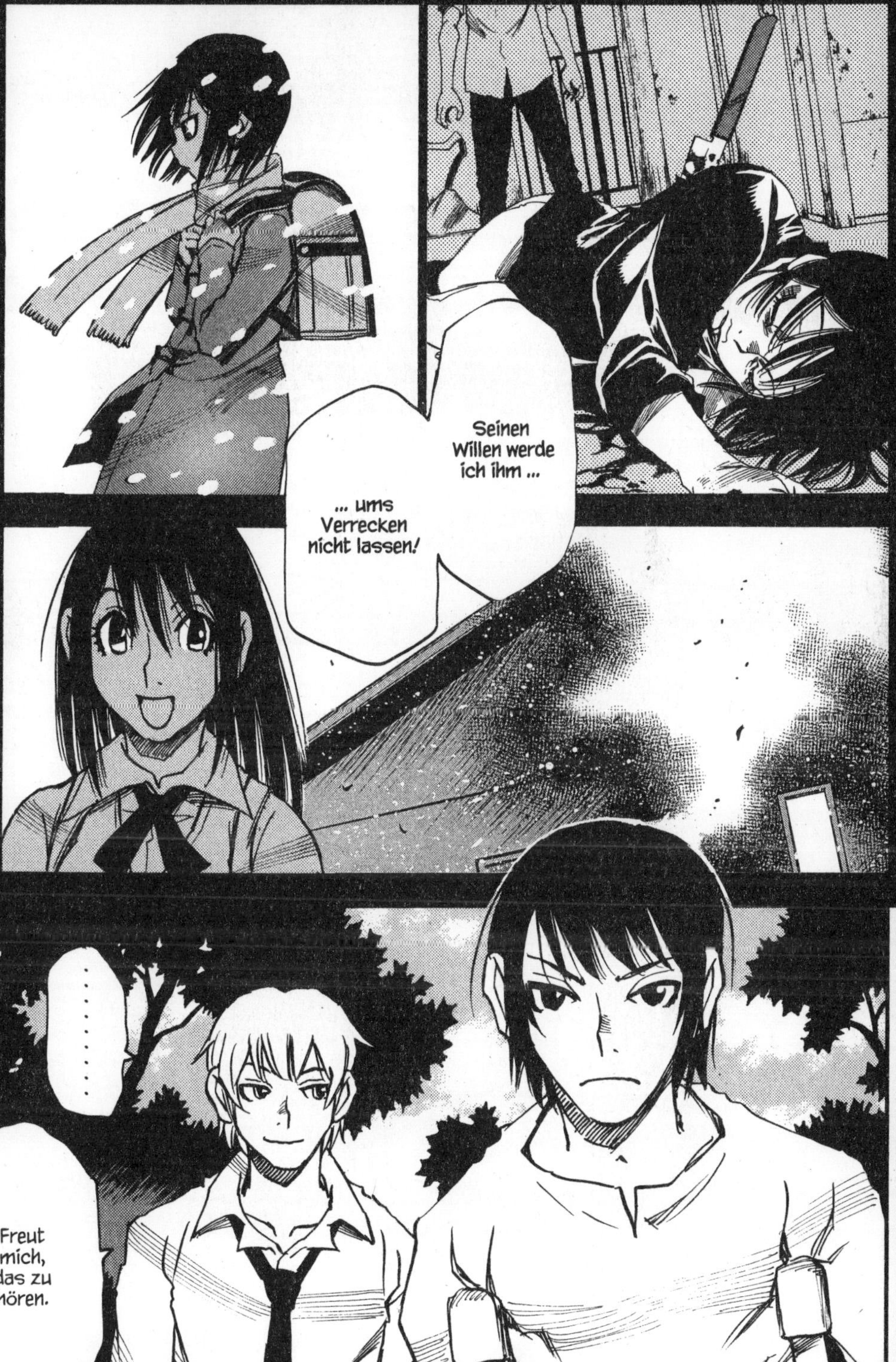
Seinen Willen werde ich ihm ...
... ums Verrecken nicht lassen!
......
Freut mich, das zu hören.

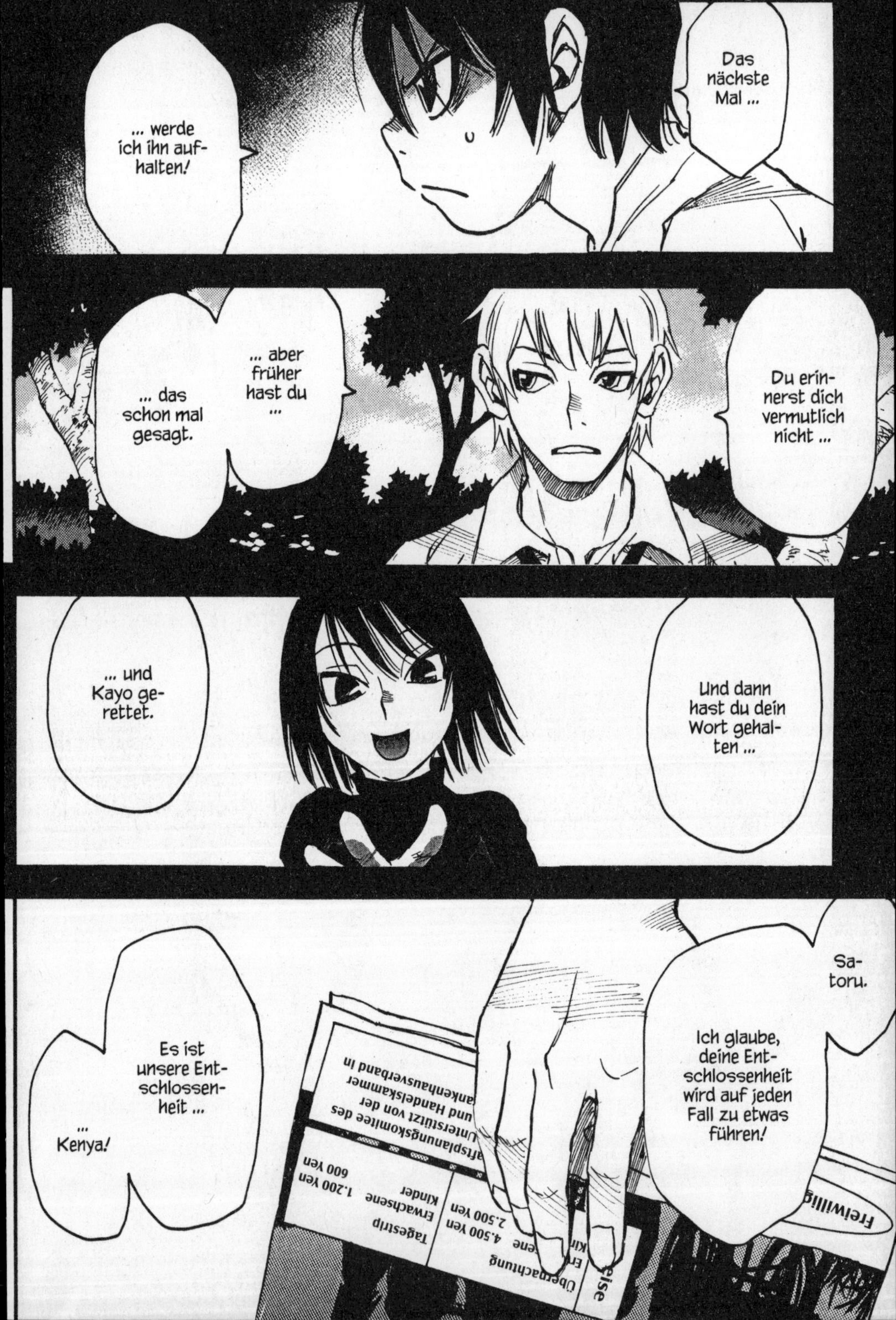
Das nächste Mal ...
... werde ich ihn aufhalten!
Du erinnerst dich vermutlich nicht ...
... aber früher hast du ...
... das schon mal gesagt.
Und dann hast du dein Wort gehalten ...
... und Kayo gerettet.
Satoru.
Ich glaube, deine Entschlossenheit wird auf jeden Fall zu etwas führen!
Es ist unsere Entschlossenheit ...
... Kenya!

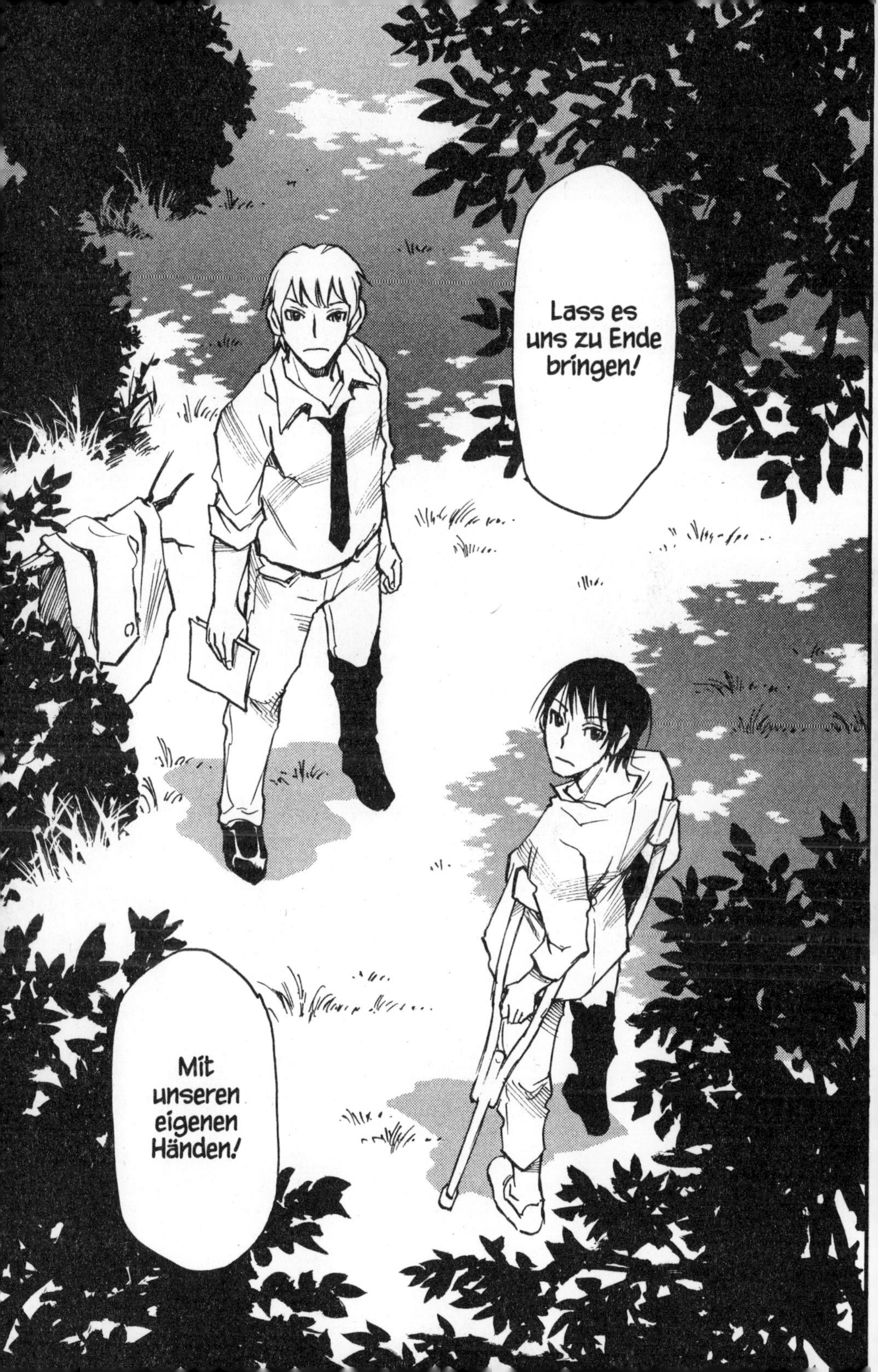
Lass es uns zu Ende bringen!
Mit unseren eigenen Händen!

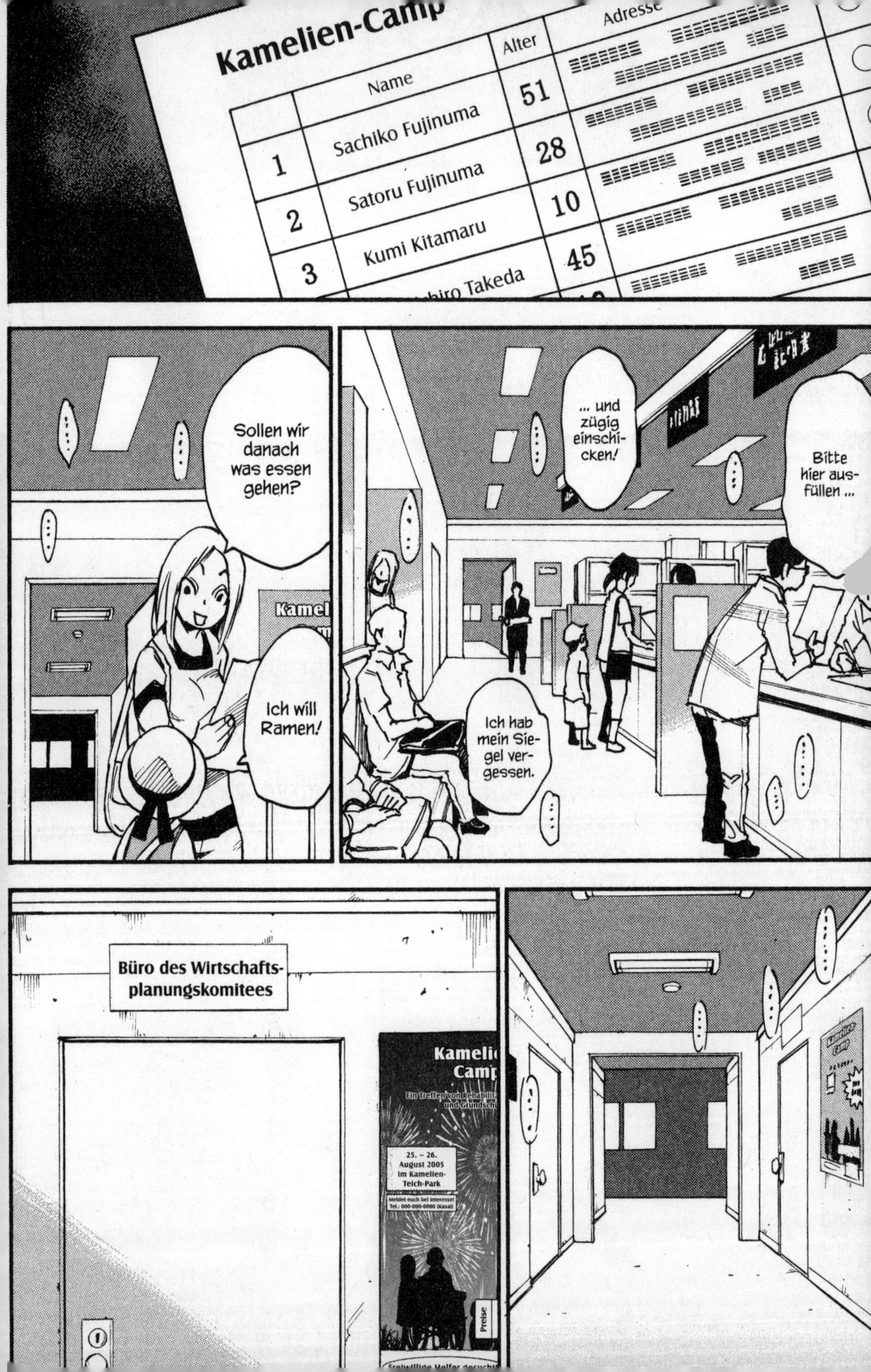
Kamelien-Camp
Name
Alter
Adresse
1
Sachiko Fujinuma
51
2
Satoru Fujinuma
28
3
Kumi Kitamaru
10
45
Bitte hier ausfüllen ...
... und zügig einschicken!
Ich hab mein Siegel vergessen.
Sollen wir danach was essen gehen?
Ich will Ramen!
Büro des Wirtschaftsplanungskomitees
25. – 26. August 2005 im Kamelien-Teich-Park
Meldet euch bei Interesse! Tel.: 000-000-0000 (Kasai)
Preise

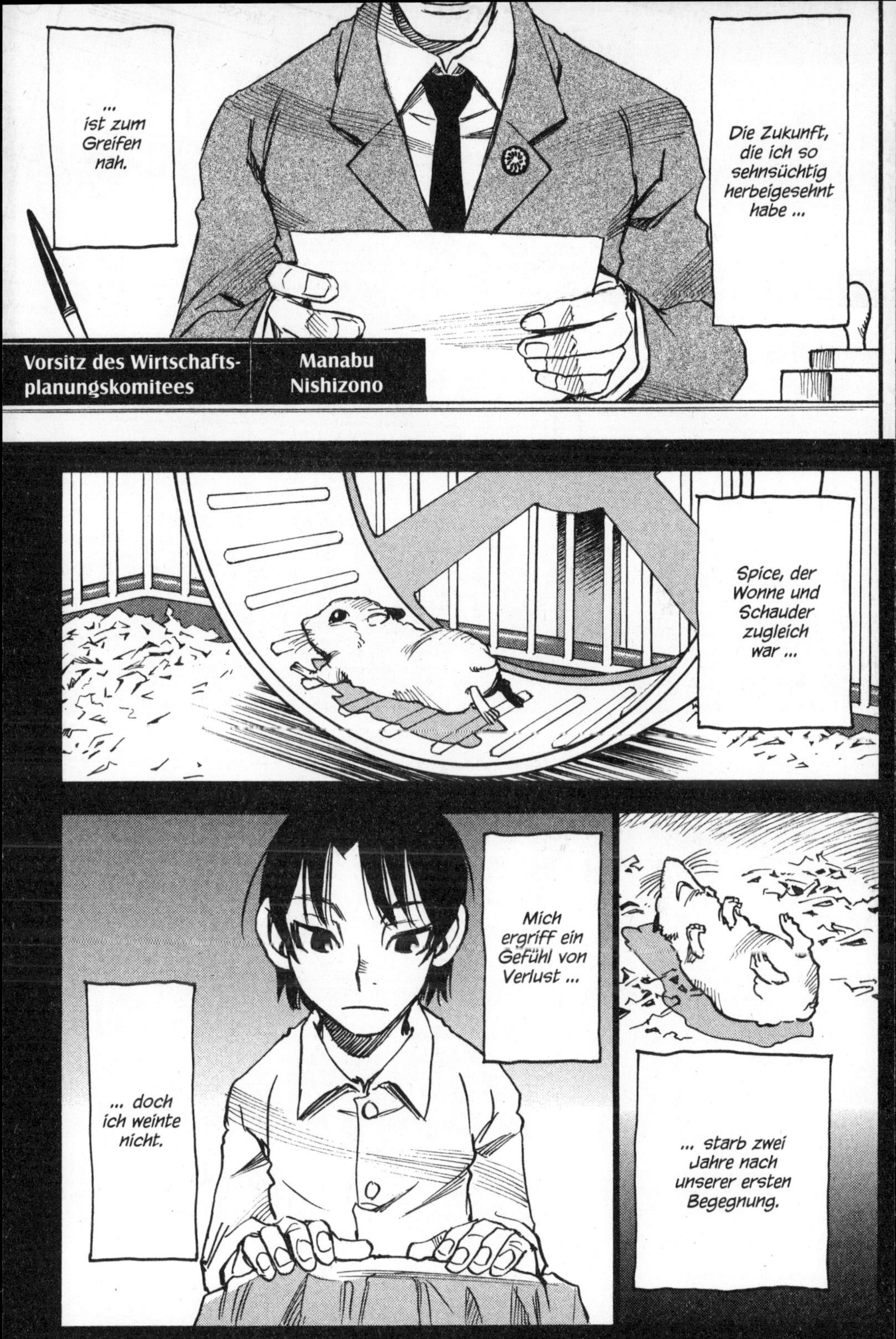
Die Zukunft, die ich so sehnsüchtig herbeigesehnt habe ...
... ist zum Greifen nah.
Vorsitz des Wirtschaftsplanungskomitees
Manabu Nishizono
Spice, der Wonne und Schauder zugleich war ...
... starb zwei Jahre nach unserer ersten Begegnung.
Mich ergriff ein Gefühl von Verlust ...
... doch ich weinte nicht.

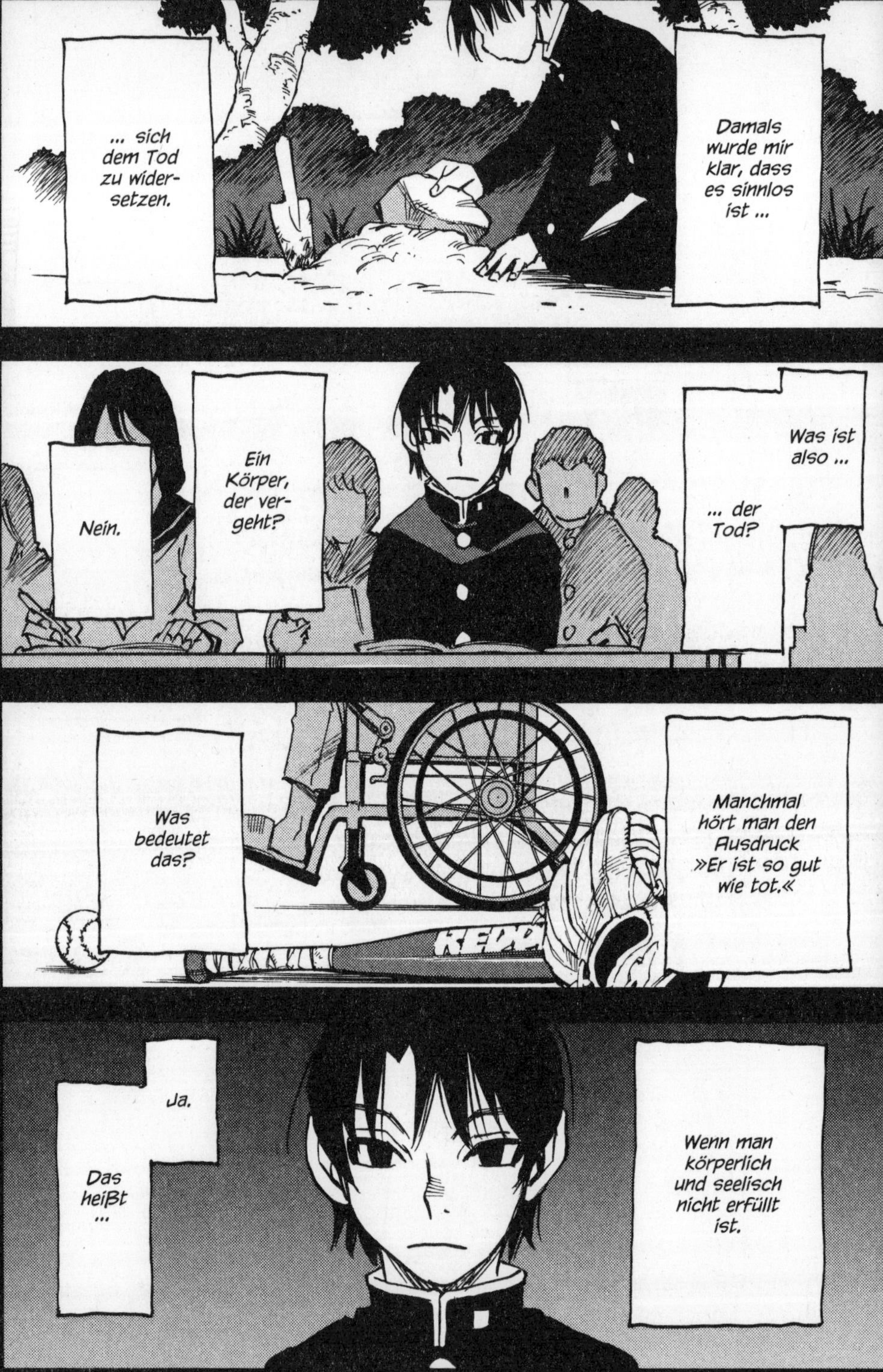
Damals wurde mir klar, dass es sinnlos ist ...
... sich dem Tod zu widersetzen.
Was ist also ...
... der Tod?
Ein Körper, der vergeht?
Nein.
Manchmal hört man den Ausdruck »Er ist so gut wie tot.«
Was bedeutet das?
Wenn man körperlich und seelisch nicht erfüllt ist.
Ja.
Das heißt ...

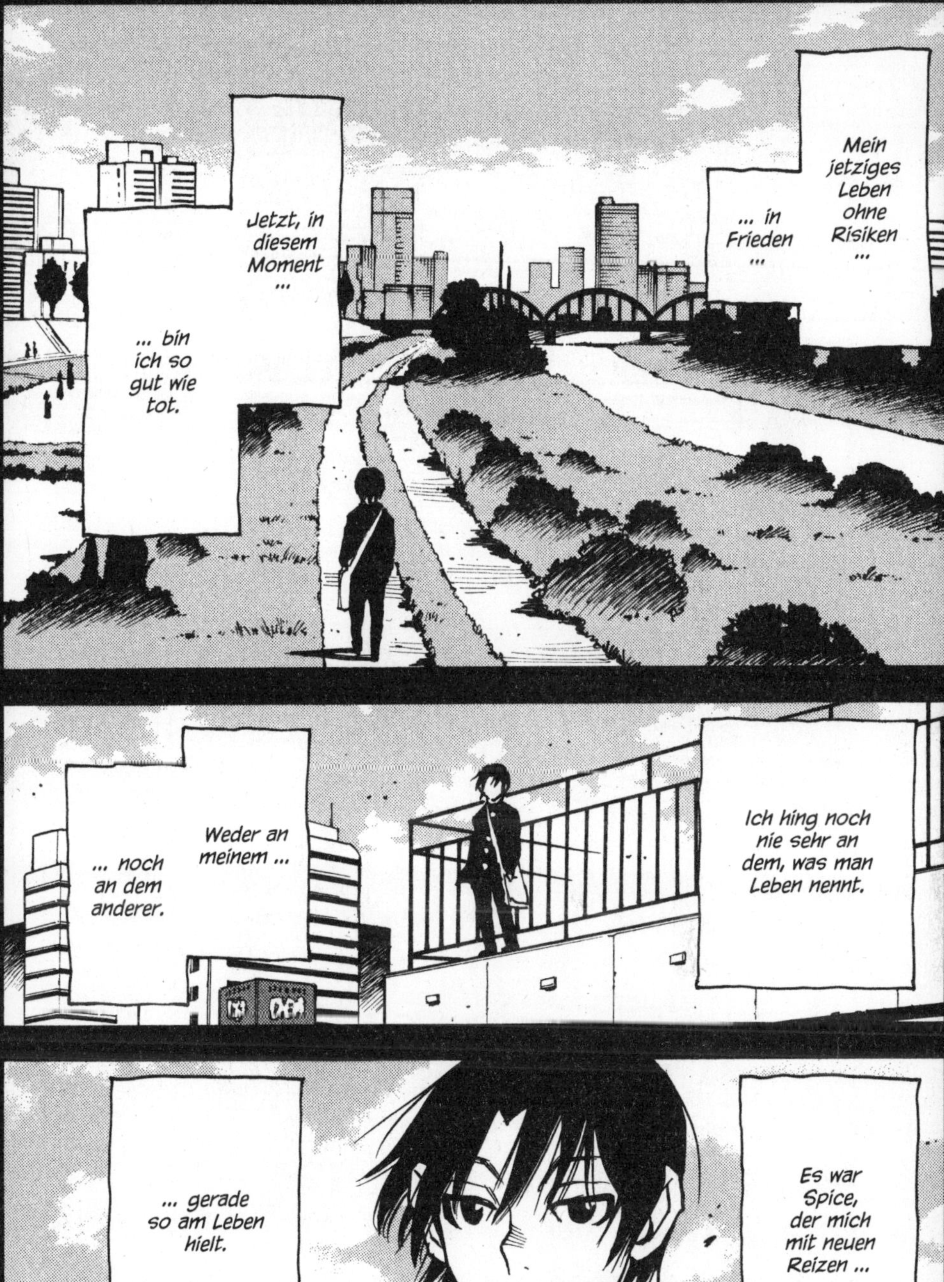
Mein jetziges Leben ohne Risiken ...
... in Frieden ...
Jetzt, in diesem Moment ...
... bin ich so gut wie tot.
Ich hing noch nie sehr an dem, was man Leben nennt.
Weder an meinem ...
... noch an dem anderer.
Es war Spice, der mich mit neuen Reizen ...
... gerade so am Leben hielt.

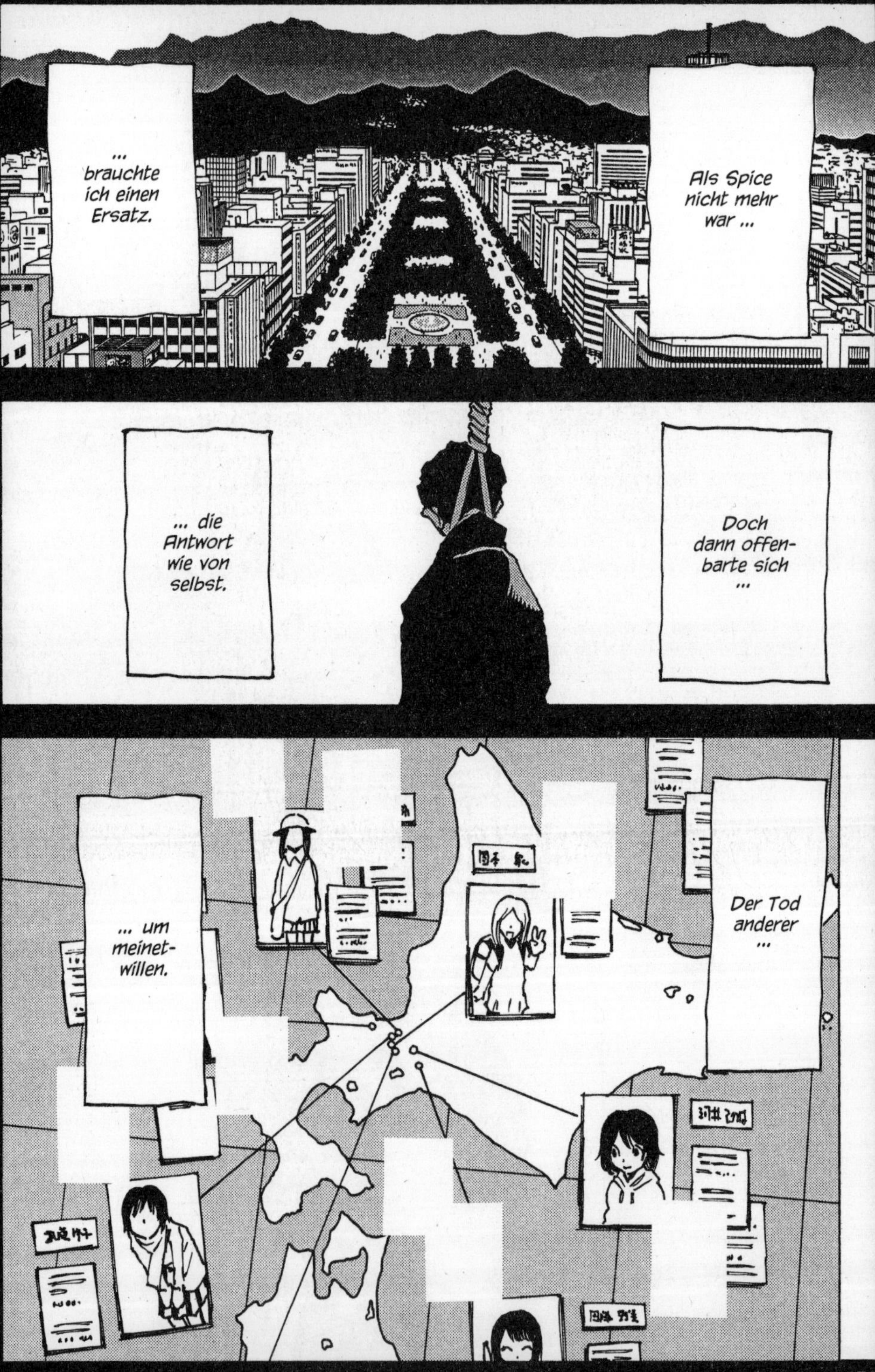
Als Spice nicht mehr war ...
... brauchte ich einen Ersatz.
Doch dann offen-barte sich ...
... die Antwort wie von selbst.
Der Tod anderer ...
... um meinet-willen.

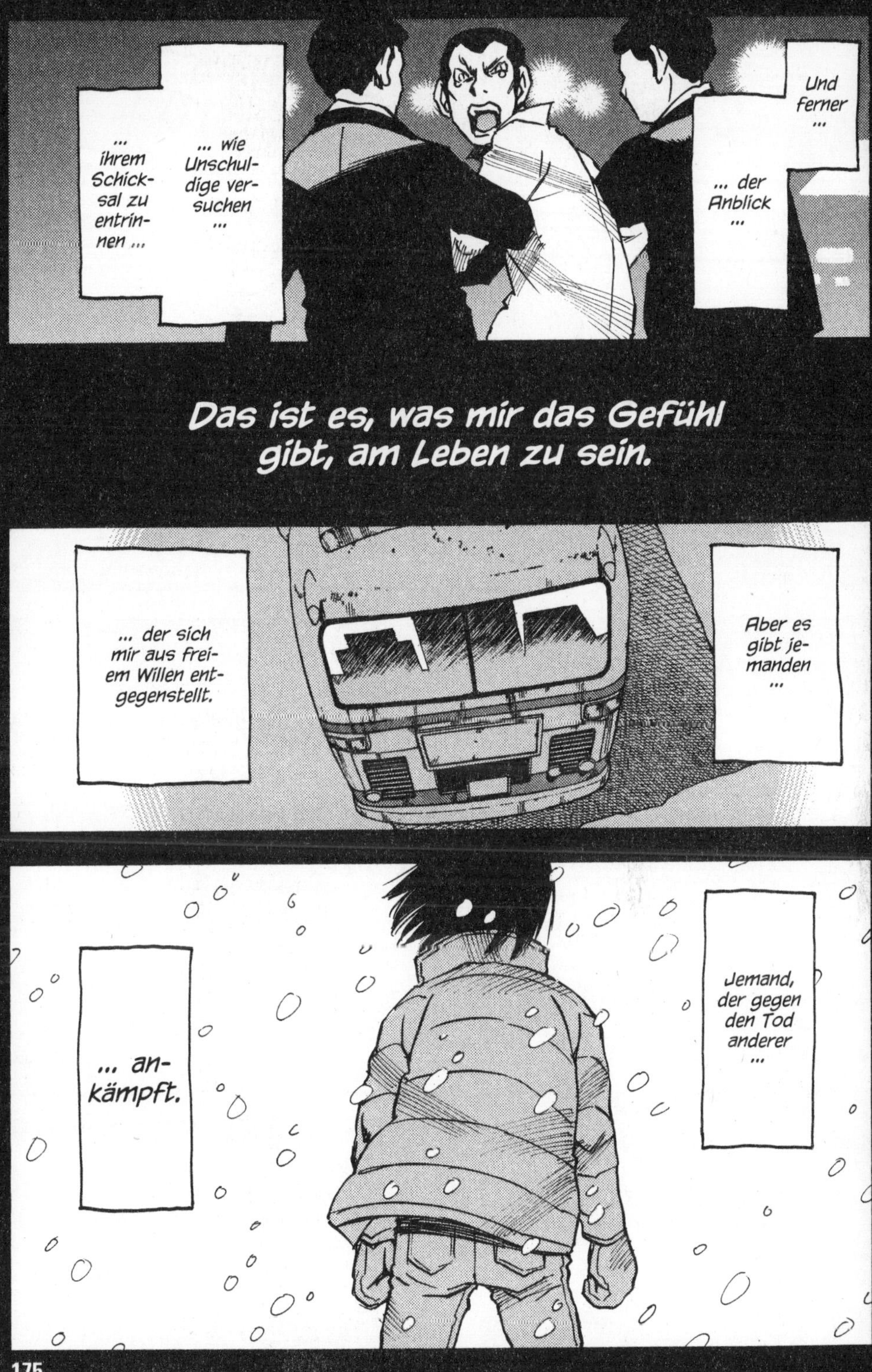
Und ferner ...
... der Anblick ...
... wie Unschul-dige ver-suchen ...
... ihrem Schick-sal zu entrin-nen ...
Das ist es, was mir das Gefühl gibt, am Leben zu sein.
Aber es gibt je-manden ...
... der sich mir aus frei-em Willen ent-gegenstellt.
Jemand, der gegen den Tod anderer ...
... an-kämpft.

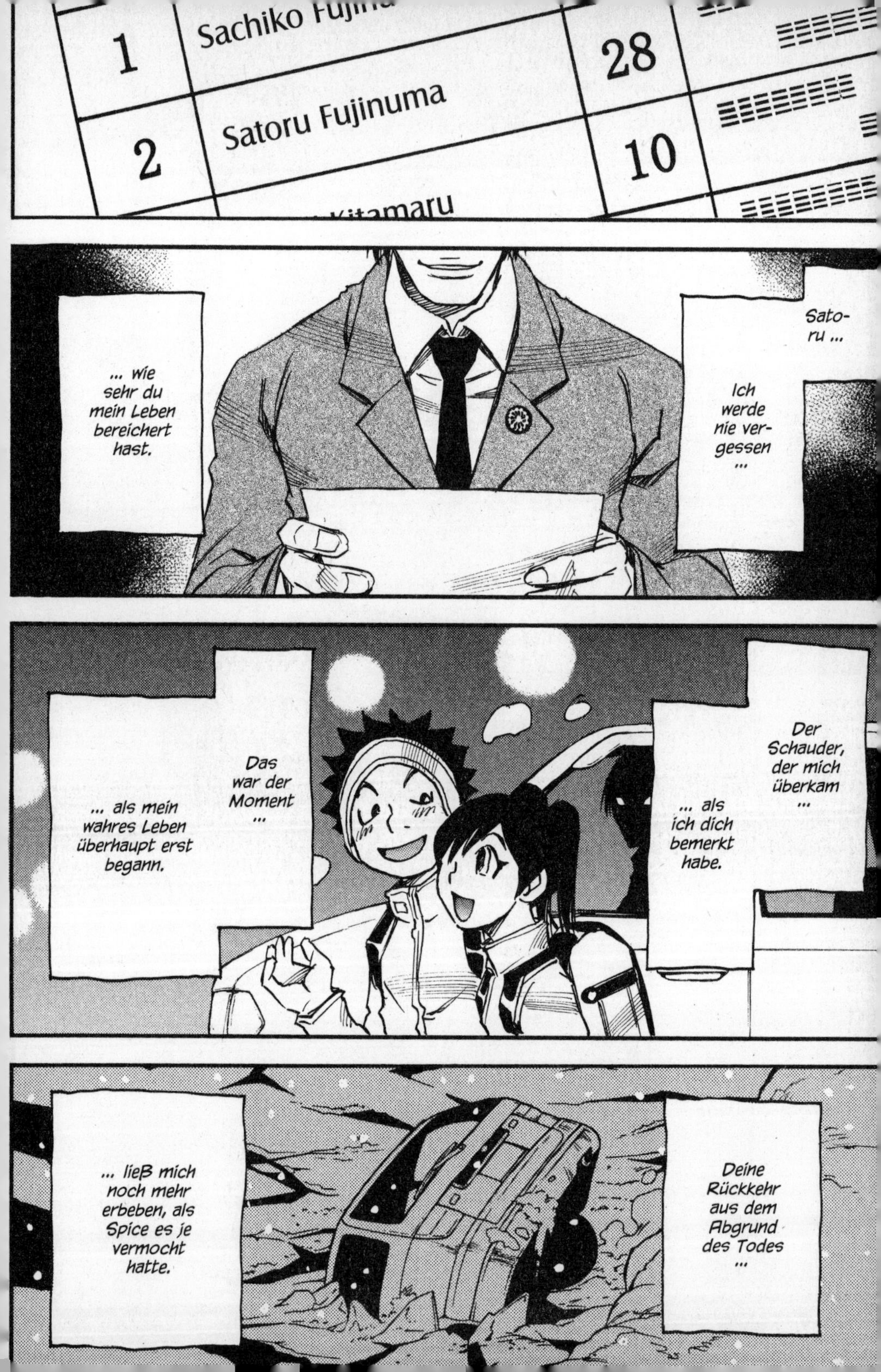

1
Sachiko Fujinu
28
2
Satoru Fujinuma
10
Kitamaru
Sato-
ru ...
Ich werde nie ver-gessen ...
... wie sehr du mein Leben bereichert hast.
Der Schauder, der mich überkam ...
... als ich dich bemerkt habe.
Das war der Moment ...
... als mein wahres Leben überhaupt erst begann.
Deine Rückkehr aus dem Abgrund des Todes ...
... ließ mich noch mehr erbeben, als Spice es je vermocht hatte.

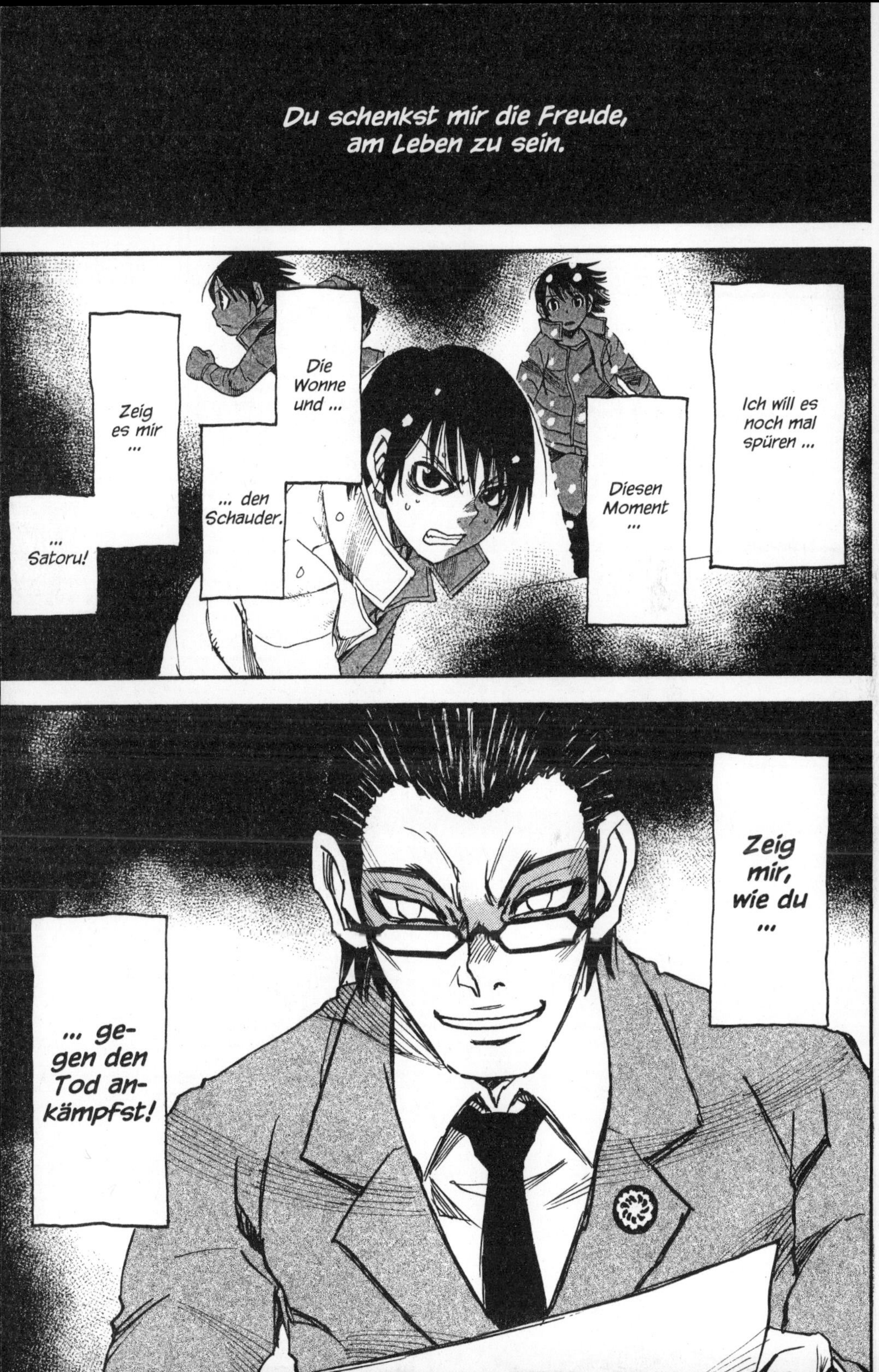
Du schenkst mir die Freude, am Leben zu sein.
Ich will es noch mal spüren ...
Diesen Moment ...
Die Wonne und ...
... den Schauder.
Zeig es mir ...
... Satoru!
Zeig mir, wie du ...
... ge-gen den Tod an-kämpfst!

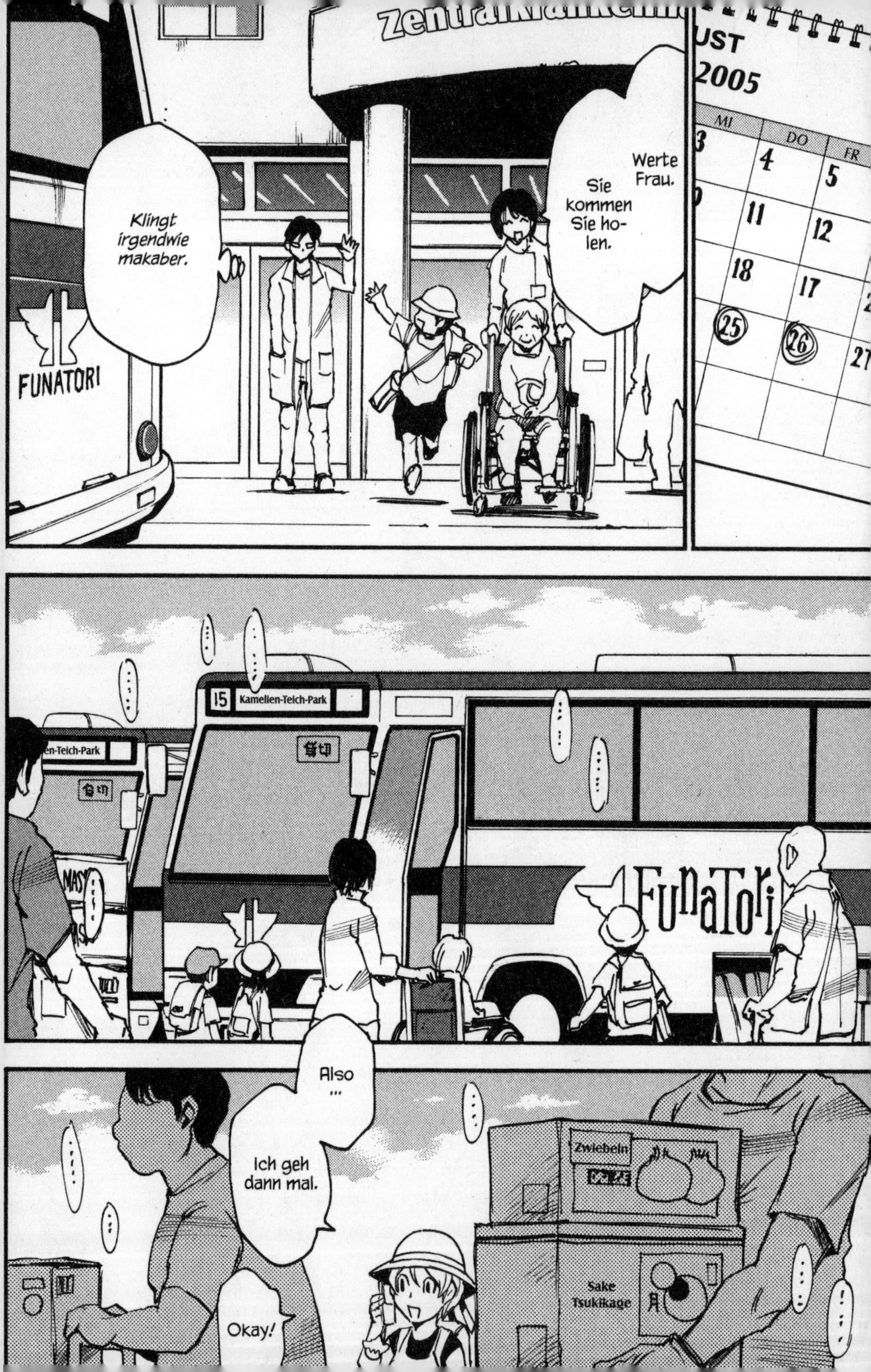

UST
2005
MI
DO
FR
Werte Frau.
Sie kommen Sie holen.
Klingt irgendwie makaber.
FUNATORI
15 Kamelien-Teich-Park
FUNATORI
Also ...
Ich geh dann mal.
Okay!
Zwiebeln
Sake Tsukikage

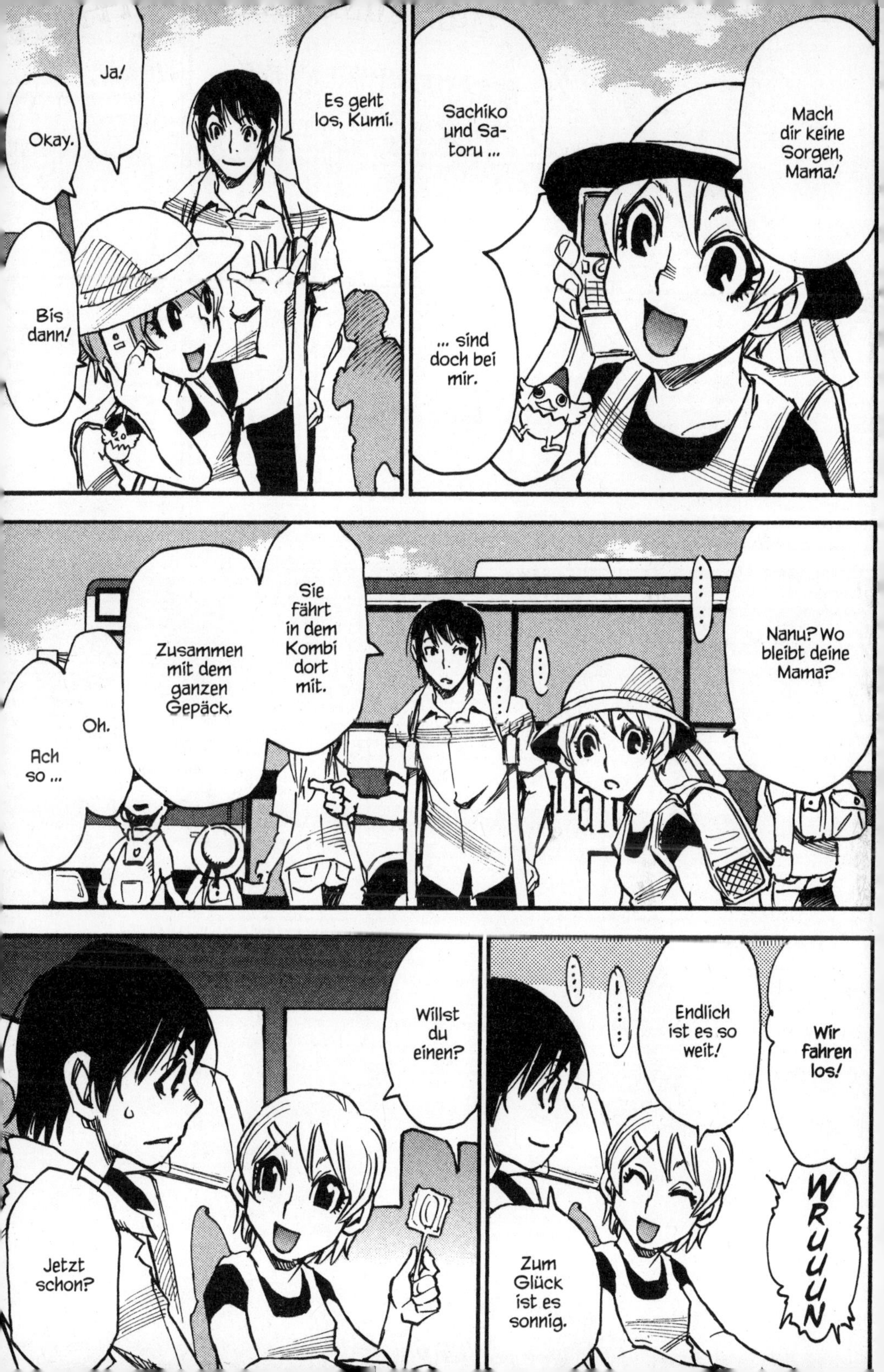

Mach dir keine Sorgen, Mama!
Sachiko und Satoru ...
... sind doch bei mir.
Es geht los, Kumi.
Ja!
Okay.
Bis dann!
...
Nanu? Wo bleibt deine Mama?
...
...
Sie fährt in dem Kombi dort mit.
Zusammen mit dem ganzen Gepäck.
Oh.
Ach so ...
Wir fahren los!
WRUUUN
...
Endlich ist es so weit!
Zum Glück ist es sonnig.
...
Willst du einen?
Jetzt schon?

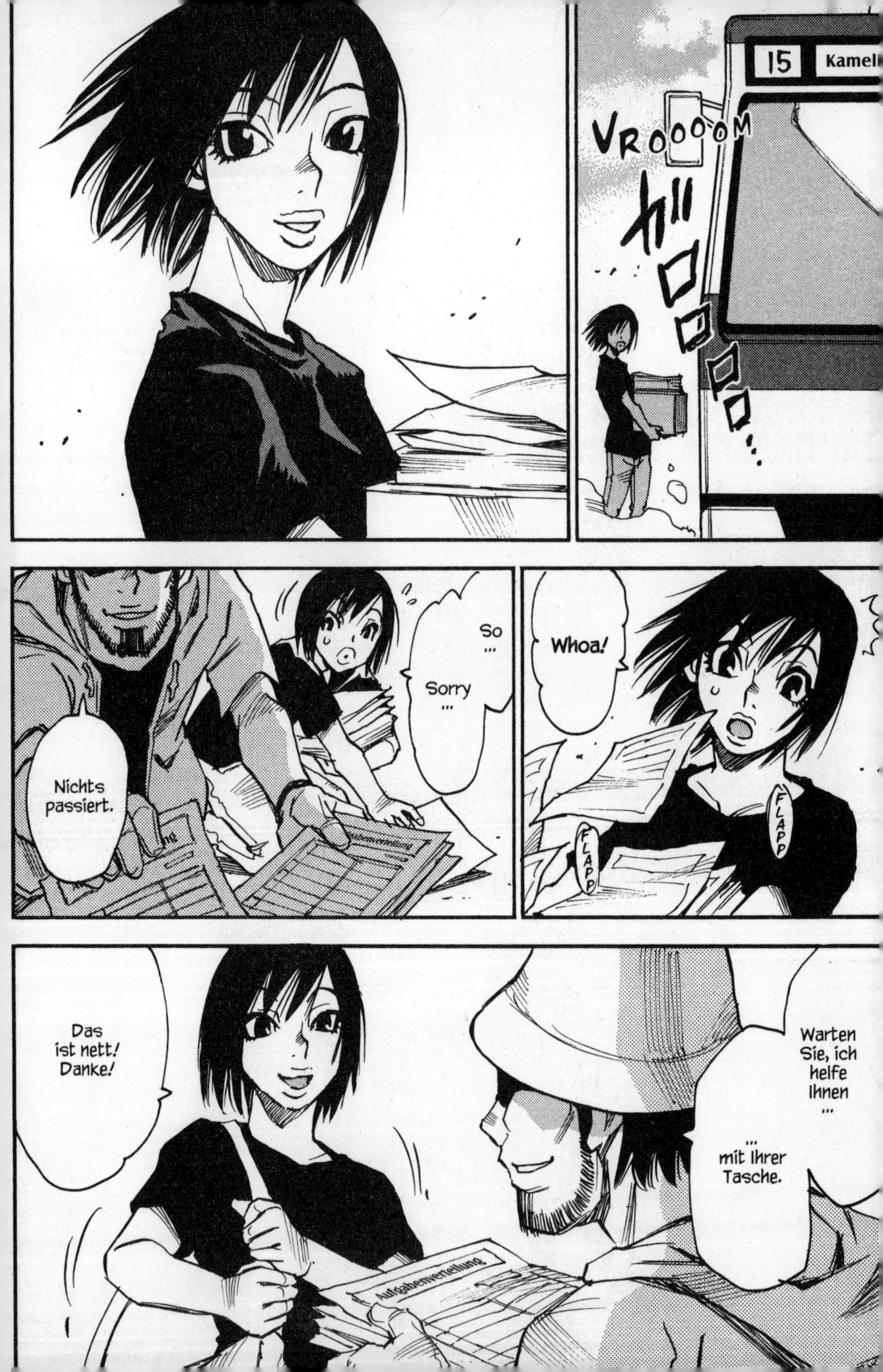
15
Kameli
VROOOOM
Whoa!
FLAPP
FLAPP
So ...
Sorry ...
Nichts passiert.
Warten Sie, ich helfe Ihnen ...
... mit Ihrer Tasche.
Das ist nett! Danke!
Aufgabenverteilung

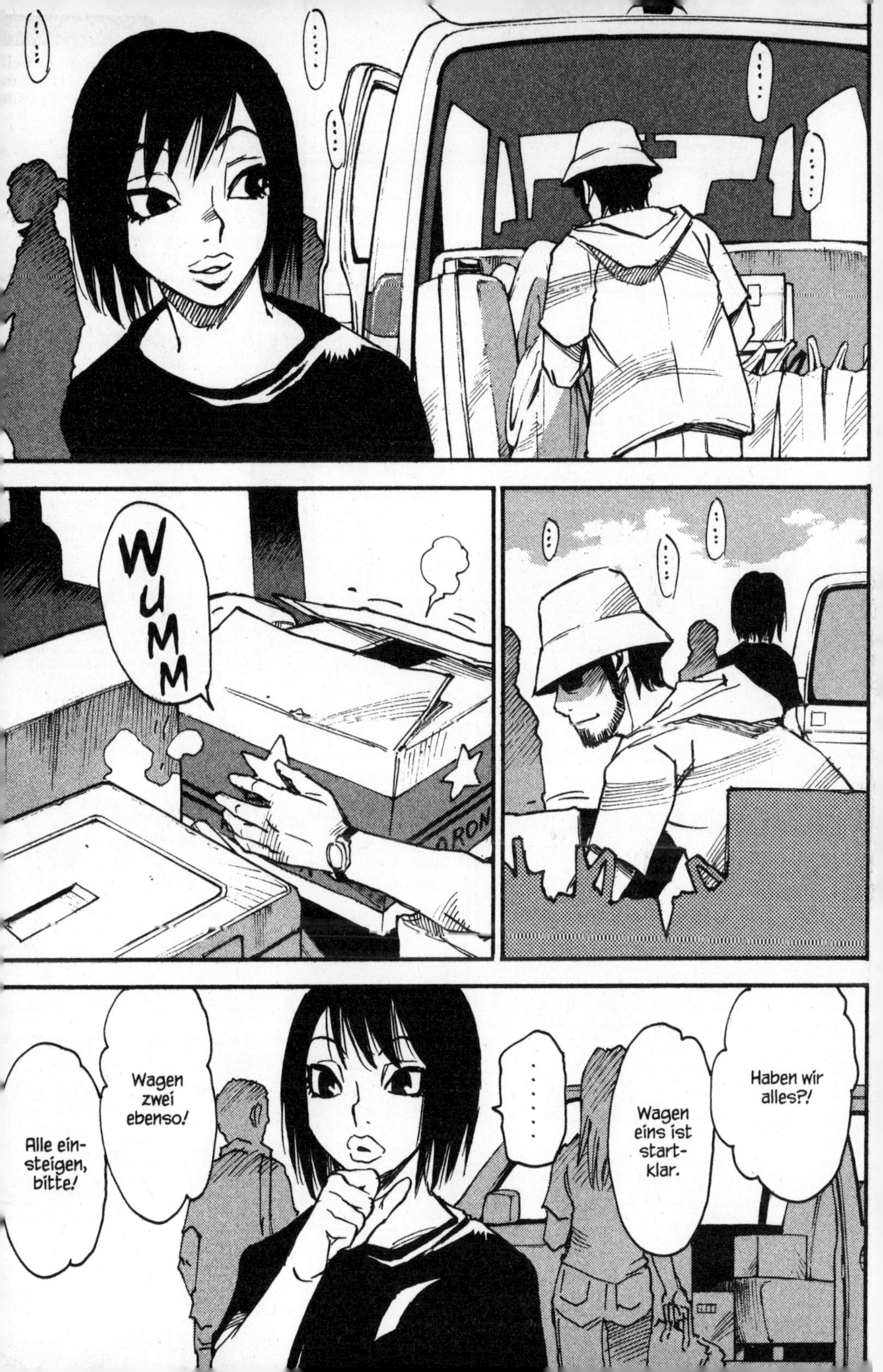

...
...
...
...
...
WUMM
...
...
...
Haben wir alles?!
Wagen eins ist start-klar.
......
Wagen zwei ebenso!
Alle ein-steigen, bitte!

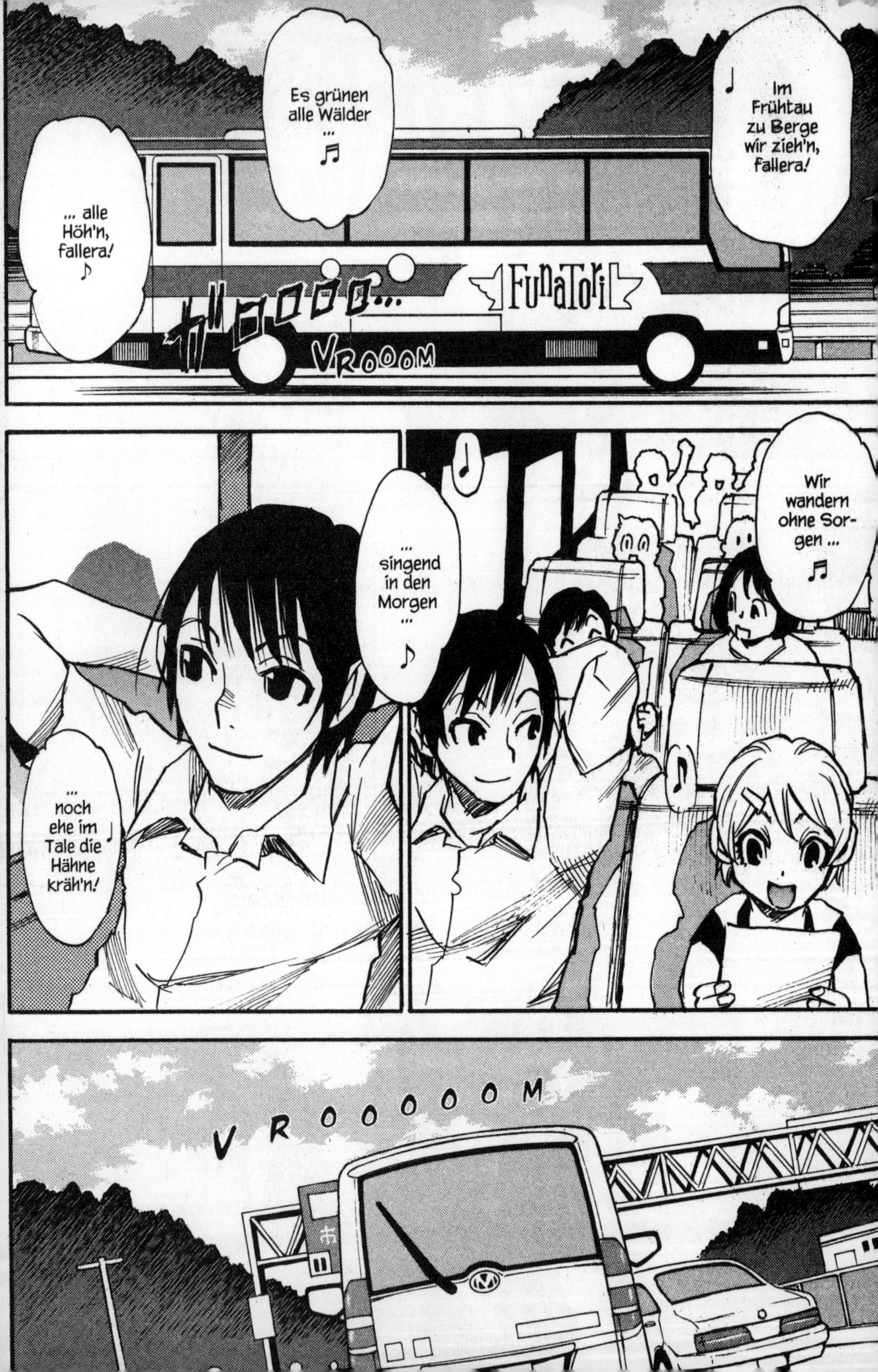
Im Frühtau zu Berge wir zieh'n, fallera!
Es grünen alle Wälder ...
... alle Höh'n, fallera!
FUNATORI
VROOOM
Wir wandern ohne Sorgen ...
... singend in den Morgen ...
... noch ehe im Tale die Hähne kräh'n!
VROOOOOM

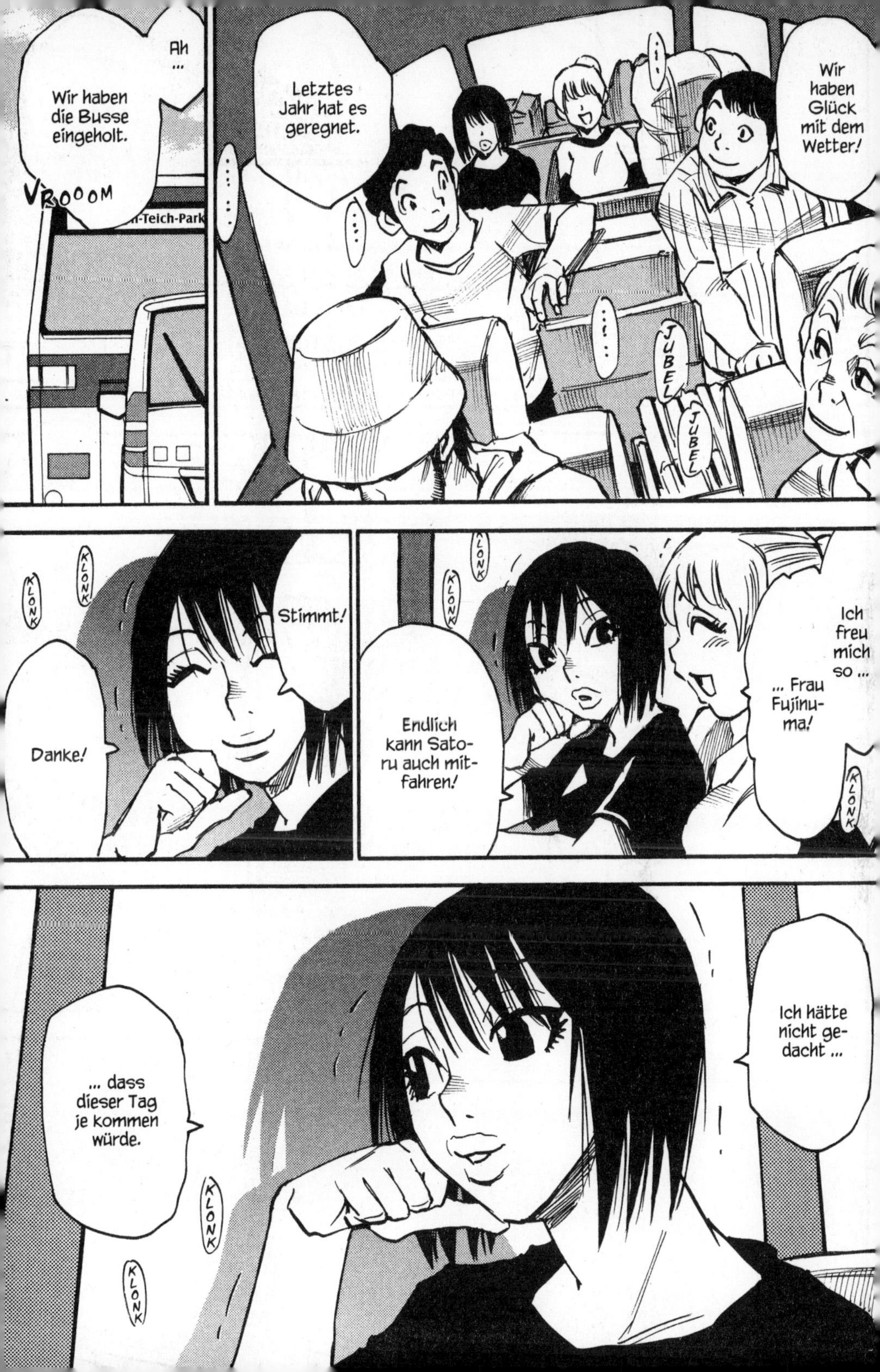
Wir haben Glück mit dem Wetter!
...!...
Letztes Jahr hat es geregnet.
......
...!...
JUBEL
JUBEL
Ah ...
Wir haben die Busse eingeholt.
-Teich-Park
VROOOM
Ich freu mich so ...
... Frau Fujinuma!
KLONK
KLONK
KLONK
Endlich kann Satoru auch mitfahren!
Stimmt!
Danke!
KLONK
KLONK
Ich hätte nicht gedacht ...
... dass dieser Tag je kommen würde.
KLONK
KLONK

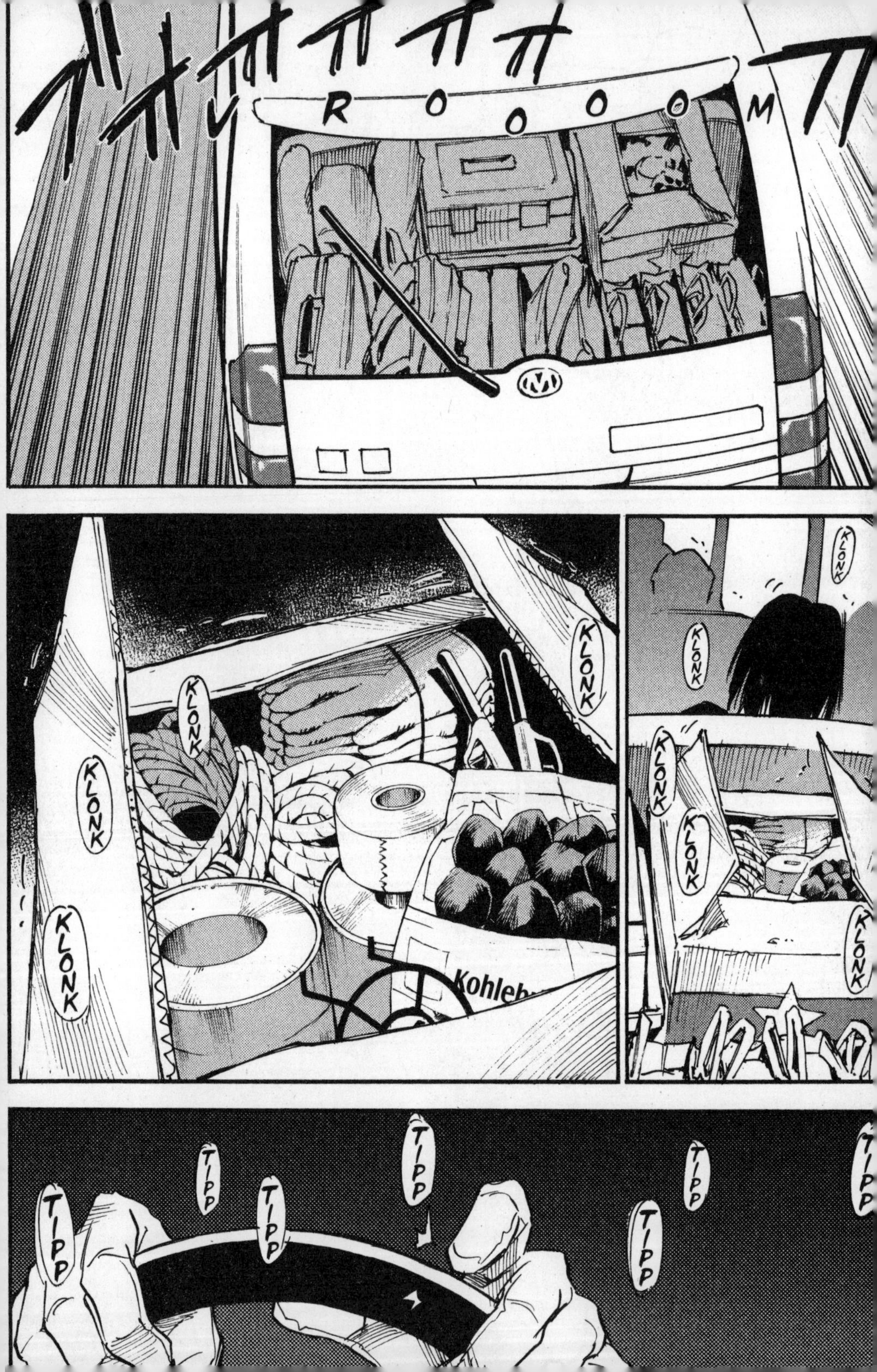
ROOOOM
KLONK
KLONK
KLONK
KLONK
KLONK
KLONK
KLONK
KLONK
TIPP
TIPP
TIPP
TIPP
TIPP
TIPP
TIPP

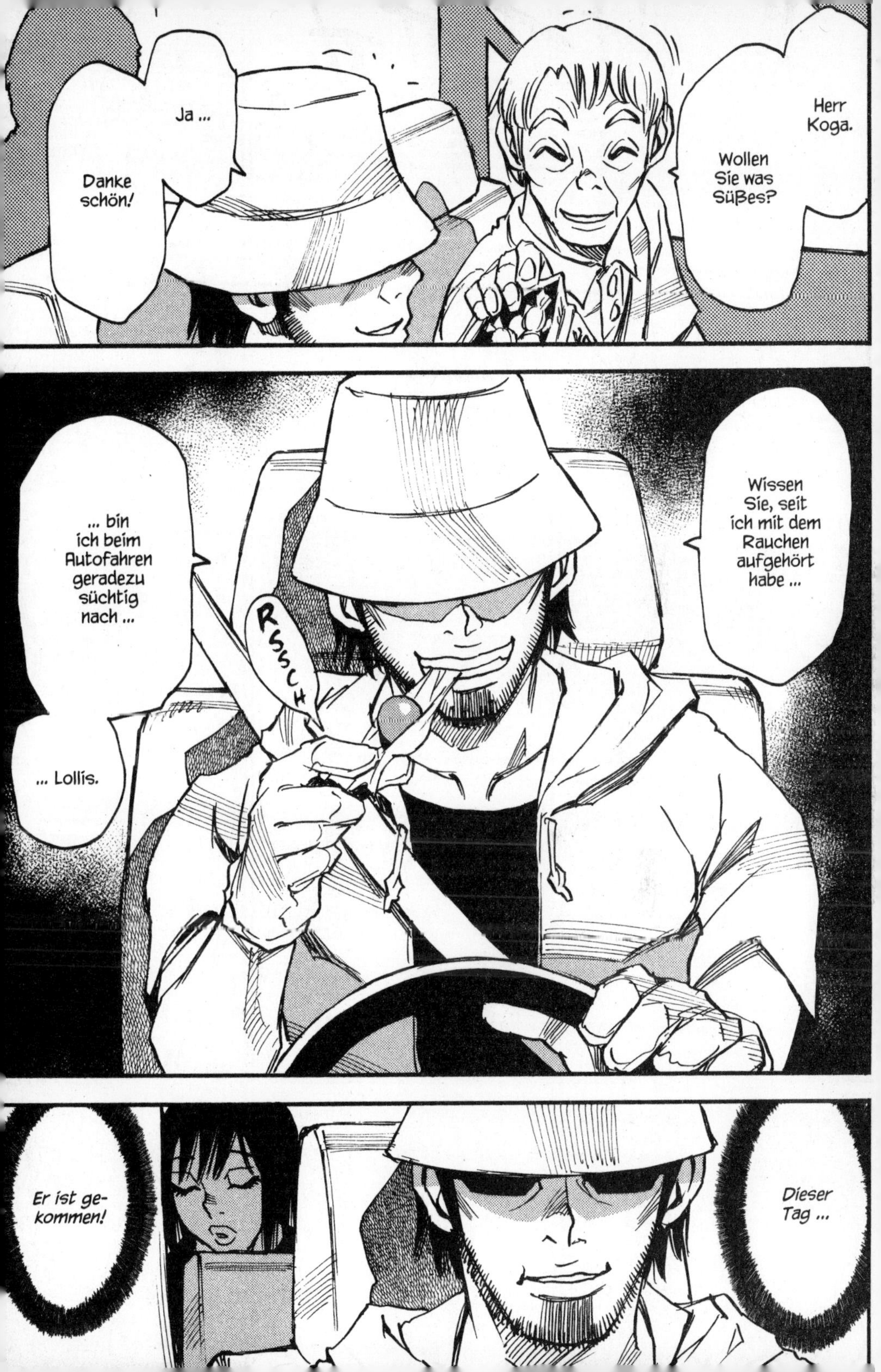
Herr Koga.
Wollen Sie was Süßes?
Ja ...
Danke schön!
Wissen Sie, seit ich mit dem Rauchen aufgehört habe ...
... bin ich beim Autofahren geradezu süchtig nach ...
RSSCH
... Lollis.
Dieser Tag ...
Er ist ge- kommen!

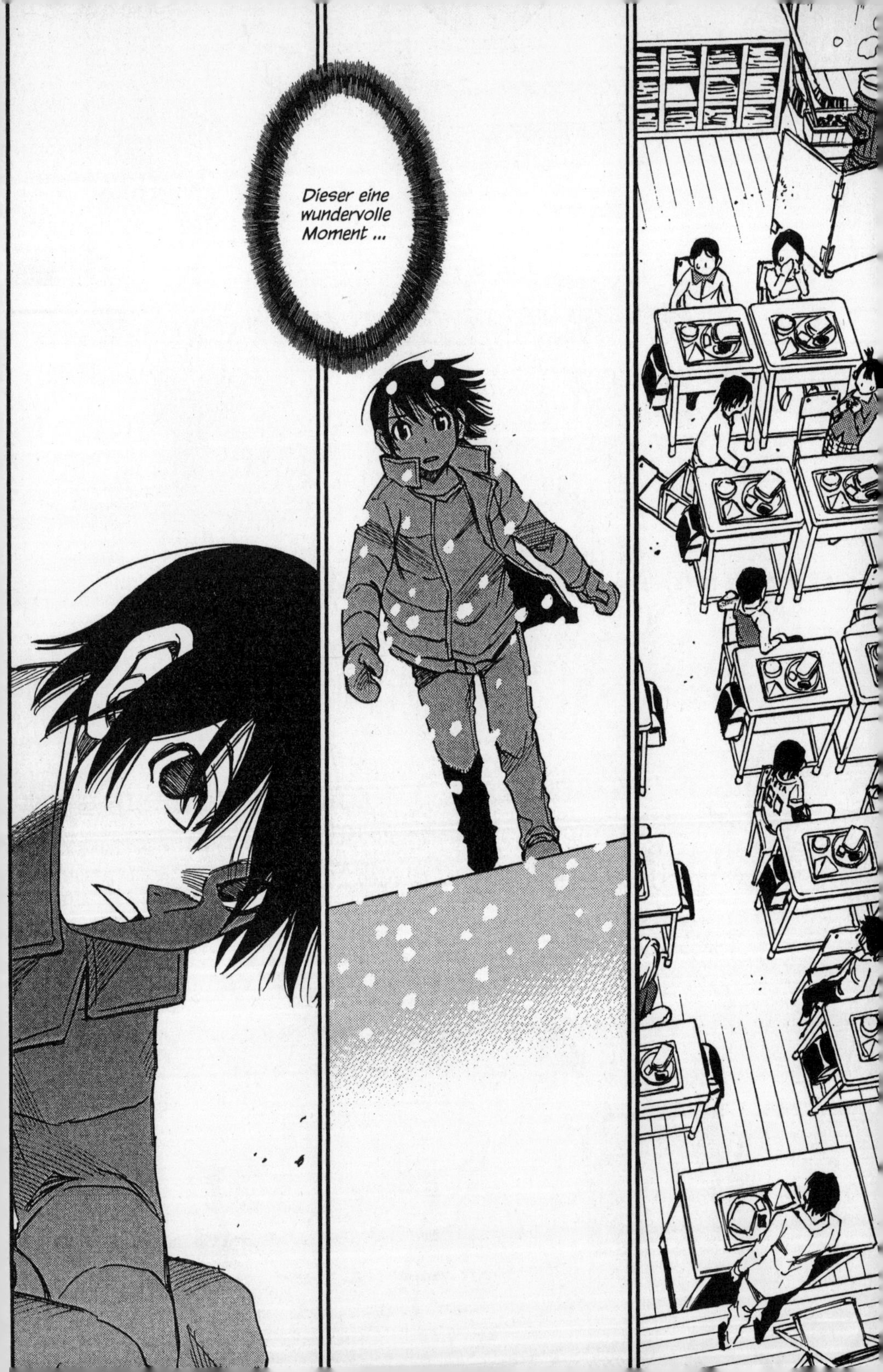
Dieser eine wundervolle Moment ...

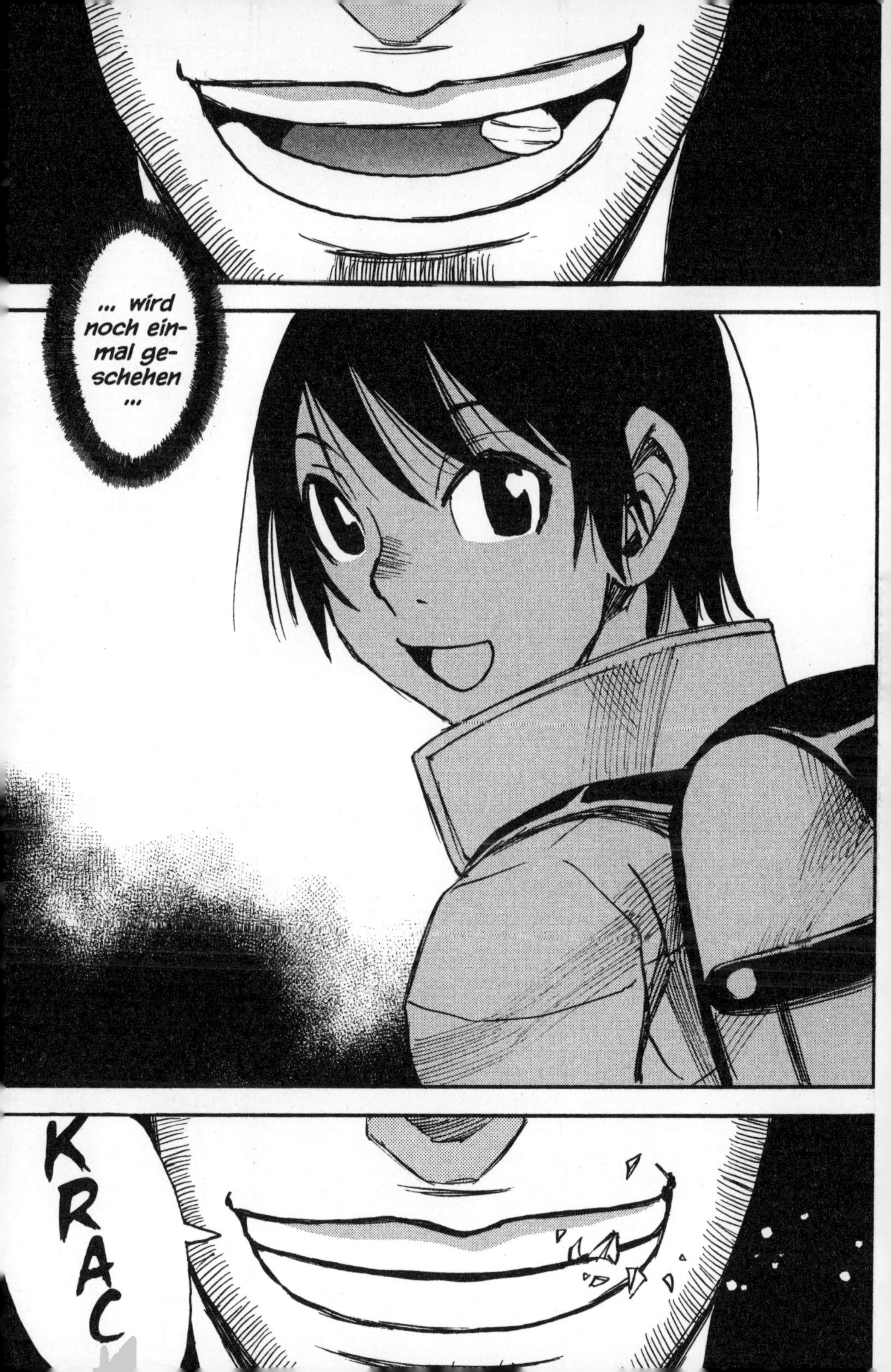
... wird noch ein-mal ge-schehen ...
KRAC

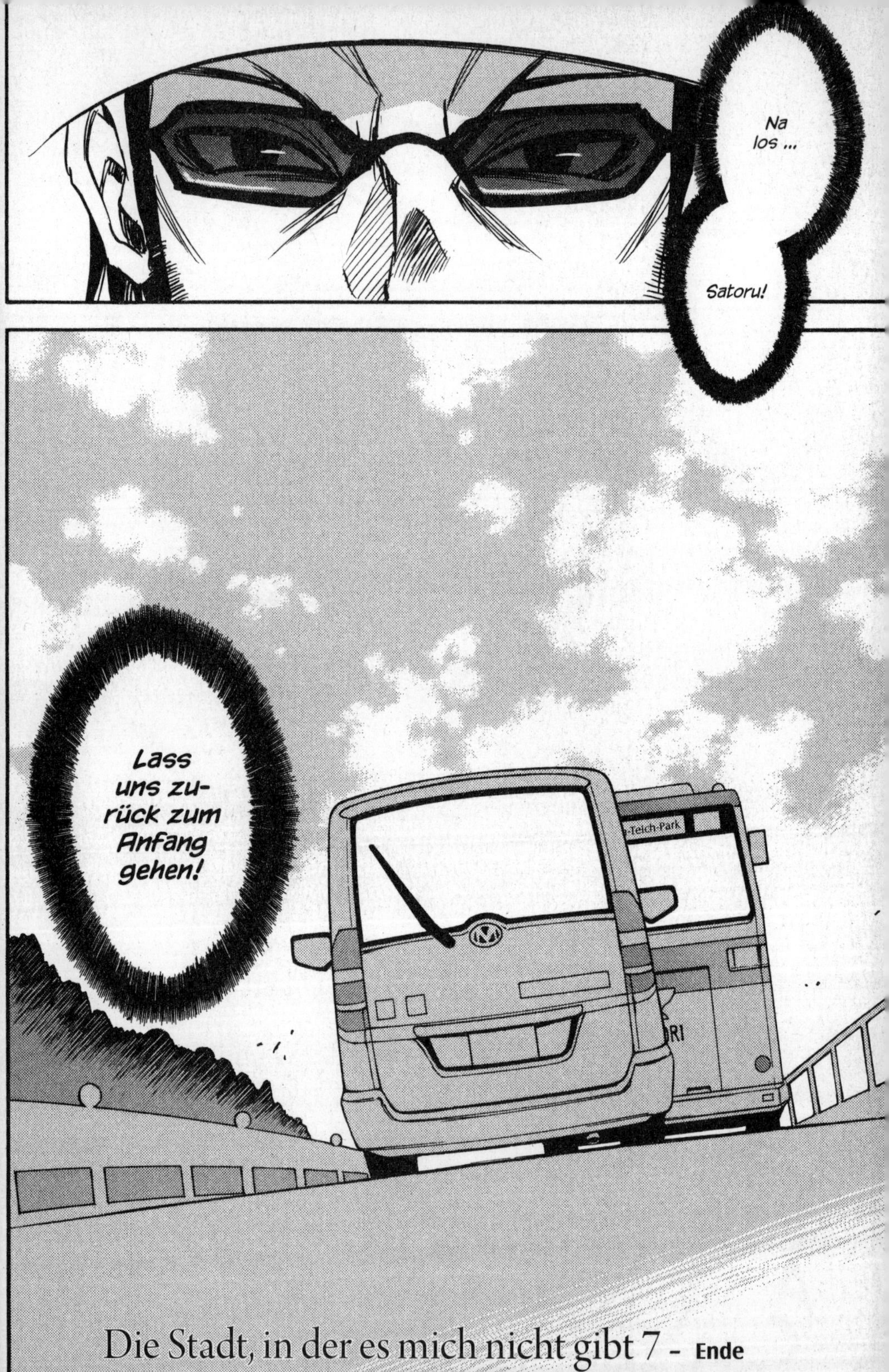

Die Stadt, in der es mich nicht gibt 7 - **Ende**

Fortsetzung folgt

Mitarbeiter

Kei Sanbe

Yoichiro Tomita
Manami, 18 Jahre
Shuuei Takagi
ZUKK Ozaki
Takatsugi Kikuta

Kanesada Keishi
Kunikazu Toda

Buch-Design
Yukio Hoshino
VOLARE Inc.

Editor
Tsunenori Matsumiya

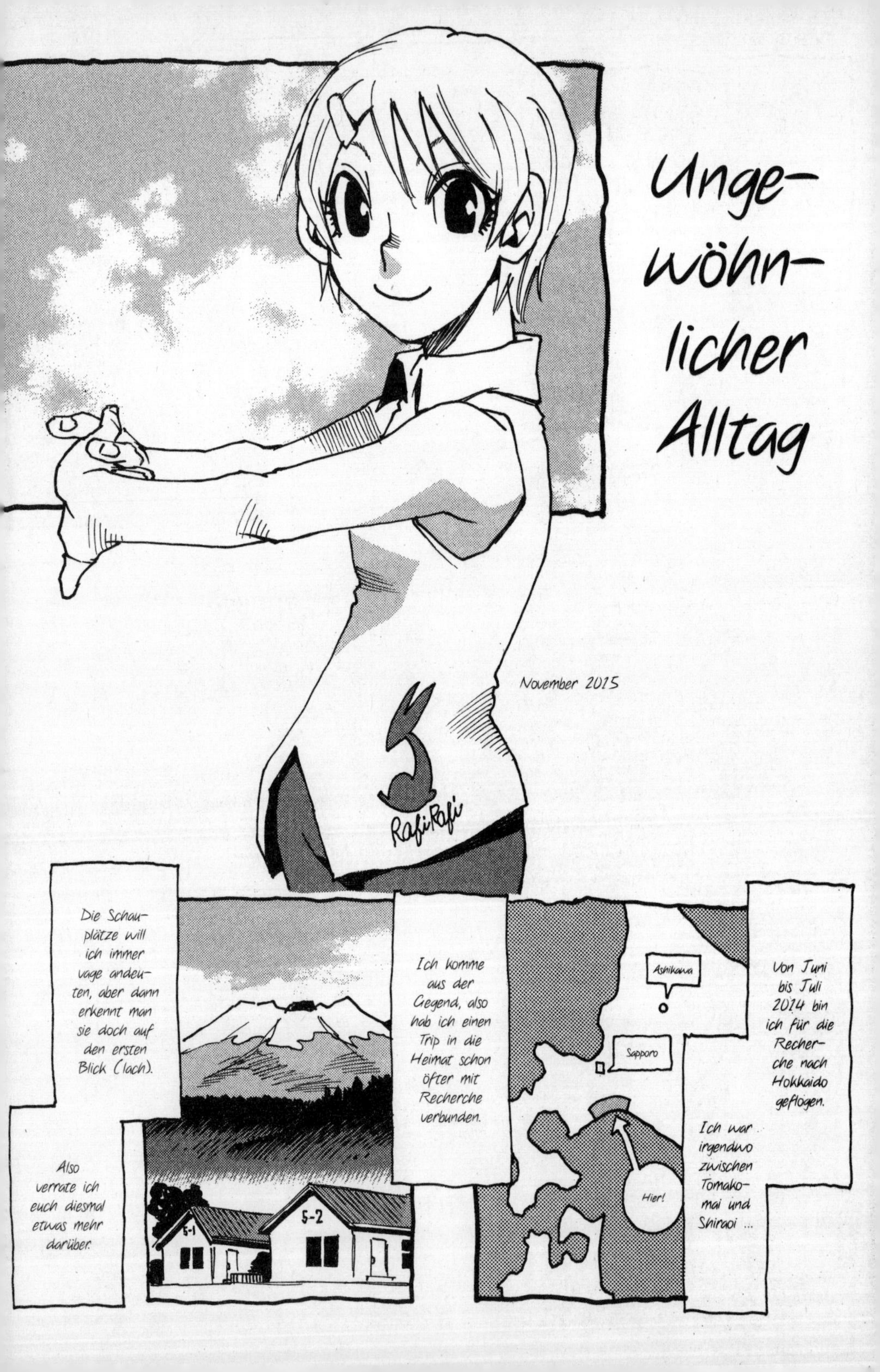
Ungewöhnlicher Alltag
November 2015
RafiRafi
Die Schauplätze will ich immer vage andeuten, aber dann erkennt man sie doch auf den ersten Blick (lach).
Also verrate ich euch diesmal etwas mehr darüber.
5-1
5-2
Ich komme aus der Gegend, also hab ich einen Trip in die Heimat schon öfter mit Recherche verbunden.
Ashikawa
Sapporo
Hier!
Von Juni bis Juli 2014 bin ich für die Recherche nach Hokkaido geflogen.
Ich war irgendwo zwischen Tomakomai und Shiraoi ...

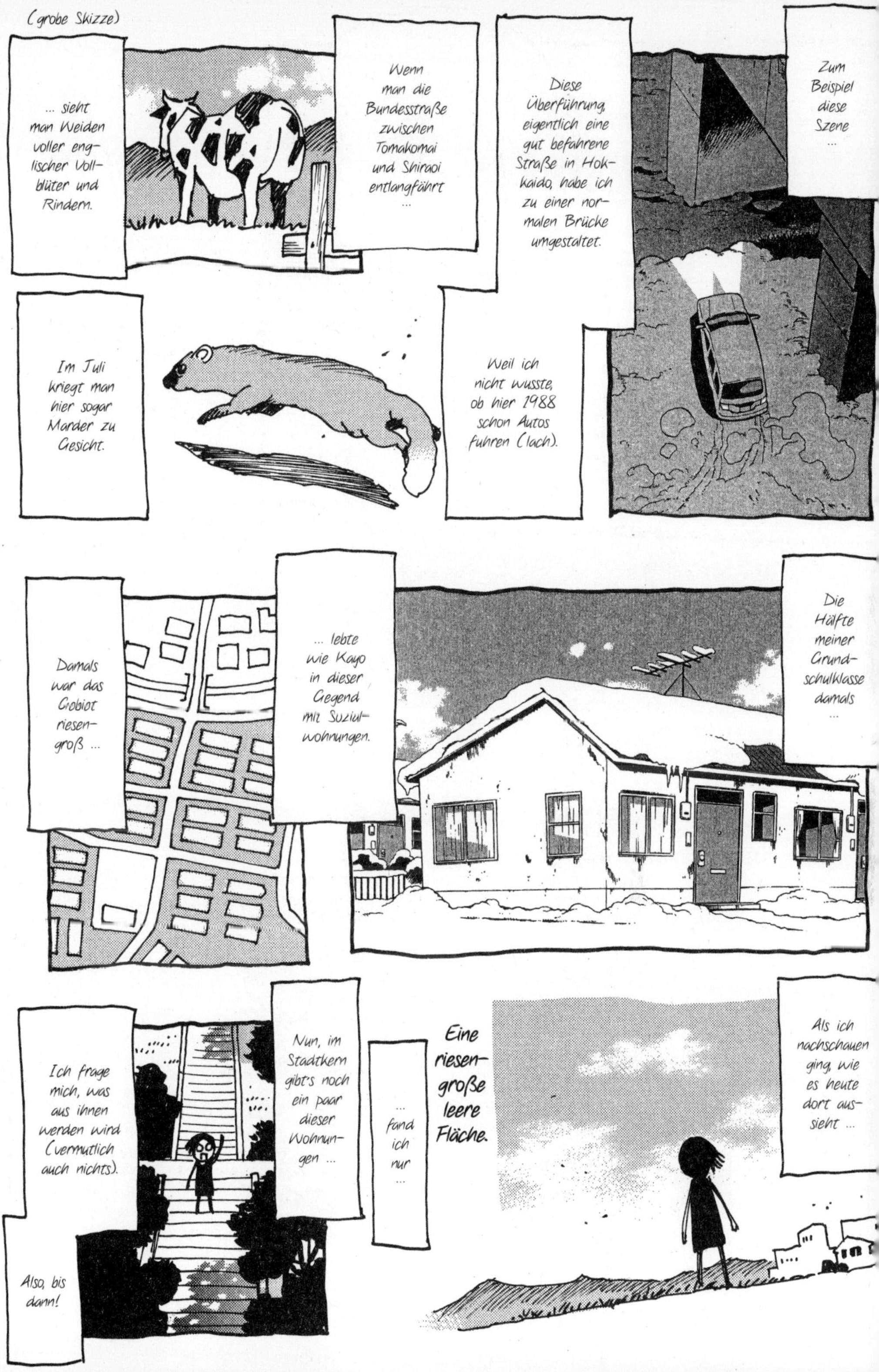
Zum Beispiel diese Szene ...
Diese Überführung, eigentlich eine gut befahrene Straße in Hokkaido, habe ich zu einer normalen Brücke umgestaltet.
Weil ich nicht wusste, ob hier 1988 schon Autos fuhren (lach).
(grobe Skizze)
Wenn man die Bundesstraße zwischen Tomakomai und Shiraoi entlangfährt ...
... sieht man Weiden voller englischer Vollblüter und Rindern.
Im Juli kriegt man hier sogar Marder zu Gesicht.
Die Hälfte meiner Grundschulklasse damals ...
... lebte wie Kayo in dieser Gegend mit Sozialwohnungen.
Damals war das Gebiet riesengroß ...
Als ich nachschauen ging, wie es heute dort aussieht ...
... fand ich nur ...
Eine riesengroße leere Fläche.
Nun, im Stadtkern gibt's noch ein paar dieser Wohnungen ...
Ich frage mich, was aus ihnen werden wird (vermutlich auch nichts).
Also, bis dann!

TOKYOPOP

TOKYOPOP GmbH
Hamburg

TOKYOPOP
2. Auflage, 2023
Deutsche Ausgabe/German Edition

Aus dem Japanischen von Gandalf Bartholomäus

BOKU DAKE GA INAI MACHI 7

First published in Japan in 2015
by KADOKAWA CORPORATION, Tokyo.
German translation rights arranged with
KADOKAWA CORPORATION, Tokyo
through TUTTLE-MORI AGENCY, INC., Tokyo.

Redaktion: Beatrice Tavares
Lettering: Vibrant Publishing Studio
Herstellung: Martina Stellbrink
Druck und buchbinderische Verarbeitung:
CPI – Clausen & Bosse GmbH, Leck
Printed in Germany

MIX Papier FSC® C083411

Wir achten auf die Umwelt.
Dieses Produkt besteht aus FSC®-zertifizierten
und anderen kontrollierten Materialien.

ISBN 978-3-8420-3084-8

www.tokyopop.de

STOPP!

**Dies ist die letzte Seite des Buches!
Du willst dir doch nicht den Spaß verderben
und das Ende zuerst lesen, oder?**

Um die Geschichte unverfälscht und original-getreu mitverfolgen zu können, musst du es wie die Japaner machen und von rechts nach links lesen. Deshalb schnell das Buch umdrehen und loslegen!

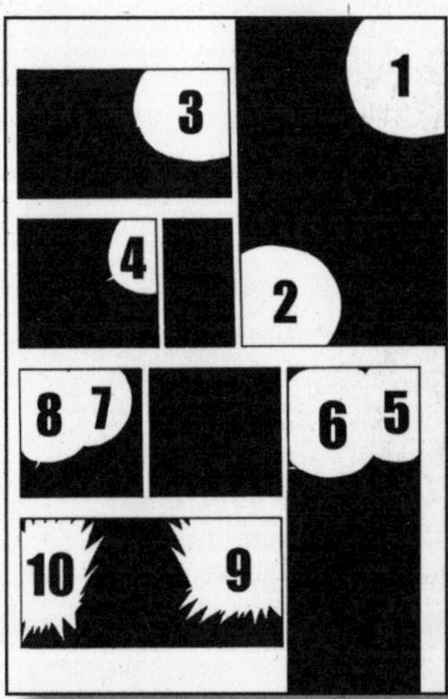

So geht's:

Wenn dies das erste Mal sein sollte, dass du einen Manga in den Händen hältst, kann dir die Grafik helfen, dich zurechtzufinden: Fang einfach oben rechts an zu lesen und arbeite dich nach unten links vor. Viel Spaß dabei wünscht dir TOKYOPOP®!